ESTIENNE-DENIS
PASQUIER

CHANCELIER DE FRANCE

1767-1862

SOUVENIRS DE SON DERNIER SECRÉTAIRE

PAR

LOUIS FAVRE

PARIS
LIBRAIRIE ACADÉMIQUE
DIDIER ET Cie, LIBRAIRES-ÉDITEURS
35, QUAI DES AUGUSTINS

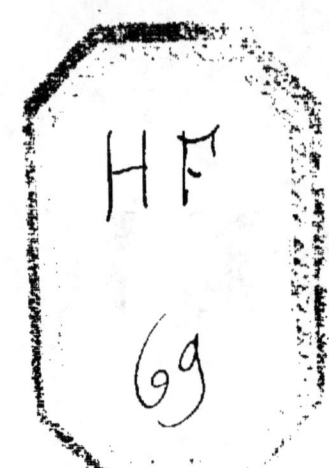

ESTIENNE DENIS

PASQUIER

PARIS. — IMP. SIMON RAÇON ET COMP., RUE D'ERFURTH, 1.

ESTIENNE DENIS
PASQUIER

CHANCELIER DE FRANCE

1767-1862

SOUVENIRS DE SON DERNIER SECRÉTAIRE

PAR

LOUIS FAVRE

PARIS
LIBRAIRIE ACADÉMIQUE
DIDIER ET Cⁱᵉ, LIBRAIRES-ÉDITEURS
35, QUAI DES AUGUSTINS, 35
—
1870
Tous droits réservés

AVANT-PROPOS

Notre intention, en livrant à la publicité les pages qui vont suivre, n'a pas été de tracer la biographie politique de l'homme illustre dont le nom est inscrit en tête de ce livre.

Pour accomplir consciencieusement une telle œuvre il faudrait écrire l'histoire des cinquante premières années de ce siècle, et posséder une sûreté de critique, une profonde connaissance des faits, auxquelles nous ne prétendons en aucune façon.

L'heure n'est pas venue, d'ailleurs, où un jugement impartial puisse être nettement formulé. Les documents font encore défaut, et la publication des Mémoires de M. le chancelier Pasquier pourra seule permettre de bien comprendre son rôle au travers de toutes les crises publiques qu'il a traversées.

Mais il est un côté très-remarquable de cette grande figure, que l'analyse politique la mieux tracée et la publication même des Mémoires pourraient laisser dans l'obscurité. Nous voulons parler de la physionomie de l'homme privé. Plus personnelle, plus originale peut-être, on nous permettra cette expression, que celle de l'homme public, elle explique pourtant cette dernière de la façon la plus complète.

C'est en nous plaçant à ce point de vue du caractère et de la vie de l'homme privé que nous avons essayé de recueillir nos souvenirs.

Nous nous sommes cru d'autant plus autorisé à entreprendre ce travail, que de longues années d'intimité journalière et de confiance absolue avec M. Pasquier nous ont permis de le bien étudier, de le bien connaître.

M. le chancelier Pasquier représente pour nous une personnalité dont le type n'existe plus. Il a été le dernier représentant d'une génération aujourd'hui éteinte, une sorte de trait d'union entre la société monarchique qui a précédé la révolution de 1789 et l'ère de liberté égalitaire qui est la base de l'ordre social actuel. Éclairer de quelque lueur nouvelle une carrière aussi longue, aussi bien remplie, fournir une somme inédite de matériaux à celui qui un jour se chargera d'en écrire l'histoire était donc pour nous un véritable devoir et nous n'avons pas hésité à le remplir.

Que le lecteur ne cherche dans nos pages ni scandale ni indiscrétion : nous ne venons pas retracer ici ce que M. Pasquier a voulu laisser dans l'ombre.

Nous nous arrêterons où il nous aurait conseillé de nous arrêter.

En dehors de ces indiscrétions, qui seraient des manques de foi envers lui et envers nous-mêmes, le champ d'ailleurs est vaste, et c'est dans ce droit chemin que nous nous proposons de glaner.

Au bout de notre tâche, si nous avons pu rendre plus saillantes les qualités si rares du dernier chancelier de France, faire ressortir son intelligence si étendue, son aptitude à tout saisir, sa bienveillance si cordiale, son jugement si droit, son ferme bon sens, son fervent et enthousiaste patriotisme enfin, nous aurons atteint notre but et nous nous tiendrons pour largement payé de nos peines.

LE CHANCELIER
ESTIENNE-DENIS PASQUIER

CHAPITRE PREMIER

Naissance de Pasquier. — Son éducation. — Sa jeunesse. — Il est nommé conseiller au parlement. — Les états généraux. — Les clubs. — Prise de la Bastille. — 1790, 1791, 1792. — Madame Tallien. — Le 10 août. — Procès de Louis XVI. — Mariage de M. Pasquier. — Exécution de son père. — Sa fuite. — Son emprisonnement à Saint-Lazare.

L'étude attentive de l'histoire, surtout si on se place au point de vue social, montre clairement que les générations ont toujours porté le signe caractéristique de l'époque qui les a vues naître, du temps qu'elles ont traversé, du milieu dans lequel elles ont vécu, des événements dont elles ont été témoins.

Les quarante dernières années du dix-huitième siècle, remuées, bouleversées, par le grand essor donné aux idées nouvelles, par la lutte incessante du droit contre le privilége, devaient inévitablement surexciter les intelligences, les préparer par les discussions philosophiques, par une éducation forte et virile, à la crise révolutionnaire et à l'établissement final sur le sol de la France de ce régime de liberté politique et d'égalité civile sans lequel désormais aucune société ne peut exister.

De cette époque aussi est sortie cette race énergique, pleine de foi, d'une vitalité si exceptionnelle, et qui a marqué sa trace dans toutes les carrières où chacun de ses membres devait se précipiter : dans l'armée, dans la magistrature, dans le barreau, dans les lettres, dans les sciences, dans la diplomatie, dans les hautes régions de la politique et de l'administration gouvernementale.

Estienne-Denis Pasquier appartenait à cette génération dont les derniers représentants auront bientôt disparu de ce monde, et sa vie tout entière a témoigné glorieusement de son origine.

Il naquit à Paris le 21 avril 1767. Son père, son grand-père, ses aïeux appartenaient au grand corps du parlement, « à une de ces familles de robe qui n'ont pas compté parmi les moindres illustrations de la vieille monarchie, familles si recommandables par la gravité des mœurs, l'attachement à l'État, la forte modération des caractères, un bon sens soutenu, une fermeté à l'épreuve des injonctions et des exils, et qui, pendant quatre siècles, ont formé la plus grande magistrature du monde et comme le sénat austère de la justice [1]. »

Les Pasquier, originaires de la Brie, mais établis à Paris, où ils avaient leur sépulture dans la chapelle Sainte-Barbe de l'église Saint-Séverin, ne commencent à se faire connaître qu'au seizième siècle dans la personne de l'auteur des *Recherches sur la France*, de cet Estienne Pasquier, poëte aimable et galant, écrivain spirituel, avocat éloquent, jurisconsulte érudit, magistrat intègre, qui fut une des physionomies les plus curieuses du seizième siècle [2].

Le glorieux souvenir légué par Estienne Pasquier à ses descendants devait être fidèlement gardé parmi eux. Lui-même dans les dernières heures de sa vie avait recommandé solennellement à ses fils « d'entretenir entre eux l'union qu'il avait jusqu'alors cimentée, de conserver religieusement la plus impérissable succession qu'il avait travaillé à leur ménager : une réputation intacte, un nom riche d'honneur [3]. »

Estienne-Denis, le futur chancelier de France, apprit, dès son entrée dans la vie, à vénérer la mé-

[1] Mignet, *Discours prononcé à l'Académie française le 6 décembre* 1862.

[2] « Quelques biographes ont voulu plusieurs fois nier cette descendance parfaitement authentique, et que M. Pasquier avait trouvée à l'état de tradition parmi les siens; les recherches auxquelles il se livra dans ses archives particulières, celles qu'ont faites plus récemment M. le duc d'Audiffret-Pasquier son fils, et M. Louis Pasquier, son neveu, établissent par des pièces irrécusables la généalogie directe jusqu'au chancelier dont nous esquissons la vie.

[3] *Lettres de Nic. Pasquier. Vie d'Est. Pasquier,* par M. Feugère.

moire de son illustre aïeul, et il en devint plus tard si fervent admirateur, que pendant sa longue carrière il se fit constamment un devoir de défendre les opinions, les écrits, les actes publics d'Estienne Pasquier ; il finit même par s'assimiler, pour ainsi dire, les antipathies, les amitiés, les façons de voir et de juger de celui qu'il tenait en si haut respect. Il avait placé ses portraits dans toutes les pièces de son logis ; il gardait comme des reliques ses notes, ses autographes ; son cabinet de travail, converti en bibliothèque, montrait, au premier rang de ses tablettes, non-seulement toutes les éditions des œuvres de Pasquier, mais aussi les ouvrages qui avaient trait aux actes de sa vie, aux doctrines qu'il avait soutenues, et les pièces justificatives de ses jugements ; aucun présent ne lui était plus agréable que celui d'un volume où ce nom était cité d'une manière favorable.

Il avait au reste beaucoup de rapports, au physique comme au moral, avec son aïeul, et nous aurons souvent à signaler ces points de similitude. Comme lui, il se réjouissait constamment « d'être né de ce doux air de Paris auquel toutes sortes de philosophes abondent [1]. »

Comme Estienne Pasquier après son séjour à Amboise, « il avait une profonde horreur de la guerre civile et des discordes religieuses. » Dans plusieurs de ses écrits enfin on retrouvera des chapitres sur

[1] *Lettres d'Est. Pasquier.*

l'ambition, sur *l'éducation des princes*, sur *la vieillesse des rois*, tracés dans un ordre d'idées qui rappelle l'*Exhortation aux princes* d'Estienne Pasquier.

Par une coïncidence assez curieuse, et qui viendrait en aide aux partisans de la doctrine de la transmission héréditaire, parvenu à un âge avancé, coiffé de sa calotte noire, drapé dans sa robe de chambre de soie violette, il ressemblait physiquement à s'y méprendre à l'Estienne Pasquier dont l'image est conservée dans le musée de Versailles.

Cette ressemblance lui fut souvent signalée par ses amis, et nous devons dire qu'il en souriait très-complaisamment.

La famille Pasquier occupait au centre de Paris, dans la rue Bourg-l'Abbé, un vieil hôtel dont on retrouve le dessin dans la Collection des monuments de Paris. Elle se composait, en 1767, du jeune Estienne Denis, de son père, président de la chambre des enquêtes, de sa mère, de son grand-père, doyen de la grand'chambre, et se compléta quelques années plus tard par la naissance de deux fils et d'une fille qui tous trois après avoir fourni une assez longue carrière, devaient cependant précéder leur premier-né dans la tombe.

La maison avait l'aspect sévère d'une demeure de magistrats. Les habitudes y étaient sérieuses, sagement réglées ; on ne repoussait ni le charme de la société, ni le culte des lettres ; mais les plaisirs même avaient une allure de gravité qui ne pouvait laisser le champ libre à l'expansion si naturelle de l'enfance. Les deux conseillers, d'ailleurs, étaient constamment occupés des devoirs de leurs charges, et la mère de M. Pasquier, janséniste très-ardente, se serait reproché la moindre distraction trop frivole.

L'éducation première du jeune Pasquier devait se ressentir de l'austérité de cet entourage, et je lui ai souvent entendu conter avec un peu de tristesse qu'il avait souvent envié, à cette époque, le sort des enfants de son âge qu'il voyait courir, jouer en toute liberté, pendant que lui promenait à pas comptés sous la conduite d'un domestique ou d'un précepteur. Sa mère l'avait même obligé à une exagération de petites pratiques religieuses, dont le résultat devait être tout à fait contraire aux espérances qu'elle avait pu concevoir.

La santé de M. Pasquier, déjà assez délicate, se compromit encore davantage sous l'influence d'un semblable régime; et personne, à coup sûr, en voyant cet enfant frêle, chétif, n'aurait osé à ce moment présager le grand âge auquel il était destiné à parvenir.

Quant à lui, il ne contait pas sans une certaine satisfaction les moqueries que lui avait values sa débilité, de la part de ses jeunes camarades, les tribulations qu'il avait dû supporter dans son enfance, dans sa jeunesse, avant d'atteindre cet âge de virilité où il eut tant besoin de forces, de courage et d'énergie; et il ajoutait toujours à son récit, en forme de péroraison : « Tous mes pauvres rieurs sont restés en chemin bien longtemps avant moi. Je ne crois pas que plus de deux ou trois soient parvenus à l'âge avancé ! »

A onze ans, il fut placé au collége de Juilly, dirigé par les oratoriens. — Les premiers mois furent pénibles. Il était faible, craintif ; peu à peu cependant il s'enhardit, il se familiarisa avec les nouvelles habitudes qui lui étaient imposées, et, grâce à son heureux naturel, il arriva même à se trouver si bien de cette existence en commun avec des enfants de son âge, que son tempérament se raffermit d'une manière très-sensible.

Juilly ne lui avait laissé que de bons souvenirs, et je l'ai vu bien souvent se plaire à les évoquer. A quatre-vingts années de distance, il aimait encore à parler des grands arbres sous lesquels il avait joué ; à citer les noms des pères professeurs, ceux des surveillants, des domestiques, ceux surtout de ses condisciples : Arnaud, le futur membre de l'Académie française, l'auteur de *Marius à Minturnes*, et Dupleix de Mezy, demeuré son ami fidèle jusqu'au dernier jour[1].

[1] Nous voulons citer ici une lettre du grand-père de M. Pasquier. Elle témoigne d'une manière assez curieuse des espérances que pouvait, en 1780, laisser concevoir le futur chancelier :

« Estienne, écrivait le vénérable doyen, est par trop léger, trop inappliqué ; je doute qu'on parvienne jamais à le rendre suffisamment sérieux. Il sera bon enfant ; il a le sens droit, ne manquera pas d'esprit et pourra être assez aimable dans le monde ; mais j'ai peur, ma chère fille, qu'il n'aille jamais au delà de ce petit succès. »

M. Pasquier resta à Juilly quatre années. Au bout de ce temps, son grand-père résolut de lui faire suivre les cours de rhétorique et de philosophie au lycée Louis-le-Grand, et il le plaça à cet effet chez un répétiteur qui habitait une jolie maison du quartier Saint-Jacques et se donnait la mission de surveiller, d'accompagner dix ou douze élèves choisis et installés chez lui à demeure.

Malheureusement, le répétiteur ne surveillait rien; il se faisait avant tout le complaisant de ses jeunes disciples ; il leur mettait, ou peu s'en faut, la bride sur le cou, et ceux-ci, en profitant pour s'abandonner à leurs ébats, négligeaient leurs travaux.

« Nous élevions des pigeons, des petits cochons d'Inde, me disait M. Pasquier ; nous perdions des heures à promener en nous rendant au collége, et nous lisions! mais je vous assure que je ne me vantais pas de ces lectures à mon grand-père ! »

Ces années de philosophie, celles que M. Pasquier passa ensuite à étudier le droit furent à peu près perdues pour lui ; il ne se gênait pas pour l'avouer et il les regretta bien souvent, plus tard. Quand le nom de son malheureux répétiteur revenait sur ses lèvres, il se mettait contre lui dans une fureur que plus d'un demi-siècle n'avait pu calmer.

« Combien, disait-il, j'ai dû écouter, réfléchir, travailler, pour suppléer à mon ignorance première ! et pourtant, si mon nom survit, il restera peut-être attaché à l'épithète d'homme d'État ou de magistrat ; mais ce sont les événements, les circonstances, qui m'ont obligé à me refaire une éducation, et je n'ai jamais tant appris et mieux appris qu'en présence des nécessités de ma vie active.

« Je suis entré au conseil d'État ne sachant pas prononcer un discours de cent mots ; j'en suis sorti parlant d'abondance (c'était son expression) sur toutes matières, n'ayant jamais une note sous les yeux, ne lisant jamais un discours. A mon arrivée à la préfecture de police, j'ignorais complétement les rouages de cette administration ; au bout de peu de temps j'en connaissais à fond tous les détails, et j'ai marqué mon passage par des créations utiles qui sont restées et fonctionnent encore aujourd'hui. — Plus tard j'ai dû me mettre aux questions de finances, de diplomatie, et à la Chambre des pairs, enfin, il m'a fallu, à l'occasion des procès politiques, aborder la jurisprudence.

« Eh bien, à l'aide de la réflexion, du travail et du bon sens, je suis arrivé à m'acquitter convenablement de toutes mes tâches ; à la Chambre des pairs même j'ai eu le courage de certaines initiatives que peut-être je n'aurais pas osé prendre si j'avais été trop bridé par des études premières plus sérieuses. »

Ce qu'il ne disait pas, c'est que de tout temps il avait eu à son service une volonté de fer, une mémoire prodigieuse, et une facilité de travail incroyable. Il était de ceux qui, pour arriver à un but, savent tirer parti de tous les éléments qui sont à leur portée. Il n'avait pas de ces bonds d'enthousiasme qui conduisent vite à la lassitude. Sa marche, en tout, était prudente, raisonnée, mais résolue, infatigable. Il possédait aussi ce don si rare de se créer des sympathies, et cette qualité lui a rendu les plus grands services dans toutes les phases de sa carrière.

A l'époque où il faisait son droit, M. Pasquier était loin d'avoir adopté des habitudes aussi sérieuses, et il s'occupait bien plus de théâtres, de fêtes, de plaisirs, que de méditations administratives ou de dissertations sur les Pandectes. Déjà cependant se manifestait chez lui un goût qu'il ne devait jamais perdre, celui de la société polie ; et il recherchait volontiers les salons où se réunissaient les beaux esprits de cette époque, et où les questions scientifiques et littéraires faisaient, de préférence, le sujet des entretiens.

Déjà aussi, on aurait pu remarquer chez lui ce besoin de savoir et de connaître, ce caractère ardent, mais facile, cette promptitude de jugement que nous aurons bien souvent à signaler dans l'avenir. Il n'avait rien cependant de ce qui fixe l'attention, éveille les belles espérances. Ce n'était pas un jeune homme précoce. Il était intelligent, mais de son âge. Quand il venait à remonter l'échelle du passé pour chercher quelle était la passion qui l'avait le plus dominé dans sa jeunesse, il était obligé de s'avouer avec humilité que c'était la passion de l'équitation. L'exercice du cheval demeura au reste un de ses goûts les plus constants ; il n'y renonça qu'à près de quatre-vingts ans, et seulement lorque l'affaiblissement de sa vue le lui rendit tout à fait impossible.

C'est dans l'intervalle de ces années d'insouciance heureuse, que M. Pasquier éprouva cependant sa première grande douleur. Il eut le chagrin de perdre son grand-père. Ce vieillard tenait une place importante dans la famille ; on avait pour ses avis la plus respectueuse déférence ; il était le véritable régulateur de l'esprit qui la dirigeait. Il jouissait dans le parlement de la plus haute considération. Sa disparition de ce monde, véritable deuil pour son entourage, fut surtout sensible à son petit-fils. Celui-ci, en effet, perdait tout à la fois une indulgente et sincère amitié et une utile direction pour ses études. Le vénérable doyen était fort avancé en âge, mais son allure ferme, sa santé encore assez vigoureuse, permettaient d'espérer de le conserver longtemps ; un matin cependant, au moment où on s'y attendait le moins, on le trouva mort dans son fauteuil. Il avait succombé à un étouffement.

Les incidents de cette fin si soudaine firent une vive impression sur l'esprit de M. Pasquier, et ils furent désormais irrévocablement unis dans sa pensée au souvenir qu'il conserva pour cette grande affection de sa jeunesse.

En 1853, nous nous en souvenons, lorsqu'il atteignit lui-même le terme de quatre-vingt-sept années, rien ne pouvait lui ôter de l'esprit qu'il ne dût s'éteindre le même jour, au même âge, et de la même façon que son grand-père. Ce n'était pas la crainte qui lui faisait tenir ce propos, c'était une sorte de respect superstitieux, d'idée fixe mûrie sans doute depuis longues années ; il s'était à l'avance résigné à cet événement, il en avait pris son parti.

Cette crise, on peut l'appeler ainsi, fut heureusement traversée ; mais depuis cette époque, chaque fois que M. Pasquier était menacé d'une grave indisposition, on en était averti par la tournure de ses causeries, et notamment par le récit détaillé des moindres incidents qui avaient précédé la mort de son cher parent. Tous ses vœux furent au reste, jusqu'à la fin, de terminer sa vie par une attaque soudaine, imprévue, et nous dirons, en traçant l'histoire de ses derniers jours, les raisons qui le faisaient incliner à ces désirs.

Comme aucun fait important de son époque ne devait se passer sans qu'il essayât tout au moins d'en être témoin, il assista, en 1784, à la première représentation du *Mariage de Figaro* de Beaumarchais, représentation qui fut pour le public et pour l'histoire un véritable événement.

La pièce, suivant son opinion, malgré l'immense succès qu'elle obtint, ne fut pas de prime abord comprise. La noblesse applaudit aux traits dirigés contre elle, la bourgeoisie n'acclama que *l'esprit jeté à pleines mains dans cette œuvre, et le jeu admirable des acteurs.* « Cent représentations successives, chose inouïe à cette époque, disait-il, suffirent à peine à contenter la curiosité publique. La cour et la ville en furent bouleversées ; il en résulta une véritable crise dans les habitudes sociales, et les petits soupers en furent interrompus. Mais plus le chiffre des représentations augmentait, mieux les allusions étaient saisies et saluées par les applaudissements frénétiques du parterre. Cet enthousiasme finit par ouvrir les yeux des plus aveugles ; mais lorsqu'on constata le mal, il était déjà irréparable, l'opinion s'était émue, un grand coup était porté à la monarchie. »

Nous avons vu souvent M. Pasquier se complaire à bien souligner l'impression première causée par *le Mariage de Figaro.* Il eut un jour à ce sujet une longue conversation avec M. Sainte-Beuve, et le spirituel académicien, il nous en souvient, ne témoigna aucune surprise en écoutant le récit de M. Pasquier.

Il avait déjà, disait-il, entendu, plusieurs fois, des témoins oculaires de cette première représentation du *Mariage de Figaro*, s'exprimer d'ume manière tout à fait analogue.

Tout en rendant pleine justice à l'esprit, à la verve de Beaumarchais, M. Pasquier professait au reste pour le personnage le mépris le plus profond. Il le tenait pour un véritable Figaro, « ayant à son service une âme de valet dans le corps d'un intrigant de premier ordre. » Il éprouva donc une certaine satisfaction en assistant à l'audience où l'avocat Bergasse écrasa de l'éclat de sa faconde la verve un peu mise en déroute de Beaumarchais; c'était, on le sait, à propos du procès Kornmann sur lequel de si curieux détails ont été recueillis et publiés par M. de Loménie, dans les volumes qu'il a consacrés à la vie de Beaumarchais.

A cette même époque, eut lieu le procès du célèbre avocat Linguet contre M. le duc d'Aiguillon, pour revendication d'honoraires, procès d'où sortit un scandale qui rejaillit sur le corps tout entier de la noblesse.

La réputation de Linguet avait attiré au tribunal une foule immense, désireuse d'assister à ce tournoi de la parole. Comme toujours, il y eut beaucoup d'appelés et peu d'élus ; mais M. Pasquier avait de droit ses entrées *dans la chambre* et il fut même assez heureux pour procurer une place à une charmante femme dans le salon de laquelle il était à ce moment fort assidu et dont il continua pendant bien des années à cultiver la gracieuse et bienveillante amitié. C'était madame de Lavoisier[1]?

M. de Lavoisier jouissait alors de toute la considération que peuvent donner la fortune et un immense

---

[1] En 1804, elle épousa en secondes noces M. le comte de Rumfort.

mérite. Il recevait, dans ses salons de l'Arsenal, la meilleure société, tout ce que Paris comptait d'intelligences et de talent. « Personne alors, disait M. Pasquier, en présence des hommages empressés qui lui étaient rendus, n'aurait pu présager que, quelques années plus tard, sans respect pour son génie et pour sa gloire, on lui ferait payer de sa tête le triste honneur d'avoir appartenu à la classe des fermiers généraux.

« Plus de soixante et dix années se sont écoulées depuis cette époque si terrible, ajoutait-il ; les financiers de l'ancien régime ont disparu pour faire place aux agioteurs de la nouvelle France ; les abus du passé ont été coupés à leur racine; mais combien d'autres sont survenus pour les remplacer ! Les prévarications ne s'exercent plus, il est vrai, sur les deniers publics, mais comme elles ont pris leur revanche en se jetant sur les patrimoines privés ! Que de vols, de fraudes, de mensonges, ont été employés pour élever certaines fortunes, insolentes par leur rapidité, et qui se prélassent aujourd'hui dans leurs millions mal acquis ! Sous ce rapport, nous le pensons, le progrès n'est pas manifeste, et le temps présent n'a pas à se glorifier en face de l'ancien ordre de choses. »

Au mois de janvier 1787, au moment où la prochaine réunion de l'assemblée des notables occupait tous les esprits, à la veille des plus graves événements, M. Pasquier, à peine âgé de vingt ans, fut admis comme conseiller dans le parlement. Cette dispense d'âge lui fut accordée en sa qualité de fils et de petit-fils de magistrat ; mais, selon l'usage établi, il devait assister aux séances, participer à l'instruction des affaires, et attendre, jusqu'à la vingt-cinquième année, le droit de voix délibérative.

Cette nomination, à laquelle il était préparé de longue date, ne lui causa aucune émotion et il revêtit sans surprise la robe de conseiller.

Son chemin était alors, il le croyait du moins, parfaitement tracé. Ses antécédents, ses alliances, sa capacité, devaient l'aider à franchir successivement les degrés hiérarchiques des fonctions parlementaires et avec le temps il serait sûrement arrivé à une situation convenable.

Comme un peu d'amour-propre se glisse toujours cependant dans l'esprit le plus raisonnable, il arrivait parfois à M. Pasquier, dans les dernières années de sa vie, en se rappelant le commencement de sa carrière et en réfléchissant aux succès qu'il avait obtenus de 1806 à 1848, il lui arrivait, dis-je, de penser que même sous l'ancien régime de hautes situations auraient pu lui advenir en dehors de l'existence parlementaire.

Il était persuadé qu'un heureux hasard, des circonstances favorables, lui auraient procuré l'occasion de se placer en évidence, de rendre des services signalés, d'arriver peut-être à un ministère.

Son illusion était assez naturelle ; mais, pour ceux qui le connaissaient bien, elle était inadmissible.

Fils de ses œuvres, des circonstances, et des événements, l'imprévu seul, en le jetant hors de la ligne première, pouvait révéler ses facultés et les mettre en lumière. Maintenu, étouffé dans l'étau de la hiérarchie, il aurait, on peut le dire, disparu sans éclat.

Une nature vive, remuante comme la sienne, ne pouvait manquer de s'associer à l'enthousiasme de la jeunesse parlementaire pour les idées novatrices qui se glissaient jusqu'au sein de la docte compagnie. Tout en rendant justice, ainsi que l'a très-bien dit M. Dufaure[1] à quelques grandes choses que le règne de Louis XVI avait vu s'accomplir, M. Pasquier savait déjà, en effet, distinguer les abus singuliers et sans nombre que la France ne pouvait tolérer plus longtemps. Si une partie de la population jouissait d'un bien-être réel, il sentait que ce repos était précaire, et il éprouvait une vive sympathie pour le désir généralement manifesté de voir reconnaître et garantir tous les droits de sécurité personnelle et toutes les libertés compatibles avec l'ordre public.

Les excès de la révolution, les tristes scènes dont il allait être témoin devaient seuls arrêter ce généreux élan, mais sans porter atteinte cependant à son esprit de justice.

Tout ce qui en France avait cœur et intelli-

[1] Dufaure, *Discours de réception à l'Académie française.*

gence, dans toutes les classes de la société, en province comme à Paris, applaudissait au reste au mouvement qui devait inaugurer la grande régénération sociale. Chacun était disposé à faire, au profit de l'œuvre commune, le sacrifice de ses traditions, de sa situation, de sa fortune; mais ce mouvement de prime abord, et M. Pasquier le montrait bien, était essentiellement monarchique. « Nul ne songeait à un changement de gouvernement, encore moins au renversement de la dynastie. Des réformes dans l'organisation administrative, financière, judiciaire; des améliorations même plutôt que des réformes, voilà ce qu'on voulait, ce qu'on désirait. » Quelques esprits plus avancés osaient bien rêver un gouvernement modelé sur celui de l'Angleterre, quelques membres de la haute aristocratie désiraient peut-être une haute cour des pairs; mais la majorité n'aspirait à rien de pareil. — Quant à lui, sans trop raisonner ses impressions, il suivait le courant avec toute l'ardeur de ses vingt ans. Il assista aux délibérations orageuses qui eurent lieu pour l'enregistrement des impôts présentés, d'abord par M. de Calonne et ensuite par M. de Loménie de Brienne; il prit part à la protestation du parlement contre la violence qui lui avait été faite pour obtenir son assentiment, et il suivit ce parlement lorsqu'un édit royal prononça l'arrêt d'exil, et ordonna son transférement dans la ville de Troyes. Revenu à Paris avec sa compagnie, il fut témoin de la lutte qui se poursuivit pendant toute l'année 1788 entre la royauté et l'ordre judiciaire de la France. Mais les préoccupations politiques ne pouvaient complétement absorber son temps. Il avait trop à dépenser en ce que nous appellerons la petite monnaie de la vie, et les fêtes, les soirées, les bals si brillants de l'Opéra, les représentations du Théâtre-Français eurent toujours en lui un hôte fort assidu. L'époque des vacances le ramenait dans le Maine, au château de Coulans, résidence de sa famille, et là encore il retrouvait les agréments, les distractions que pouvait désirer un homme de son âge : la chasse, les courses lointaines à cheval, les fêtes, les réunions, les visites aux châteaux habités par des personnes avec lesquelles il se rencontrait à Paris durant la saison d'hiver.

Il avait surtout conservé un vif souvenir du château de Tubeuf, situé dans les environs de Mortagne.

Cette habitation vraiment princière appartenait à madame veuve Berryer.

Son mari avait occupé des charges très-importantes sous le règne de Louis XV ; elle possédait une immense fortune, tenait sa maison sur un grand pied, et ses relations personnelles, celles de son gendre M. de Lamoignon-Malesherbes, amenaient chez elle très-nombreuse compagnie.

La vie était moins bruyante, moins joyeuse à Tubeuf qu'au château de Basville, résidence de M. de

Lamoignon, et où il convoquait chaque automne la cour et la ville ; les heures cependant s'y écoulaient de la façon la plus agréable. On jouait la comédie, on récitait des poésies, celles surtout de l'abbé Delille ou de M. de Florian ; on dissertait sur le sérieux et le frivole, sur la prise de Grenade et sur les modes du jour, dont l'exagération alors ne le cédait en rien celle du temps présent [1].

Des rapports fort amicaux existaient de longue date entre la famille Berryer et celle de M. Pasquier. Son grand-père avait été un des meilleurs amis de madame Berryer. Il était donc personnellement accueilli de la façon la plus cordiale ; il trouvait dans cette splendide demeure les agréments de l'intimité. Bien souvent, dans nos causeries, il me rappela ces épisodes de sa jeunesse. Il aimait surtout, en évoquant le souvenir de tous ceux qu'il avait alors rencontrés, à citer le nom de mademoiselle Louise de Lamoignon, une des petites-filles de madame Berryer. « Plus âgée que moi de deux années, me disait-il, elle partageait cependant mes jeux d'enfant, se mêlait à mes espiègleries, et sa beauté accomplie, la douceur de son caractère, me jetèrent souvent dans un trouble dont j'aime encore à me rappeler tout le

---

[1] M. Pasquier se souvenait d'avoir vu des femmes du monde portant sur leur tête des coiffures tellement élevées que, pour se rendre de Paris à Versailles sans compromettre l'édifice de leurs chevelures, elles étaient obligées de se tenir à genoux dans leurs carrosses.

charme. Mon imagination avait été si vivement impressionnée que je conservai toujours une préférence pour son doux prénom de Louise. »

Les mérites, la grande fortune de mademoiselle de Lamoignon lui valurent, en 1781, d'être demandée en mariage par le représentant de la plus illustre famille parlementaire de France, par M. Molé de Champlâtreux, et de cette union est né M. le comte Molé, le grand juge du premier empire, le futur ministre du roi Louis-Philippe. Il était de près de vingt années plus jeune que M. Pasquier et pourtant tous deux devaient commencer ensemble en 1806 leur carrière politique et se lier dès ce début par une amitié que la mort seule devait briser.

Quelques divergences d'opinions amenèrent parfois un peu de refroidissement dans leurs relations ; leur conduite politique ne fut pas toujours la même ; il en résulta de petits dissentiments, mais ils continuèrent toujours à se voir ; et après 1848, lorsque l'orage révolutionnaire eut emporté la monarchie qu'ils avaient servie avec la sincérité de leurs convictions, tout nuage disparut, l'amitié redevint entre eux aussi ferme, aussi confiante qu'au premier jour. Ils éprouvaient un véritable bonheur à se rencontrer pour échanger leurs pensées, leurs regrets, leurs espérances, et quand M. Molé le premier disparut de ce monde, M. Pasquier eut un vif chagrin de sa mort. Les éloges qu'il lui accordait en toutes occasions témoignaient de la haute et affectueuse estime qu'il lui avait toujours vouée.

Il était impossible au reste, selon nous, que deux hommes de nature aussi différente poursuivissent un chemin presque parallèle avec les mêmes sentiments, les mêmes idées.

M. Molé, quand il entra dans la vie publique, avait pour lui tous les dons de nature. Il était jeune, il possédait un visage fort agréable, une tournure élégante, des manières pleines de distinction. « Il avait à son service, suivant les paroles mêmes de M. Pasquier, l'esprit le plus séduisant. Sa parole était facile, il était surtout brillant dans les dissertations, les exposés ou les causeries. » Avec tant de qualités il devait plaire et réussir ; aussi toutes les portes s'ouvrirent de prime abord devant lui. — Napoléon Ier le fit rapidement conseiller d'État, préfet de la Côte-d'Or, commissaire impérial au sanhédrin israélite, et enfin, en 1813, grand juge de l'Empire en remplacement de M. le duc de Massa.

Comme M. Pasquier, M. Molé, malgré son illustre origine, eut pourtant quelque peine, en 1815, à être accepté par le gouvernement de la Restauration. Le roi Louis XVIII avait refusé d'abord de le nommer dans la nouvelle chambre des pairs. Ce fut M. de Talleyrand qui décida cette nomination par une de ces manœuvres habiles et pleines d'esprit qui lui étaient familières. « L'illustre président Matthieu

Molé, dit-il au roi en lui présentant le décret de nomination, prie Sa Majesté de vouloir bien placer son petit-fils dans sa chambre des pairs. » Louis XVIII sourit et signa.

Jusqu'en 1830, M. Molé siégea dans la chambre des pairs. Il occupa bien quelques mois le ministère de la marine, mais sa grande existence politique ne fut à son apogée que sous la monarchie du roi Louis-Philippe, durant laquelle il fut appelé plusieurs fois au ministère et même à la présidence du conseil. Sa carrière, on peut le dire, avait donc été toujours heureuse, presque facile, et il sut jusqu'à la fin, grâce à son habileté, grâce à son esprit, se tenir à la hauteur de ses fonctions, ne jamais rester au-dessous des espérances qu'il avait fait concevoir à son début.

La vie de M. Pasquier, au contraire, avait été une existence de lutte et de travail plus péniblement conquise. Entré à quarante ans dans les affaires publiques, il n'était sorti qu'avec peine du poste de maître des requêtes ; et si plus tard il arriva, lui aussi, à ces grandes situations qui devaient être son élément, il y témoigna peut-être encore plus de qualités sérieuses, réfléchies, que de facultés brillantes. L'esprit de M. Molé était plus fin, plus délicat. Celui de M. Pasquier plus souple, plus riche en expédients.

Nous n'avons pas la prétention de tirer un jugement du contraste qui existait entre ces deux hommes éminents ; nous avons voulu simplement le signaler. L'histoire se chargera un jour d'assigner à chacun la place qu'il aura méritée.

Reprenons le cours de notre récit. En 1789, l'approche des états généraux donne lieu à la formation d'une nouvelle importation anglaise, celle des clubs. M. Pasquier ne manque pas de les fréquenter. Il est même fort assidu au club dit de Valois, qui tient ses séances dans les environs du Palais-Royal. Il s'y rencontre et fait amitié avec plusieurs députés de la Gironde, et surtout avec Ducos, qui devait lui rendre plus tard deux services fort importants.

Ces liaisons pourtant n'influent en rien sur ses opinions personnelles, et quelques mois sont à peine écoulés, que les dissentiments politiques élèvent contre lui et ses nouveaux amis une barrière infranchissable.

Le 14 juillet, il assiste à la prise de la Bastille, conquête si facile, bataille si peu sérieuse, qu'il rencontre aux alentours de la place grand nombre des personnes de la haute société venues en ce lieu comme à un spectacle.

Pour ne perdre aucun des incidents de ce premier acte du grand drame révolutionnaire, il va se placer lui-même derrière une barrière qui séparait le jardin de Beaumarchais du boulevard ; et, circonstance assez curieuse, il se trouve en ce lieu, à ce moment, à côté de mademoiselle Contat, la célèbre actrice des Français, qu'il reconduit ensuite jusqu'à la place Royale, où elle avait laissé sa voiture.

Peu de jours après, dans la rue de Richelieu, il se heurte contre la bande de forcenés qui traîne, dans les rues de Paris, le cadavre du malheureux Foulon.

Le 5 octobre, une grande émeute éclate dans Paris. Une foule immense, composée surtout de femmes appartenant à la lie du peuple, se met en marche pour Versailles, escortée par la garde nationale. Elle bivouaque le premier jour dans la ville ; mais le lendemain, sous l'impulsion de ses meneurs, elle force l'entrée du château, massacre deux gardes du corps et réclame à grands cris le retour du roi à Paris. Louis XVI cède ; le départ est résolu, et la famille royale, précédée de son sinistre cortége, s'achemine sur la capitale. M. Pasquier n'ignorait rien des incidents de ces deux journées ; il était fort inquiet du sort du roi ; il courut donc au-devant de cette foule. Il la rencontra à la barrière de Passy et suivit les voitures de la cour jusqu'à la place de l'Hôtel de Ville.

A la première nouvelle de ces graves événements, le parlement s'était réuni en séance extraordinaire, et il résolut d'envoyer de suite une députation à Louis XVI pour lui exprimer ses condoléances. M. Pasquier, quoique un des plus jeunes, fut désigné pour en faire partie.

Cette visite devait avoir une grande influence sur ses opinions. Le spectacle de l'infortune royale le toucha profondément. Quand il s'y reportait dans ses causeries, l'altération manifeste de ses traits témoignait de l'émotion qu'il avait dû éprouver, en se trouvant surtout en face de cette reine conservant la dignité froide de son rang et, par instinct de mère, serrant son enfant dans ses bras comme pour le défendre, même vis-à-vis de ceux qui se présentaient si respectueusement devant elle.

« Dès ce moment, écrivait-il, je sentis se réveiller en moi tous mes sentiments monarchiques ; l'avenir s'offrit à moi terrible, menaçant ; j'entrevis l'abîme où allaient s'engloutir tant de personnes et de choses qui m'étaient chères ; et le prestige que pouvait exercer encore sur mon esprit l'influence de mes premières et généreuses illusions disparut devant la triste réalité ! Alors aussi je me souvins des paroles que m'avait dites un vieux magistrat, témoin de mon ardeur un peu juvénile pour les états généraux : « Jeune homme, l'idée des états généraux a été sou-
« vent mise en avant du temps de votre grand-père ;
« voici ce qu'il nous a toujours dit : Messieurs, ceci
« n'est pas un jeu d'enfant ; la première fois que la
« France verra des états généraux, elle verra aussi
« une terrible révolution. »

La révolution, en effet, s'avançait à pas de géant ; le pouvoir royal n'était plus qu'un vain fantôme. En province comme à Paris, le principe d'autorité était méconnu, foulé aux pieds. Les partisans des idées nouvelles ne rencontraient aucune résistance ; l'aristocratie, le haut clergé, la finance, la riche bourgeoisie, saisis d'une véritable panique, n'entrevoyant de salut que sur la terre étrangère, fuyaient de tous les coins de la France pour gagner la frontière. Quelques membres de la famille royale avaient donné l'exemple, qui donc ne se serait cru en droit de les imiter !

Cet entraînement fatal, mais qui ne se comprend que trop, hélas! allait condamner au silence les esprits modérés de l'Assemblée ; il ouvrait le champ à tous les bouleversements ; il laissait surtout le roi isolé, sans défense, à la merci des événements.

On a beaucoup dit, beaucoup écrit, sur ce vertige d'émigration dont fut saisie à ce moment une bonne partie de la nation ; et chacun en a parlé en se plaçant à un point de vue personnel. M. Pasquier avait vu de près ses déplorables conséquences et il le jugeait très-sévèrement. Son blâme avait d'autant plus d'autorité, que jamais, on s'en convaincra en poursuivant notre récit, il ne voulut se résoudre à émigrer, qu'il faillit même payer de sa tête sa fidélité à son opinion.

« Mais on voit trop tard, disait-il, ce qu'il aurait fallu faire pour opposer une digue au torrent dévastateur. Les grandes leçons de l'expérience sont toujours méconnues. Il y a dans ces heures de crise révolutionnaire une espèce de fatalité qui s'attache à tout, paralyse les mouvements, réduit au silence les meilleurs conseils. On perd son temps à discuter sur des mots, sur des phrases, sur des préséances ; on agite des questions de personnes ou de cabinet, et quand on veut enfin recourir à la résistance, on s'aperçoit que le mouvement a gagné même les indifférents, jeté la défiance dans l'esprit de l'armée et que la dernière ressource est de laisser le champ libre à l'émeute. Ne devais-je pas voir encore, ajoutait-il, deux révolutions renverser successivement deux trônes et cette fatalité que je signale venir se jouer encore des précautions en apparence les mieux prises ! »

A l'époque que nous retraçons, le mal venait de loin, la crise était inévitable ; le roi Louis XVI, héritier d'un pouvoir que son prédécesseur lui avait légué déjà sapé par la base, aurait été impuissant à rien arrêter. Les dévouements individuels ne lui manquaient pas, mais la divergence même des avis devait précipiter la catastrophe finale.

Le parlement se trouvait dans une situation difficile et périlleuse : il était également suspect aux deux partis. La royauté lui reprochait d'avoir le premier prononcé les mots d'états généraux ; le parti révolutionnaire n'ignorait pas que, malgré son libéralisme, il était sincèrement attaché à la vieille monarchie : des deux côtés il ne pouvait échapper à la proscription.

Un arrêt préalable le maintint en vacances jusqu'à nouvel ordre, et cet arrêt, dicté encore par la royauté, était le prélude de celui qui allait bientôt supprimer son existence et son action.

Les parlementaires se soumirent ; la communication leur causait plus de douleur que de surprise. Ils voulurent cependant, avant de se séparer, rédiger une protestation contre cette mise en disponibilité, formuler ce qu'on peut appeler les adieux de la vieille magistrature à la monarchie.

Un certain nombre de présidents, de conseillers, se réunirent à cet effet chez M. de Rosambeau, président de chambre. La protestation discutée, rédigée, fut signée par eux ; mais ils se résolurent à la tenir secrète et à en confier le dépôt au chef qui venait encore de les présider. Retrouvée plus tard chez M. de Rosambeau, lors de son arrestation, cette pièce devait être leur arrêt de condamnation.

M. Pasquier était trop jeune pour avoir été appelé dans ce grave conciliabule. Libre de son temps et de sa personne, il courait Paris, allait aux nouvelles ; on le rencontrait dans les clubs, dans les tribunes de l'assemblée, sur les places publiques.

Les événements, d'ailleurs, étaient de nature à piquer sa curiosité, à éveiller son intérêt ; il comprenait que du résultat de la lutte allaient dépendre la tranquillité, l'existence de tous ceux qui professaient les idées de modération.

L'année 1790 s'écoula, pour lui, pour sa famille, sans incident trop fâcheux. Il assista aux séances mémorables de l'Assemblée nationale; il entendit formuler le décret de suppression de tous les titres honorifiques; il vit M. de Talleyrand, en sa qualité d'évêque d'Autun, célébrer la messe de la Fédération ; il fut témoin de l'étrange spectacle qu'offrit le champ de Mars pendant les jours qui précédèrent la cérémonie, et il se souvenait encore de bon nombre de gens, très-haut placés, qu'il avait aperçus traînant eux-mêmes des brouettes remplies de terre ou faisant des largesses aux travailleurs.

L'année 1791 fut plus grave. Le 2 avril, Mirabeau disparaissait de ce monde, au moment peut-être où il aurait été en mesure de pouvoir rendre des services importants à la royauté.

Le 20 juin, le roi, cédant aux conseils de son entourage, s'éloignait secrètement de Paris accompagné de la reine, du dauphin, de sa fille, de madame Élisabeth sa sœur, et de madame de Tourzel gouvernante de ses enfants.

Cette entreprise, mal conduite, mal dirigée, aboutit, on le sait, à l'arrestation de Varennes, et M. Pasquier fut témoin de l'agitation immense causée par cet événement. Le parti royaliste en fut consterné et tous ceux qui avaient hésité jusqu'à ce jour à émigrer ne pensèrent plus qu'aux moyens de gagner sans encombre la terre étrangère.

Le 30 septembre, l'Assemblée constituante cède la place à l'Assemblée législative et les derniers défenseurs de la monarchie se trouvent réduits à un rôle purement passif. Peu de jours après, les personnes de l'opinion de M. Pasquier apprennent avec effroi la nouvelle des massacres de la Glacière d'Avignon.

1792 est plus radical encore. Les princes sont décrétés d'accusations ; l'émeute s'établit à demeure dans Paris ; le bonnet rouge commence à se montrer dans les rues ; les invectives contre la reine deviennent plus menaçantes.

Le 20 juin, une violente attaque populaire a lieu contre le château. Tous les amis de la royauté sont dans une inquiétude extrême. Cette fois encore cependant la vie du roi est respectée, mais quel avenir s'offrait à lui dès ce moment ! «Sans oser prévoir le jugement et l'exécution de Louis XVI, disait M. Pasquier, nous nous attendions aux plus grands malheurs. »

Comme la comédie se mêle toujours au tragique, le 14 juillet, on célèbre au champ de Mars une nouvelle fête commémorative de la Fédération. M. Pasquier ne manque pas d'y assister. Il trouve, comme toujours, sur le théâtre de cette solennité, bon nombre de ses amis désireux comme lui de nouvelles et d'émotions, et parmi eux il aperçoit la belle madame de Fontenay, devenue plus tard madame Tallien, et qui, après une série d'aventures assez extraordinaires, est morte princesse de Chimay. « Je la voyais assez souvent dans le monde, écrivait-il ; je lui offris donc mon bras pour faire le tour du champ de Mars, et la ramenai ensuite chez elle. Elle partageait alors toutes mes craintes pour le présent, toutes mes anxiétés pour l'avenir, et je me suis souvent rappelé cette circonstance, la dernière de celles où nous nous sommes trouvés dans une sorte d'intimité. Elle précéda de bien peu la terrible époque où nos destinées nous ont emportés sur des routes si diverses. Quoi qu'on puisse dire et penser de sa vie privée, ajoutait-il, tous ceux qui ont connu madame Tallien ne sauraient se refuser de rendre hommage à la bonté de son cœur. Je l'ai vue, toujours, trouver un véritable bonheur à rendre service dans les plus difficiles et plus périlleux moments. Le monde avait le droit de la juger sévèrement, mais le monde n'a-t-il pas renfermé bien des ingrats ! »

En compagnie de madame de Fontenay, il se mêle à la foule immense qui remplissait le champ de Mars ; il peut apercevoir Louis XVI, en face de l'autel de la Patrie, jouissant encore de son apparente liberté et jurant une dernière fois fidélité à la constitution. Quand ses souvenirs se reportaient à cette époque, toujours vivante dans son esprit, il croyait encore voir les deux membres de la municipalité, Panis et Sergent, parcourant la place en tous sens et salués par les cris de : « Vive Pétion ! »

« Tant de scènes aussi critiques auraient dû, s'écriait-il souvent, détruire les dernières illusions des personnes qui étaient demeurées fidèles à la cour ; et pourtant je fus encore témoin, dans les derniers mois qui précédèrent le 10 août, des succès de spectacle dont on entourait la reine ! Je l'ai vue à l'Opéra, à la Comédie-Italienne, saluée par les acclamations d'un public de salon ! J'ai entendu les transports de ce public, lorsque madame Dugazon chantait avec Meunier le duo des *Événements imprévus*, qui se terminait par ces paroles : *Oh ! comme j'aime mon maître ! Oh ! comme j'aime ma maîtresse !* Et on ne manquait pas de dire à la reine, en rentrant aux Tuileries, qu'elle venait d'entendre la véritable expression des sentiments de ses sujets ! »

Le 9 août, une sourde rumeur se répand dans Paris. Le parti jacobin fait courir le bruit que le roi veut s'enfuir de nouveau. Une attaque est résolue contre le palais des Tuileries. L'Assemblée en est informée, et pourtant elle ne prend aucune mesure préventive pour empêcher l'émeute. Quelques amis fidèles réclament alors l'honneur de défendre le roi ; mais les lois de l'étiquette interdisent l'entrée du château à ceux qui n'y sont pas reçus de droit ; pour y arriver il faut être muni d'une carte personnelle. M. Pasquier écrit immédiatement, il sollicite cette carte avec instance. Désespéré de ne pas la recevoir, il essaye de forcer la consigne. Tous ses efforts sont inutiles : il est condamné bien à regret à l'inaction. Le laissez-passer ne lui parvient par la petite poste que deux jours après l'événement. Cette circonstance, fort heureuse pour lui, l'empêche de jouer un rôle dans cette terrible scène du 10 août et lui vaut d'échapper au massacre.

Accompagné d'un de ses amis, de M. le prince de Saint-Maurice, il reste cependant sur le théâtre des événements, espérant que sa présence pourra être utile; il est témoin de tous les incidents de la journée et il se trouve sur le passage du roi lorsque celui-ci traverse le jardin des Tuileries pour se rendre à l'Assemblée.

Le lendemain, son existence est menacée d'une manière encore plus grave. Il était sorti dès le matin, les cheveux tressés et relevés avec un peigne, sans songer que cette coiffure faisait partie de l'uniforme des Suisses, impitoyablement poursuivis pour leur défense du château. Sur ce léger indice, deux ou trois cents furieux l'assaillent sur le boulevard de la Madeleine, l'entraînent du côté de la place Vendôme, où on accrochait à la lanterne tout ce qu'on pouvait trouver de fuyards.

Heureusement un passant, un jeune tambour de sa section, le reconnaît, vole à son secours, se porte courageusement sa caution. Il proclame bien haut les sentiments républicains de M. Pasquier. Il l'arrache littéralement aux mains des assassins, et, après bien des efforts, il parvient à l'entraîner dans une rue écartée et à le mettre en sûreté.

On peut se figurer quels durent être les sentiments de reconnaissance de M. Pasquier. Il exposa franchement sa situation à son sauveur, lui demanda par quels moyens il pourrait jamais s'acquitter, se mit à sa disposition. Ce jeune homme, véritable enfant de Paris, l'esprit surexcité par l'enthousiasme des enrôlements volontaires, ne répondit que ces mots : « Je veux partir pour la frontière, mais je n'ai pas d'argent. Donnez-moi un cheval, équipez-moi. »

M. Pasquier accéda avec empressement à ce désir ; mais il n'oublia pas de prendre le nom de son jeune ami. Il lui remit sa carte personnelle et lui fit promettre de lui écrire. Le courageux garçon partit le lendemain, mais malgré ses actives recherches pour le retrouver, jamais M. Pasquier n'entendit plus parler de lui.

La situation n'était plus tenable. Le roi venait d'être renfermé dans la prison du Temple ; le même sort était réservé à ceux qui avaient montré quelque zèle pour son service. Il fallait fuir. Grâce à la protection de Ducos, M. Pasquier obtient l'autorisation de passer les barrières, et il s'achemine avec sa mère, avec sa famille, vers la cité d'Abbeville, où on lui avait conseillé de chercher un asile. A peine installé, il apprend la nouvelle du procès de Louis XVI ; il revient en toute hâte à Paris et il y trouve son père fort occupé de ce grave événement.

Particulièrement lié avec la famille de M. de Malesherbes, ayant eu des rapports avec MM. Tronchet et Desèze, avocats au parlement de Paris, M. Pasquier père s'était empressé de leur offrir son assistance pour la défense du roi. Son concours ayant été accepté, il entra dans leurs délibérations intimes et, pendant tout le cours du procès, il s'établit auprès d'eux, prenant des notes, les aidant au dépouillement des pièces. Quant à M. Pasquier, pour coopérer à cette œuvre de dévouement dans la mesure de ses forces, il prit place dans les tribunes publiques, et se donna la mission d'y recueillir les renseignements, les moindres indices favorables, pour les faire ensuite passer à son père.

Tout ce zèle ne pouvait rien malheureusement contre la force du destin. Le dépouillement des votes brisa la dernière espérance des courageux défenseurs et de leurs amis. L'arrêt fatal fut prononcé.

Le 21 janvier, d'une fenêtre de son domicile — il habitait alors place de la Madeleine — M. Pasquier vit passer le funèbre cortége ; il descendit, se mêla à la foule, espérant encore quelque heureuse intervention ; mais l'heure avait sonné, le roi gravit les degrés de l'échafaud, une sourde rumeur se fit entendre, et M. Pasquier, haletant, brisé de douleur, regagna son domicile et courut retrouver son père.

Quelle scène dut alors se passer entre eux ! de quel découragement ne furent-ils pas saisis !

La Providence heureusement mesure le courage à la somme d'adversité, et l'espérance abandonne rarement le cœur de l'homme. M. Pasquier resta quelque temps à Paris, puis il repartit seul pour Abbeville, où se trouvait sa famille.

L'arrivée des commissaires chargés d'organiser en Picardie les tribunaux révolutionnaires l'oblige bientôt à quitter encore cette retraite ; mais, ne pouvant se fixer à Paris, où il aurait couru d'aussi grands dangers, il vient s'établir dans le village de Champigny. De là il faisait de fréquentes excursions dans la capitale, et ces excursions, le croirait-on, accomplies au travers d'événements si terribles, de difficultés si périlleuses, n'avaient pas uniquement pour but la curiosité politique. Il aimait, il songeait à se marier !

Un matin, à la pointe du jour, se glissant le long des murailles, pour se dérober aux regards trop inquisiteurs, accompagné d'anciens domestiques qui devaient être ses témoins, il se présentait à la municipalité et contractait une union avec celle qui devait plus tard si dignement porter son nom, avec mademoiselle de Saint-Roman, veuve du comte de Rochefort. A l'aide d'un peu d'argent on allait vite en besogne, à cette époque, pour mener à fin les formalités administratives ; la cérémonie ne fut donc pas longue. Aussitôt qu'elle fut achevée, les deux jeunes époux coururent faire bénir leur mariage par un abbé Salomon, ancien conseiller clerc au parlement de Paris et qui était muni des pouvoirs secrets du pape; puis ils s'enfuirent à Champigny pour y goûter les douceurs de leur triste lune de miel. Ils eurent pendant quelques jours une apparence de bonheur ; l'orage semblait gronder loin de leurs têtes, ils commençaient à se croire perdus dans l'oubli. — Hélas! leur illusion ne fut pas de longue durée !

Les démarches fréquentes nécessitées par les formalités de son mariage avaient cependant aguerri M. Pasquier au séjour de Paris. Il continua à y venir assez fréquemment pour passer quelques heures avec son père. Un jour que tous deux étaient réunis à dîner, devisant des événements, de leurs espérances peut-être, ce même abbé Salomon dont nous venons de parler, accourut les prévenir que l'acte de protestation des membres du parlement avait été livré par le valet de chambre de M. de Rosambo et que le Comité de sûreté générale avait donné l'ordre d'arrêter tous les signataires de cette pièce et même plusieurs autres conseillers. Il les exhorta à prendre la fuite et à ne pas perdre un instant pour se cacher.

Le père et le fils ne comprenaient que trop bien la nécessité de ce parti. Ils serrèrent avec effusion les mains du bon abbé; puis ils se jetèrent dans les bras l'un de l'autre, s'embrassèrent avec tout leur cœur sans avoir la force de proférer une parole, et ils se séparèrent, se promettant de se revoir bientôt.

Cette entrevue, hélas! était pour eux la dernière : à partir de ce moment ils ne devaient plus se rencontrer.

M. Pasquier père, obligé de rester à Paris pour quelques affaires personnelles, se réfugia à la Muette, où l'été précédent il avait occupé un petit appartement. Deux jours plus tard, craignant que sa femme ne fût inquiétée, arrêtée peut-être à sa place, il se constitua lui-même prisonnier et fut enfermé dans la prison où se trouvaient déjà M. de Malesherbes, toute la famille de Rosambo et un grand nombre de ses amis.

Quant à M. Estienne Pasquier, il regagna Champigny; et, ne s'y croyant plus en sûreté, il alla s'établir avec sa femme dans le village de Montgé, voisin de ce collége de Juilly où il avait fait ses premières études. C'est là qu'il apprit le jugement et l'exécution de la reine Marie-Antoinette, et bientôt après celle de tous les parlementaires qui avaient composé la chambre des vacations et parmi lesquels se trouvait son père !

A peine installé à Montgé, il est informé par une personne amie que le lieu de sa retraite a été dénoncé par un domestique infidèle, qu'un nouveau mandat d'arrêt a été lancé contre lui.

Sans tarder, — les heures, les minutes, étaient précieuses, — il prend de nouveau le parti de la fuite ; il profite des ombres de la nuit et s'achemine en toute hâte avec sa femme vers la Picardie. Il était temps : le lendemain matin, les agents de la force publique se présentaient à leur domicile pour les arrêter.

A partir de ce moment, l'existence de M. et de madame Pasquier n'est plus qu'une odyssée de malheurs. Traqués, poursuivis sans relâche, ils errent de village en village, trouvant parfois des âmes assez généreuses pour leur offrir un abri, plus souvent encore chassés, malmenés par des gens qui craignent de se compromettre en leur accordant une marque de sympathie. Chaque jour, ils voient s'aggraver leur situation, diminuer leur petit trésor. Bientôt peut-être ils seront à bout de ressources, à la merci de la charité publique ! Ils osent à peine songer au lendemain !

La frontière cependant est proche ; avec un peu de bonheur il est possible de la franchir ! Mais M. Pasquier ne peut admettre cette idée d'émigration, il tient au vieux sol de la France ; il espère toujours que le régime de terreur va cesser, que les jours de calme ne tarderont pas à venir, et, sous l'impression de ces pensées, il poursuit le cours de sa vie errante.

Ses prévisions généreuses devaient être bientôt cruellement démenties. Un jour, dans une modeste auberge d'Amiens où le hasard les avait conduits, M. et madame Pasquier se trouvent face à face avec les commissaires chargés de leur arrestation. S'échapper n'était pas possible, tous les regards étaient fixés sur les nouveaux arrivants. Interrogé, M. Pasquier essaye de payer d'audace pour gagner du temps. Mais un des commissaires lui montre le mandat d'arrêt, lui lit la feuille de signalement. Sans plus hésiter alors, il se nomme et se constitue prisonnier. Le mandat n'était pas personnel, il portait aussi le nom de madame Pasquier. Elle est arrêtée en même temps que son mari, mais on les sépare immédiatement ; on les garde à vue jusqu'à l'heure du départ, et le lendemain matin, installés dans deux voitures différentes, en compagnie des commissaires, ils se mettent en route pour Paris.

Tous deux à ce moment sont, au reste, si fatigués par les tourments, par les angoisses de leur triste existence, qu'ils acceptent sans trop de chagrin le nouveau coup qui vient les frapper.

Ils n'ont qu'une idée : arriver à Paris au plus vite, se réunir encore dans la cour de la prison et puis se confier à la Providence !

Le voyage, heureusement, traîna en longueur. Les commissaires avaient trouvé sur eux un peu d'argent, deux ou trois bijoux d'une certaine valeur, et ils s'en étaient emparés. Au lieu de gagner Paris à grande vitesse, ils voyagèrent à petites journées, dissipant en frais de route le pécule de leurs prisonniers ; et pour ne pas susciter leurs réclamations trop vives, ils eurent même pour eux quelques obligeances. Ces retards causaient à M. et madame Pasquier beaucoup d'inquiétude et ils se promettaient bien, aussitôt arrivés, de protester de toutes leurs forces. Ce qu'ils redoutaient comme un malheur fut cependant la cause de leur salut. Ils ne parvinrent à Paris et ne furent enfermés dans la prison de Saint-Lazare que le 8 thermidor. Écroués deux jours plus tôt, ils auraient certainement été compris dans les dernières exécutions qui enlevèrent les derniers parlementaires, plusieurs de leurs amis, de leurs parents, et même un frère de madame Pasquier.

Leur entrée dans la prison fut encore saluée pourtant par des voix amies. Ils y rencontrèrent bon nombre de personnes de leur société et parmi elles deux beaux-frères de M. Pasquier et un de ses frères, à peine sorti de l'enfance et détenu depuis huit mois.

CHAPITRE II

Le 9 thermidor. — M. Pasquier est rendu à la liberté. — Il va habiter Croissy. — Les fermiers de Coulans. — M. Julien. — Joséphine de Beauharnais. — M. Pasquier rentre en possession du château de Coulans. — Les salons du Directoire. — Le Consulat. — L'Empire. — M. Pasquier entre au conseil d'État. — Il est nommé préfet de police. — M. Germau. — M. Foudras. — Fin de l'Empire.

Le 9 thermidor mit un terme à ces crises si cruelles. Robespierre et les hommes de son parti furent dépossédés de leur toute-puissance, une immense réaction s'opéra, la France osa respirer.

M. et madame Pasquier ne bénéficièrent pas de suite de ce grand revirement politique. Durant six longues semaines ils demeurèrent encore sous les verrous, tremblant à chaque instant qu'une nouvelle émeute vînt rendre le pouvoir aux partisans de leurs bourreaux.

« Ces heures d'anxiété, disait M. Pasquier, furent les plus terribles à traverser ! Les minutes semblaient des siècles ; le moindre faux bruit venu du dehors amenait dans l'intérieur de la prison les scènes les plus navrantes ; les explosions de larmes succédaient aux transports de joie. C'était une lutte constante entre la vie et la mort ! »

Les portes s'ouvrirent enfin, quelques détenus furent relâchés ; et le jour du salut arriva aussi pour M. et madame Pasquier. Ils eurent permission de franchir le seuil de la prison, ils se retrouvèrent libres sur le pavé de Paris !

Il serait impossible de peindre les transports de joie qu'ils éprouvèrent en jouissant de ces premières heures de liberté. Ils couraient infatigables au travers des rues, allant s'enquérir de leurs parents, de leurs amis, frappant aux portes, quêtant des renseignements, sollicitant des indications, pleurant les trépassés, souriant aux survivants, osant vivre enfin et regarder en face tous ceux qu'ils rencontraient.

Leur fortune était engloutie, confisquée, ils ne savaient ni ce qu'ils feraient, ni ce qu'ils deviendraient ; que leur importait, ils étaient libres !

Ils n'avaient plus qu'une idée, une pensée : profiter du présent. Quant à l'avenir, ils en remettaient le soin aux réflexions du lendemain.

Nous avons entendu souvent M. Pasquier raconter les incidents si curieux, si dramatiques de son existence à cette époque, et nous nous sommes toujours étonné de l'impartialité, de la tranquillité, disons le mot, avec lesquelles il en discourait, il les jugeait.

Il est facile, à distance, dans le silence du cabinet

ou dans une dissertation publique, en ne considérant que le résultat obtenu, de glorifier une révolution, de passer l'éponge sur les crimes pour n'envisager que les conquêtes; mais quand un homme a été frappé, jour par jour, pendant plusieurs mois, pendant des années, dans ses respects les plus légitimes, dans ses affections les plus saintes; lorsqu'il a été témoin, victime, d'événements aussi incroyables, qu'il a vu tomber la tête de ses proches, assisté à la ruine de sa fortune, à l'hécatombe de tout un régime social, on se demande vraiment comment il a pu conserver assez de saine raison pour ne pas jeter la pierre à ses contemporains, à ses semblables, englober dans une réprobation haineuse les hommes et les actes qu'ils ont commis! comment enfin il peut en arriver à porter sur ces hommes, sur ces faits, le jugement impartial de l'histoire! Pour conserver une telle modération, il faut une hauteur de raison et une vertu civique dont il serait difficile de trouver beaucoup d'exemples.

Tel était pourtant M. Pasquier. Il se défiait toujours de ses entraînements, il visait à se placer dans l'horizon de justice, et il oubliait volontiers ses souffrances personnelles pour ne songer qu'aux grands intérêts publics, à la gloire de son pays, et cette qualité si rare, on la trouvera, non pas seulement dans ses paroles, dans ses écrits, mais dans ses actes. On ne peut citer dans sa longue carrière une seule circonstance où l'esprit de vengeance ou de représaille lui ait fait accomplir la moindre injustice !

Les tristes épisodes que nous venons de rapporter en suivant pas à pas M. Pasquier, au travers de l'époque révolutionnaire, montrent bien aussi à quel point il était attaché au sol de la France ; ils témoignent clairement de la sincérité de son patriotisme.

L'existence à laquelle il s'était condamné, sans qu'il s'en fût rendu compte, était, nous l'avons montré, la protestation la plus manifeste contre cette émigration qu'il avait toujours blâmée ; et sa dernière démarche pour se ranger au nombre des défenseurs du trône ne pouvait laisser aucun doute sur la vivacité de ses sentiments royalistes.

Et pourtant, en 1815, quand la maison de Bourbon reviendra occuper le trône de France, nous le verrons en butte aux défiances. Il aura à lutter contre les attaques du parti ultra. Le passé sera déjà oublié. On ne se souviendra plus de ce temps où il aidait de tout son pouvoir à la défense de la royauté, où il suivait Louis XVI jusqu'au pied de l'échafaud ! A vrai dire, M. Pasquier a eu toujours un grand tort aux yeux de ce parti qui devait lui être si hostile, celui de marcher avec son siècle. Quand il se ralliait à la monarchie de la branche aînée, ce n'était pas seulement en effet Louis XVIII qu'il venait saluer, soutenir de toute sa force, c'était un principe. Et ce principe, pour lui assurer une existence durable, il avait compris qu'il fallait l'établir dans des conditions qui fussent en harmonie avec le progrès, avec les nouveaux droits et les nouveaux devoirs. Les événements se chargèrent de prouver à quel point il avait été dans le vrai ; mais nous avons tenu à bien témoigner dès ce moment de l'opinion qu'il professait, car nous la retrouverons, à la dernière heure de sa vie, aussi vivace, aussi nettement formulée.

Après sa sortie de prison, il dut aviser aux moyens d'assurer son existence, celle de sa femme, et là pour lui, se présenta la solution d'un grand problème. — Il ne possédait plus rien, tous ses biens avaient été confisqués après l'exécution de son père et à la suite du mandat d'arrêt décerné contre lui. Il parvint avec beaucoup de peine à réunir quelques ressources, et, pour ne pas épuiser trop vite ce petit fonds de fortune, il se décida à fixer sa résidence dans le village de Croissy. Sa sœur, mademoiselle Sophie Pasquier, vint peu de temps après l'y rejoindre. Il était séparé d'elle depuis son départ d'Abbeville ; il l'avait laissée auprès de sa mère déjà bien souffrante et bien affaiblie, et depuis, il n'en avait plus eu de nouvelles. Ce fut donc pour lui une grande joie de la retrouver et cette joie aurait été sans amertume s'il n'avait appris en même temps la mort de sa pauvre mère. Elle avait succombé depuis peu aux suites d'une maladie née de toutes les douleurs dont son cœur avait été abreuvé.

Mademoiselle Pasquier, à partir de cette époque, se voua exclusivement à son frère ; elle s'attacha à ses pas, ne le quitta plus. Il devint pour elle l'objet d'un véritable culte, et nous la verrons, bien des années plus tard, mourir au palais du Luxembourg, donnant à ce frère, sa dernière pensée, le dernier souffle de son âme.

Une circonstance fort touchante et que nous voulons rapporter se produisit pendant le séjour de M. Pasquier à Croissy. Il reçut de la part des anciens fermiers de Coulans un témoignage bien rare de dévouement[1]. La récolte avait été mauvaise, des bruits sinistres de disette circulaient partout. Les transports de blé étaient impossibles, tant on redoutait le pillage. Un soir cependant, à la nuit close, une charrette chargée s'arrête à la porte de M. Pasquier; on l'appelle, on le demande. C'est pour lui ! les tenanciers de son château confisqué et devenu domaine de l'État ont appris que le fils de leurs anciens maîtres vit à Croissy dans le dénûment; deux d'entre eux se sont dévoués et ils lui apportent au péril de leur vie tout le grain qu'ils ont à leur disposition ! ils repartent ensuite, heureux du succès de leur entreprise, si noblement menée à fin.

La mauvaise fortune commençait au reste à se las-

---

[1] Nous le verrons en 1853, dans une de ses visites à Coulans, se complaire à en rappeler le souvenir aux enfants de ces courageux fermiers.

ser de persécuter M. Pasquier. Il retrouva à Rueil, dans le voisinage de Croissy, un homme avec lequel il avait été très-étroitement lié dans sa jeunesse, M. Julien, fils d'un riche banquier. La demeure de cet ami devint bientôt presque la sienne ; chaque jour il s'y acheminait enchanté d'y rencontrer une sympathie dévouée et ces habitudes de bonne compagnie dont il était privé depuis de si longs mois.

Madame Pasquier, au même moment, établissait des rapports de bon voisinage avec Joséphine de Beauharnais ; ni l'une ni l'autre ne se doutaient alors de la situation dans laquelle elles devaient se rencontrer plus tard dans le palais des Tuileries.

Cette dernière relation fut très-utile à M. Pasquier. Elle l'aida beaucoup dans les démarches qu'il s'empressa d'entreprendre pour arriver à recouvrer la possession du château de Coulans, patrimoine de ses pères. Il en profita même pour faire rentrer en France quelques-uns de ses parents et de ses proches.

« Ce fut alors, écrivait-il bien des années plus tard, que je commençai à étudier et à mieux connaître cette portion de la France nouvelle dont l'activité et l'intelligence ont joué depuis un si grand rôle dans les affaires.

« J'y trouvai en général une bienveillance secourable et j'ai souvent déploré la facilité avec laquelle beaucoup de services de ce temps ont été oubliés ou trop faiblement méconnus. »

Ces réflexions tracées en 1829 témoignent bien de la bonté de son cœur, de son penchant à la reconnaissance, de cette faculté heureuse qu'il possédait d'oublier le mal pour ne se souvenir que du bien !

La réaction avait été si vive au reste dans le monde gouvernemental de cette époque, que ses sollicitations furent pour ainsi dire faciles. L'administration accueillit favorablement ses réclamations ; quelques personnages influents, M. de Cambacérès entre autres, appuyèrent les négociations et enfin, au bout de deux années, après les incertitudes inévitables, après les anxiétés que lui avait causé la journée du 13 vendémiaire et les agitations qui l'avaient précédée, M. Pasquier obtint cette mise en possession si désirée. Un beau jour, accompagné de sa femme, de sa sœur, il se mit en route pour ce Coulans qu'il avait cru ne jamais revoir.

La terre était fort amoindrie ; les confiscations en avaient emporté la plus grosse part ; mais il fut accueilli par les anciens fermiers avec des démonstrations de joie si sincères que ces touchants témoignages lui firent oublier tous les mécomptes.

Après tant de misères, tant de tribulations, Coulans démembré dans ses dépendances, ravagé dans son intérieur, lui semblait d'ailleurs un véritable paradis, et il s'occupa de suite d'y installer sa résidence, de faire les réparations et les améliorations qui étaient en son pouvoir.

Sa quiétude cette fois encore ne fut pas cependant de longue durée. De nouveaux troubles survinrent dans la province et comme une réaction était toujours à craindre, il reprit le bâton du voyageur et retourna à Paris avec ses fidèles compagnes.

Dans cette ville, centre obligé de toutes choses et de tout mouvement, un grand changement s'opérait déjà dans les habitudes, dans les mœurs. Le gouvernement commençait à offrir une apparence de stabilité; la société polie s'essayait à se réunir, à se grouper, à se reformer. Quelques salons entr'ouvraient leurs portes ; l'élégance, le bon goût reprenaient le haut du pavé ; on osait causer, rire, voire même fronder sur ce passé encore si récent, sur ce présent qui donnait tant de prise aux incertitudes. Dès le début du Directoire on bâtissait des rêves, on se chuchotait aux oreilles des espérances.

M. Pasquier trouva vite sa place au milieu de ce beau monde. Peu après son retour à Paris, il était devenu un des causeurs les plus recherchés, un des visiteurs les plus assidus de ces réunions où chacun aimait à retrouver la politesse de l'ancien régime.

On le vit chez madame Vaudémont, dont le salon très-suivi à cette époque était appelé à devenir, sous l'Empire et sous la Restauration, une sorte de congrès où toutes les illustrations furent représentées ; chez madame de Pastoret, où il rencontrait pour la première fois quelques hommes destinés, eux aussi, à faire un brillant chemin dans le monde : M. Cuvier, par exemple, nommé depuis peu professeur suppléant au Muséum et placé déjà en évidence par son savoir, par l'élévation de ses idées.

M. Pasquier devait plus tard le rencontrer au conseil d'État, c'est à lui qu'était réservé l'honneur de prononcer à la Chambre des pairs, dans la séance du 17 décembre 1832, l'éloge de cet homme si éminent ; et cet éloge, inspiré à M. Pasquier par l'admiration la plus sincère, par l'affection la plus vraie, est un de ses meilleurs discours.

Auprès de M. Cuvier et bien digne de lui donner la réplique, se trouvait M. de Humboldt, arrivé depuis peu d'Amérique.

« Le nouveau monde, malgré la récente émancipation des États-Unis, disait M. Pasquier, était encore à l'état de légende. On peut donc se figurer l'intérêt qu'offraient les causeries d'un homme qui avait étudié cet immense continent dans toutes ses parties, sous tous les points de vue, historiques ou scientifiques. L'illustre savant était déjà ce que je l'ai retrouvé plus tard, plein de douceur et d'affabilité. Il excusait ma curiosité, satisfaisait mon ignorance. Je le vis donc alors souvent, et depuis, à tous ses voyages à Paris, il ne manqua jamais de venir me faire visite. Je le recevais avec un grand plaisir, admirant comme tout le monde cet esprit presque universel qui restait toujours jeune et vaillant. Nous nous écrivions aussi plusieurs fois chaque année : d'abord pour parler du présent et de nos espérances, plus tard, pour nous donner des nouvelles de nos vieilles santés et ressasser le chapitre de nos souvenirs.

Une des grandes admiratrices de M. de Humboldt, ajoutait-il, était alors madame de Staël. Je la rencontrais fréquemment dans le monde où elle brillait de tout l'éclat de son immense talent, de son esprit si vif, si ardent. Tous les regards étaient fixés sur elle ; son cortége d'admirateurs était si nombreux, qu'on aurait pu la prendre pour une véritable reine, escortée sans cesse de sa cour ! »

Le salon de madame de Vergennes, aussi brillant que celui de madame de Pastoret, offrait à M. Pasquier un charme encore plus précieux.

Accueilli comme homme du monde, il était devenu peu à peu ami fort intime. Que de fois je lui ai entendu parler de madame de Vergennes, de sa famille, de sa fille madame de Rémusat, mère de M. de Rémusat le savant auteur de tant de remarquables études philosophiques et son futur collègue à l'Académie française ! Il aimait à rappeler l'époque où celui qu'il désignait par le simple prénom de Charles, faisait la joie et l'admiration de tous, par l'esprit de ses reparties, par la précocité de sa jeune intelligence. Bien souvent aussi j'ai été témoin de la satisfaction que lui causaient des visites qu'il aurait désirées moins rares ! Il avait pour M. Charles de Rémusat, pour tous les siens, une amitié presque paternelle, et dans les dernières années, il s'efforça de la témoigner en invitant constamment à ses dîners les deux fils de son cher collègue, en mettant toujours en évidence les travaux littéraires ou scientifiques de M. Paul de Rémusat.

A ces salons, il faut ajouter ceux de madame de Beaumont et de madame d'Houdetot. Le premier représentait surtout l'avenir ; il avait pour habitués M. de Chateaubriand, dont le grand nom commençait à se lever à l'horizon ; M. Joubert, l'ingénieux auteur du livre des *Pensées* ; M. de Fontanes, le futur grand maître de l'Université de l'empire ; M. Guéneau de Mussy, qui coopéra puissamment avec M. de Fontanes à la réorganisation de ce grand corps.

M. Pasquier trouva cependant dans la société de madame de Beaumont un peu de défiance. Des renseignements puisés à bonne source nous permettent même de dire qu'il n'y fut pas apprécié à sa valeur. Malgré son admiration fort sincère pour le talent de M. de Chateaubriand, il n'avait éprouvé et n'éprouva jamais beaucoup de sympathie pour l'homme, et ses paroles, ses allures se ressentaient déjà peut être de cette impression. M. Joubert, dont l'opinion sur ce point se modifia plus tard, faisant allusion à la naissance et aux fonctions remplies par M. Pasquier dans le parlement, ne se gênait pas alors pour dire tout bas et un peu ironiquement qu'il se ressentait de son origine de *robin*.

Quant au salon de madame d'Houdetot, c'était l'asile des souvenirs du passé. « On y retrouvait, disait M. Pasquier, les habitudes, les usages, les conversations, les modes même de l'époque qui avaient précédé la Révolution. On aurait dit vraiment que ce salon avait été endormi en 1789 par une baguette magique, et s'était réveillé en plein Directoire, sans secousse, sans mémoire, poudré à frimas et le sourire sur les lèvres. »

De cette époque datait la liaison de M. Pasquier avec le petit-fils de cette femme qui avait tenu une si grande place dans la société des encyclopédistes. M. le comte d'Houdetot était un jeune et brillant personnage, s'occupant surtout de beaux-arts, possédant comme peintre un talent auquel il a été redevable, pendant sa longue carrière, des plus agréables distractions. M. Pasquier l'avait de suite prisé à sa valeur, et lui conserva la plus sincère amitié.

Dans les dernières années de la vie de M. le comte d'Houdetot, j'ai eu personnellement l'avantage de le voir souvent, de le bien connaître; et l'amitié dont il a bien voulu m'honorer, le respect affectueux que je conserve à sa mémoire, me font un devoir de le peindre ici tel qu'il était, tel du moins qu'il s'est offert à mon appréciation.

Il était petit, mais fort élégant de sa personne; il avait conservé, de sa jeunesse, un visage charmant, une des plus jolies têtes de vieillard qu'il fût possible de rencontrer ; son urbanité était des plus cordiales ; sa politesse, sans exagération, avait le meilleur ton. il avait beau vous traiter d'une façon familière, il était impossible de franchir vis-à-vis de lui les bornes du respect. Il ne parlait jamais de lui, du rôle qu'il avait joué, des services qu'il rendait encore. Il était simple, il était modeste ; et pourtant il avait eu de belles pages dans sa vie. Sous l'Empire, il avait rempli d'une façon brillante les tâches qui lui avaient été confiées. Préfet, en 1813, à Bruxelles, au moment de l'organisation des gardes d'honneur, obligé, par ordre et par devoir, de procéder à l'enrôlement de tous les fils de famille, il s'était acquitté de cette mission si difficile avec un tact, une prudence, qui lui avaient mérité des sympathies, dans un pays où il aurait pu recueillir des haines.

En 1815, c'est à lui, à ses mesures habiles, que la ville de Caen dut la conservation de son musée. Appelé plus tard à la pairie, il conserva à son cher département du Calvados, où il possédait la terre d'Étrehan, toute sa sollicitude, et il serait trop long d'énumérer ici les entreprises utiles qu'il favorisa, les travaux que son influence fit mettre en œuvre. C'est grâce à un rapport adressé par lui au ministre, que furent décrétés les fonds employés à la restauration des monuments anciens de la ville de Nîmes, et, je crois, aussi aux Arènes d'Arles. Je pourrais citer ici des traits charmants de son obligeance, car plusieurs fois pour dissimuler la main qui rendait le service, il eut la bonté d'employer mon intermédiaire; mais je ne veux pas soulever un voile qu'il aimait à tenir discrètement baissé. En somme, au milieu d'un monde où tant d'hommes, grâce à leur nom, à leur situation, à leur fortune, étaient quelque chose, il avait su être *quelqu'un*, une personnalité très-marquée. Je me sers à dessein de ces deux expressions qui résument un jugement de M. le chancelier Pasquier lui-même.

Tel était le monde, la société que M. Pasquier trouva à sa rentrée dans Paris. Aucune catastrophe politique, fort heureusement, ne devait rompre dans l'avenir les liens qu'il y forma. Il continua à en jouir aussi longtemps que vécurent les représentants de cette génération où il avait trouvé tant d'amitiés si précieuses, et il leur conserva jusqu'à sa disparition de ce monde le plus affectueux souvenir.

A partir de cette époque, et jusqu'au jour où il entra au conseil d'État, son existence fut partagée entre Coulans et Paris, entre la vie de citadin et celle de gentilhomme campagnard. A Coulans il reprenait les habitudes de sa jeunesse; il redevenait chasseur, agriculteur, économiste pour son propre compte ; à Paris il se transformait en homme de salon, s'adonnait à l'étude, recherchait les causeries, les discussions politiques et littéraires. Les malheurs avaient mûri son expérience, on comptait déjà avec ses jugements.

Pendant qu'il menait cette vie douce et tranquille, le régime politique de la France subissait une grande transformation. Au Directoire, à ces corruptions que M. Pasquier qualifiait d'une manière si énergique, succédait le Consulat. Bonaparte, premier consul, revenu à Paris avec le prestige de ses victoires, établissait la prépondérance de son autorité supérieure, et en 1804 il mettait le comble à ses rêves de fortune en plaçant sur sa tête la couronne d'empereur des Français. Le nouveau souverain voulut s'entourer immédiatement d'une cour digne de sa splendeur nouvelle. Il nomma des maréchaux, de hauts dignitaires ; il rechercha pour les appeler auprès de lui, avec de grandes faveurs, les représentants des anciennes familles aristocratiques. Il ouvrit enfin, par la créations des auditeurs au conseil d'État, une carrière nouvelle à toute la jeunesse distinguée, à toutes les légitimes ambitions.

Secondé, guidé dans ses choix par des hommes du plus haut mérite, par M. de Cambacérès surtout, il ne pouvait oublier les survivants de la vieille race parlementaire ; aussi s'efforça-t-il de les attacher à sa fortune. Déjà quelques amis de M. Pasquier avaient sollicité, accepté, des situations dans l'administration, dans les finances, dans l'ordre judiciaire, refondu, réorganisé ; dans les rangs de l'armée. Il ne considérait pas lui-même, sans une certaine tristesse, l'existence oisive, inutile, à laquelle il était menacé d'être condamné par une abstention trop prolongée. Le souvenir du passé, celui des fonctions importantes qu'avaient occupées ses pères se représentaient à son esprit. Son entourage, tous ceux qui lui portaient un véritable intérêt, le pressaient de prendre un parti, de se rallier au nouveau gouvernement; M. de Cambacérès se chargeait d'aplanir les difficultés, de lui ouvrir une voie qui donnerait satisfaction à ses scrupules. Il céda à tant d'amicales instances, et il accepta une place de maître des requêtes au conseil d'État. Le jour de cette nomination, la liste qui fut présentée à l'Empereur par M. de Cambacérès contenait trois noms : ceux de MM. Molé, Portalis et Pasquier, trois hommes éminents, fils de magistrats ou de jurisconsultes, et tous trois, amis futurs, appelés à rendre de longs services à leur pays. M. Molé avait à cette époque vingt-six ans, M. Portalis vingt-huit, M. Pasquier, beaucoup plus âgé, touchait à la quarantaine.

Sa conduite, à ce moment si important de sa carrière, nous offre une occasion fort naturelle d'exposer quelle était son opinion sur ce qu'on peut appeler le régime des abstentions. Cette opinion était bien arrêtée dans son esprit, et nous l'avons vu s'empresser de la faire connaître chaque fois qu'il était consulté par un de ses amis sur une situation analogue à celle qu'il avait traversée en 1806.

« Si les honnêtes gens s'abstiennent, disait-il, tout pouvoir n'est-il pas livré à l'intrigue, à la malversation? Si la grande propriété, la grande industrie gardent le silence, le principe conservateur d'un État n'est-il pas compromis? Si les hommes modérés se taisent, la grande influence n'est-elle pas acquise aux propagateurs d'idées fausses, d'utopies dangereuses et coupables?

« Qu'est-ce que cette vie d'égoïste mécontent à laquelle on se condamne? A quoi conduit-elle? à l'impuissance, rien qu'à l'impuissance.

« Les hommes qui, par leur fortune, leur nom, leur situation, seraient appelés à jouer un rôle utile dans la vie publique, se font trop souvent l'illusion de croire que l'abstention qu'ils ont adoptée attire sur eux l'attention, leur vaut une réelle importance. Ils se figurent qu'à un moment donné ils pourront reparaître brillamment sur la scène drapés dans le manteau du stoïcisme.

« S'ils pouvaient ouvrir les yeux, ils s'apercevraient bien vite, hélas! qu'ils se leurrent d'espérances chimériques et qu'ils prennent une opinion de coterie ou de parti pour l'opinion générale de la France. L'heure venue d'une réaction quelconque, ce n'est pas à eux qu'un gouvernement ferait jamais appel. C'est aux hommes d'action, à ceux qui, du geste ou de la parole, dans un conseil départemental, à une tribune, ou dans les rangs d'une armée, peuvent avoir la force et les moyens de rendre de vrais services, à ceux enfin qui ont suivi le courant, vécu avec leur siècle, et ne se sont pas attardés de quelque vingt années en arrière !

« Qu'on le remarque bien, ajoutait-il, je ne fais pas ici allusion au rôle de courtisans d'un souverain, je parle de celui de serviteurs du pays, et la différence est notable. Et combien de noms, et des plus considérés, je pourrais citer comme exemples ! »

En acceptant sa nouvelle situation, M. Pasquier ne répudia rien de ses attachements antérieurs, de la religion de son passé. Plein de loyauté et de courage, il voulut employer cette loyauté, ce courage, au service de la France. Il s'en fit un devoir et il sut accomplir sa tâche. Quelques mois ou quelques années plus tard, il nous l'a répété souvent, il lui fut donné au reste de voir bon nombre de ceux qui s'étaient montrés mécontents de sa résolution, venir frapper à sa porte, solliciter ou quêter des faveurs, mettre le pied à leur tour dans les emplois publics. Il en vit même quelques-uns se ranger au plus vite dans cette fournée de plats et obséquieux personnages, de tous les temps, de tous les régimes, qui ne marchent que l'encensoir à la main, sont décidés à tout acclamer, à tout approuver, et jettent au nez des souverains le parfum de leurs flatteries, jusqu'au jour des revers où ils sont les premiers et les plus acharnés à crier haro sur les vaincus !

M. Pasquier n'avait pas rêvé de faire de son poste de maître des requêtes une douce sinécure. Il prit, au contraire, sa nouvelle existence fort au sérieux ; il se mit à étudier avec la plus grande attention les questions soumises à son enquête, aux délibérations desquelles il était appelé à prendre part. Sa vie changea d'allure, elle entra dans une phase de gravité magistrale. A son début, il ne rencontra pas cependant dans le conseil d'État le succès sur lequel peut-être il avait compté. Son rôle demeura longtemps assez effacé ; son talent ne trouvait aucune occasion de se faire connaître ; et pendant que la plupart de ses collègues franchissaient rapidement les échelons hiérarchiques et étaient appelés à des situations plus élevées, il se morfondait obscurément dans le travail des commissions.

« A cette époque de ma vie, m'a-t-il dit souvent, mon ambition n'allait pas au delà du titre de conseiller d'État. Je le désirais comme couronnement de ma carrière politique ; mais je désespérai souvent d'y arriver. »

Il attendit en effet trois ans la circonstance imprévue qui devait le mettre en évidence, et lui valoir ce titre envié.

Voici comment elle se produisit.

Il avait été proposé, je ne sais par qui, de supprimer l'Imprimerie impériale et d'en remettre tout le travail à l'imprimerie libre.

L'affaire ayant été déférée, par ordre de l'Empereur, au conseil d'État, une commission fut nommée pour l'étudier, et après longue et mûre discussion un des conseillers fut chargé d'en faire le rapport.

L'empereur Napoléon, on le sait, aimait beaucoup à venir lui-même présider son conseil d'État, surtout lorsqu'il s'agissait de choses dignes de son intérêt, et il arrivait le plus souvent à l'improviste, sans se faire annoncer.

Dans une de ces visites extraordinaires, après l'examen ou la discussion de plusieurs affaires, il appela celle de l'Imprimerie impériale. L'assistance resta muette. L'Empereur réitéra sa demande. Un des vice-présidents fut alors obligé d'avouer que le rapporteur et plusieurs membres de la commission n'étaient pas présents, et il demanda timidement le renvoi à une autre séance. L'Empereur témoigna une grande impatience :

— Comment, s'écria-t-il, il n'y pas ici un seul des membres de la commission ?

— Sire, répliqua le vice-président, je ne puis nommer comme présent et ayant fait partie de cette commission que M. Pasquier, un de vos maîtres des requêtes.

— Eh bien, répondit vivement l'Empereur, que M. Pasquier prenne la parole.

La situation n'était pas commode, on l'avouera. M. Pasquier n'était nullement préparé ; cependant, comme il avait sérieusement étudié le sujet, il monta sans hésiter à la tribune. Il fit valoir tous les avantages, tous les inconvénients qui se rencontreraient dans l'industrie privée ; il mit en lumière le passé, le présent, l'avenir de l'Imprimerie impériale, ne dissimula pas ses côtés faibles, ses exigences ; mais il montra comment on pouvait y remédier, et il appuya fortement sur les services qu'elle avait rendus, sur ceux qu'elle pouvait rendre encore.

L'Empereur interrompit l'orateur : « Et voilà, s'écria-t-il avec éclat, ce qu'on me propose de supprimer ! L'affaire est jugée, l'Imprimerie impériale est maintenue. »

Puis il se leva et sortit.

Le lendemain, M. Pasquier recevait sa nomination au titre de conseiller d'État.

Placé dans ce nouveau milieu, il ne tarda pas à acquérir parmi ses collègues une autorité que personne ne chercha à lui contester, et peu après, il était nommé procureur général du sceau des titres.

Ce passage au conseil d'État a été très-important dans la vie de M. Pasquier ; les difficultés qu'il y a rencontrées de prime abord ont même exercé sur sa carrière la plus utile et la meilleure influence. Il y apprit de bonne heure à juger sainement de ce qui lui faisait défaut. Il y fit son apprentissage de la vie publique, s'y essaya à l'art oratoire et contracta dès lors cette habitude, qu'il possédait si bien, de plier ses forces vitales, son organisme, son intelligence même, aux exigences de sa volonté. On verra plus tard les services que lui rendit cette volonté, comment il en usait, à quel point il comptait sur elle.

Nous n'essayerons pas de le suivre au travers de ses nombreux et multiples travaux du conseil d'État. Les événements se pressent, chaque journée qui passe apporte la nouvelle d'une victoire ; l'Empire suit son cours ; tout prend un caractère de grand et de gigantesque qui se refuse à l'analyse ; la France n'est plus seulement en France, elle est dans toute l'Europe, à la suite des armées qui, sous la conduite de Napoléon, renversent ou édifient des trônes. Le conseil d'État voit chaque jour augmenter le chiffre, l'importance des affaires qui lui sont déférées, et la considération de M. Pasquier grandit, sa réputation se fonde. Déjà il se trouve en relations avec des hommes dont le nom reviendra souvent dans ses écrits, dans ses causeries, avec les grands dignitaires, avec les maréchaux, avec les ministres, avec M. de Lavalette, à l'évasion duquel il devait plus tard contribuer, avec M. Mollien, Daru, de Bondy, de Champagny, avec M. de Caulaincourt, qui lui confiera la tutelle de ses enfants, avec M. de Talleyrand, enfin, sur lequel ses narrations resteront inépuisables.

En 1810, l'Empereur, qui avait été fort mécontent du peu de précautions prises par M. Dubois, préfet de police, lors de l'incendie de l'ambassade d'Autriche, se résolut à changer ce fonctionnaire. Il voulut pour cette fois faire de la préfecture de police une véritable charge de magistrature; il chercha un nom, des antécédents, des mérites, pouvant offrir sur ce point toute garantie, et il choisit M. Pasquier. Celui-ci était loin de s'attendre à un tel honneur; il hésita d'abord à y croire; mais la volonté de l'Empereur était précise, il dut se soumettre, et il accepta.

Ses fonctions d'ailleurs ne touchaient en rien à la politique. La police se divisait alors en deux branches très-distinctes : la police politique embrassant la sûreté générale de l'empire et qui était confiée au duc de Rovigo, et la préfecture de police, dont le service était centralisé dans Paris et avait dans son ressort les soins de l'édilité, la sûreté des personnes, la surveillance des approvisionnements, l'ordre public.

M. Pasquier se familiarisa promptement avec les détails de son administration; il y trouva carrière à son activité ardente, à de nouvelles études, et il se complut à déployer son habileté, sa sollicitude pour la tranquillité, l'embellissement de cette ville de Paris qui lui était si chère.

Sans cesse en alerte, ne donnant que quelques heures au sommeil, voyant tout, se rendant compte de tout, il parcourait la ville à cheval jusque dans ses quartiers les plus reculés. Rien ne se faisait, ne s'exécutait sans son ordre très-précis. Il interrogeait lui-même les commissaires de police, les officiers de paix, réprimait sévèrement les abus, faisait servir son pouvoir non à molester, mais à rendre mille services. Dans certaines circonstances, il eut même le courage de braver la colère de l'Empereur, la mauvaise humeur des hauts fonctionnaires de la cour, pour sauver la vie ou la fortune d'anciens amis de sa famille, de personnes que leur nom, leur honorabilité, rendaient dignes de son intérêt.

Tout, au reste, était moins mauvais dans cette administration qu'il ne l'avait pensé. Le personnel avait traversé la Révolution presque sans se modifier. Beaucoup de réformes sans doute devaient être opérées, des modifications importantes restaient à établir, mais le fond était bon, et M. Pasquier trouva auprès de M. de Montalivet, ministre de l'intérieur, toutes les facilités pour accomplir ces réformes, ces modifications.

Nous avons eu sous notre main des carnets ayant appartenu à M. Pasquier et datant de l'époque de la préfecture de police; nous avons pu le suivre, pour ainsi dire, jour par jour dans une partie de ces occupations; nous avons lu les notes, qu'il traçait sur tout et à propos de tout, et nous nous sommes souvent demandé comment ses forces physiques avaient pu suffire à une existence aussi surmenée. C'était pourtant une des phases de sa vie dont il se souvenait avec le plus de satisfaction. Combien de fois je lui ai entendu rappeler ses visites à Saint-

Cloud, au palais des Tuileries, ses rapports à l'Empereur, ses soucis pour assurer les approvisionnements, ses anxiétés dans certaines circonstances, en 1812 surtout. Toutes ses préoccupations avaient été alors de raffermir la confiance générale. Une sourde rumeur de mécontentement commençait, en effet, à poindre; on prononçait les mots d'indépendance, de contrôle; les épigrammes battaient en brèche le prestige de la puissance impériale, et quand survint l'entreprise si hardie, si incroyable du général Mallet, on put même clairement envisager à quoi tenaient ce prestige et cette puissance.

Ces difficultés, ces occupations incessantes, loin de fatiguer M. Pasquier, ne faisaient cependant que ranimer son ardeur. Il avait une de ces natures qui qui ne reculent jamais devant les obstacles, qui suffisent à tout, et il le montra bien en ne négligeant rien de ce qui concernait plus spécialement ses fonctions de préfet de police : il aimait, plus tard, à ce qu'on lui sût gré des améliorations qu'il avait apportées, durant son administration, à l'édilité, à l'éclairage, à la police urbaine, et surtout à l'organisation du corps si utile des pompiers. Il se faisait gloire, alors qu'il présidait, en sa qualité de préfet, le conseil des hospices, d'avoir contribué à faire sortir de l'obscurité le grand chirurgien Dupuytren, de l'avoir nommé à l'Hôtel-Dieu malgré des oppositions assez vives.

Ce n'est pas seulement, au reste, d'après nos lectures, d'après nos causeries avec M. Pasquier, que nous essayons de formuler un jugement sur son passage à la préfecture de police. Il nous a été permis de recueillir des détails précis, circonstanciés, de la bouche d'un témoin oculaire dont la compétence et la sincérité ne pouvaient être mises en doute; nous voulons parler de l'honorable M. Germau, mort depuis deux années à peine, et sur lequel nous voulons dire ici quelques mots.

Il avait été, dès 1810, attaché à M. Pasquier en qualité de secrétaire; il conserva ses fonctions jusqu'à la chute de l'Empire, passa avec le même titre à la direction des ponts et chaussées, et devint chef du cabinet quand M. Pasquier fut appelé au ministère de la justice; plus tard, il embrassa la carrière administrative, et remplit pendant vingt années les fonctions de préfet, d'abord dans le département de la Haute-Vienne et ensuite dans celui de la Moselle.

La révolution de 1848 brisa sa carrière publique. Il revint alors habiter Paris et s'empressa de reprendre auprès de M. Pasquier ses habitudes de visites journalières, de correspondances assidues que les circonstances avaient pu parfois interrompre, mais que rien n'aurait pu briser.

Il ne manquait, presque pas un seul jour, de venir, rue Royale, saluer son ancien chef. Il s'était créé le devoir de rechercher tout ce qui pouvait contribuer à embellir l'existence de ce vieillard pour lequel il professait le respect le plus affectueux.

Il était, au reste, sur tous les points un de ces hommes qui devaient plaire à M. Pasquier : il avait l'intelligence prompte; sa correspondance était pleine de vie, son élocution des plus faciles. Une personne étrangère qui l'aurait vu avec M. Pasquier discuter, débattre avec feu l'opinion, souvent la plus futile, n'aurait pu s'empêcher de le trouver, ainsi que son interlocuteur, bien riche de jeunesse et même d'illusions; et pourtant il avait déjà franchi le chiffre de soixante-dix, et M. Pasquier était plus que nonagénaire! L'amitié, le dévouement de M. Germau ne se démentirent pas un seul instant; le dernier jour, il était dans la chambre de son cher malade; à la dernière heure, il était encore présent, témoignant par sa douleur d'un attachement qui avait traversé l'épreuve du temps et qui datait de cinquante-deux années.

Nous nous complaisons à rappeler tout ce qui concerne cet homme, d'un rare mérite, et auquel M. Pasquier conserva toujours une affection particulière, parce que nous avons pu nous-même l'apprécier à sa juste valeur. Pendant près de vingt années, nous avons vécu avec lui dans les termes d'une confiante intimité. Que de fois, nous aimons à nous en souvenir, nous sommes allé le visiter dans son petit hôtel de la rue de Clichy! que de fois nous nous sommes assis, pendant de longues heures, dans ce cabinet où il avait réuni les trésors de ses collections, ses émaux, ses tableaux, ses beaux livres; nous le mettions sur le chapitre du passé, nous provoquions ses confidences, et alors il nous contait tous les incidents de sa vie. Il avait des centaines d'anecdotes sur les régimes qu'il avait traversés, sur les hommes qu'il avait connus; il nous parlait de M. de Serre, de M. de Martignac, dont il avait été le chef de cabinet, de Casimir Delavigne, dont il avait été l'ami, de Balzac, qu'il avait connu à son début. Il nous racontait les phases de sa vie de journaliste; comment il avait fondé *l'Étoile*, le premier journal du soir, qui passa ensuite dans les mains de M. de Genoude et devint la *Gazette de France*, etc...

Il aurait pu, s'il s'en était donné la peine, tracer un livre intéressant de souvenirs anecdotiques; mais sa vie était trop occupée par ses lectures et par ses devoirs de famille.

Il survécut quatre années à M. Pasquier, conservant toujours vivant le souvenir de cette amitié qui lui avait été si chère; près de sa fin, il se plaisait encore, chaque fois que nous nous rendions auprès de son lit de malade, à évoquer cette grande mémoire. A cette dernière heure où toutes les vanités s'écroulent, où l'homme reste seul en face du néant qui s'approche, il avait deux pensées dans l'esprit, deux paroles sur les lèvres : sa famille, ses enfants, et celui qu'i appelait son cher chancelier!

Des dévouements aussi constants, aussi absolus, méritent d'être signalés : s'ils sont, en effet, à l'honneur de celui qui les témoigne, ils forment aussi le plus beau des éloges pour l'homme qui a su les inspirer.

Eh bien, nous le verrons plus tard, l'exemple de M. Germau ne sera pas le seul que nous aurons à citer : M. Pasquier possédait le rare mérite de savoir gagner le cœur de tous ceux qui l'approchaient.

Il avait un cortége d'amis de tous les âges, de toutes les situations, qui servaient, pour ainsi dire, de jalons à toutes les époques de sa vie.

Notons bien pourtant, et ce point est essentiel, que s'il eut beaucoup d'amis, il n'eut jamais ce qu'on appelle *des créatures*, et ne fit rien pour en avoir. L'amitié chez lui ne marchait jamais sans l'estime.

Ces digressions sur les hommes qui ont entouré M. Pasquier se rencontreront souvent dans notre récit, elles en entraveront un peu la marche, mais nous pensons qu'elles y ont pourtant leur place bien indiquée et en forment une partie essentielle, indispensable. Nous n'avons pas voulu, en effet, peindre seulement une figure isolée; nous nous sommes proposé un but plus sérieux, celui d'une étude consciencieusement faite, et de cette figure, et du milieu dans lequel elle s'est trouvée placée. Il nous importait peu d'énumérer des qualités, des aptitudes, qu'on aurait pu qualifier d'imaginaires; nous voulions prouver et la preuve la plus convaincante se rencontre, selon nous, dans ces hommages librement rendus par tant d'hommes de la plus haute distinction.

L'époque de la préfecture de police nous rappelle une autre personnalité qu'il peut être curieux de faire ici connaître, nous voulons parler de celle de M. Foudras.

M. Pasquier l'avait trouvé à la préfecture de police remplissant les fonctions de simple officier de paix. Ayant eu occasion de l'employer, il devina de suite son mérite et ses aptitudes; il le tira de la voie modeste où il serait resté peut-être enseveli, et il en fit le chef de sa police personnelle. Il n'eut pas à se repentir de cette faveur. M. Foudras se montra toujours à la hauteur des missions qui lui furent confiées, et il rendit même à M. Pasquier, en plus d'une occasion, de très-signalés services. Après la chute de l'Empire, il resta attaché à la préfecture de police, devint inspecteur général, et fut ensuite nommé conseiller d'État en service extraordinaire. Il n'a tenu qu'à lui de remplir, plus tard, des fonctions encore plus élevées, mais son ambition était satisfaite, et il ne voulut jamais sortir de l'espèce de demi-obscurité dans laquelle il s'était fait une loi de s'envelopper. Le chemin qu'il a parcouru prouve cependant en faveur de sa capacité, et cette capacité, disons-le, était secondée par une vigueur et une énergie peu communes.

La révolution de 1848 ne troubla pas sa carrière, il avait déjà abandonné toute fonction publique; mais, après comme avant, il ne rompit en aucune façon avec les habitudes de sa vie active. Sa situation lui avait permis de connaître, d'avoir sous la main, tous les chefs de service de la préfecture de police; il continua à les rencontrer et resta l'homme le mieux instruit, jour par jour, de ce qui se disait, se tramait dans Paris. Il ne recueillait pas cependant des nouvelles dans un but purement égoïste et personnel. Tout en faisant de la police par goût et par habitude, il s'était créé le devoir d'en faire profiter quelques hommes haut placés sous lesquels il avait été employé. C'était un moyen pour lui de leur témoigner sa gratitude.

Chaque matin, à la même heure, il accomplissait une ronde de visite chez M. le duc Decazes, chez M. le comte Molé, chez M. Pasquier surtout, et il distribuait, suivant l'occurrence, le menu de son bulletin. Si ces messieurs s'éloignaient de Paris, il écrivait; et ses lettres, beaucoup plus circonspectes que ses causeries, il nous en souvient, étaient des modèles de clarté et de concision. Lorsqu'il venait rue Royale, il ne se faisait jamais annoncer, — il entrait comme un habitué fort intime. Si une personne étrangère se trouvait dans le cabinet de M. Pasquier, il attendait. L'importun parti, il faisait *son rapport*, discutait sur ses probabilités, et se retirait après une courte entrevue. Le moindre bruit, par exemple, arrêtait son discours et le faisait disparaître.

On conçoit combien de telles informations devaient être précieuses pour un homme qui vouait tout son temps, toutes ses heures, à l'étude, à l'examen des affaires publiques ; aussi la mort de M. Foudras causa-t-elle à M. Pasquier un double et véritable chagrin; il perdait en lui un homme dont il était sûr et une source d'informations.

Il avait su que M. Foudras, durant sa vie, avait constamment écrit, rédigé un assez grand nombre de notes; après la mort de ce personnage, il eut le plus grand désir de les parcourir, et il fit toutes les démarches possibles pour se les procurer. Mais ses recherches furent vaines. Les papiers ne furent pas trouvés, et personne ne put dire à qui le dépôt avait été confié. On savait seulement qu'un homme inconnu, dont les visites étaient assez fréquentes, avait reçu en dépôt deux ou trois caisses renfermant probablement des manuscrits, — et on avait appris par quelques paroles échappées un jour à M. Foudras que lesdites caisses voyageaient constamment dans la banlieue de Paris, de commune en commune, de barrière en barrière, ne restant jamais huit jours dans le même lieu. Mais qu'étaient-elles devenues après sa mort? quel avait été le sort du dépositaire? Tout le monde l'ignorait! L'agent mystérieux avait reçu sans doute une somme pour disparaître, et l'ordre d'anéantir ce qui lui avait été confié. Il est certain qu'à partir de ce moment on n'entendit plus parler de lui.

Nous approchons de la fin de l'Empire. La police de Paris, si difficile dans les jours de prospérité, devient de plus en plus délicate. Les partis s'agitent, on parle déjà de la possibilité d'un changement de gouvernement; les armées alliées franchissent sur tous les points nos frontières, une coalition effrayante de peuples et de rois s'est formée en invoquant le grand nom d'indépendance nationale, l'ennemi est à la porte de Paris.

M. Pasquier redouble de vigilance; il multiplie les proclamations pour inviter les habitants au maintien de l'ordre; il se met en communication avec les représentants des souverains coalisés; quand les armées alliées font leur entrée dans la capitale, il reste courageusement à son poste; et si un événement aussi grave, aussi inouï, a pu s'accomplir, sans que la tranquillité publique ait été trop gravement troublée, sans que les habitants de Paris aient eu de trop sérieux dommages à supporter, on en est surtout redevable, il faut le dire, aux sages et habiles mesures qu'il sut prendre pour assurer l'approvisionnement des troupes étrangères, pour éviter des conflits entre leurs soldats et la masse populaire.

Pour maintenir l'ordre au travers d'une crise aussi grave, alors que tout principe d'autorité était méconnu, il fallait vraiment une vigueur, une énergie comme celle de M. Pasquier. Il fallait surtout pouvoir bien compter sur le personnel qu'on avait à diriger. Mais à la préfecture de police comme dans toutes les situations qu'il devait occuper, M. Pasquier usait envers ses subordonnés de cet esprit de justice, de sage modération, qui suscite les dévouements; aussi je ne lui ai jamais entendu articuler une plainte contre aucun des hommes auxquels il avait cru pouvoir se fier.

Que de fois, en revanche, je l'ai vu hausser les épaules, piétiner d'impatience, en lisant des récits de cette triste phase de notre histoire, dans lesquels on avançait impertubablement qu'il aurait suffi d'armer le peuple de Paris pour repousser l'invasion et éviter toute catastrophe! Il en appelait alors à la mémoire de M. Germau, il lui rappelait les faubourgs en pleine ébullition, la populace courant les rues, cassant, brisant, selon son usage, et s'occupant bien plus de se livrer au désordre que de marcher contre l'ennemi! Quant à la bourgeoisie, elle était fatiguée de ce régime perpétuel de guerres, de menaces constantes, et sans manifester le moindre penchant pour les Bourbons, elle aspirait à un gouvernement quelconque lui offrant des garanties d'ordre, de sécurité et surtout de paix.

On pourrait me demander ici, avant d'abandonner cette époque du premier Empire, quelle était l'opinion de M. Pasquier sur Napoléon et sur son règne? — Cette opinion ne peut ressortir bien nette que de la lecture de ses Mémoires, et je ne me suis pas proposé dans ce récit de les analyser. Mais sans toucher à ce domaine de si haut intérêt il m'est permis cependant de faire connaître succinctement sur ce point le résumé des causeries de M. Pasquier.

L'Empire, jusqu'à l'année 1809, était pour lui une des époques les plus grandes, les plus florissantes de l'histoire de la France, — une de celles peut-être où la majorité des citoyens avait le mieux, le plus unanimement marché en accord parfait avec le souverain. De 1809 à 1811, le prestige avait faibli, l'esprit d'opposition s'était fait jour ; — de 1812 à 1814 enfin les plaintes, le mécontentement étaient si patents qu'on en retrouvait l'écho même dans les salons du monde officiel, chez les ministres, chez les maréchaux, jusque dans la famille de l'Empereur. A partir de 1812, disait M. Pasquier, l'Empereur marchait comme emporté par un vertige de folie!

Cette opinion chez lui doit être prise en grande considération. Elle n'est pas, en effet, une opinion de parti. M. Pasquier n'avait aucune prévention contre Napoléon, il était loin de le juger, tout d'une pièce, sur l'ensemble de son règne. Personne plus que lui n'avait admiré le prodigieux génie de cet homme extraordinaire. Je lui ai entendu rappeler bien des fois les séances du conseil d'État présidées par Napoléon, avec une autorité, une entente des affaires qu'il n'avait jamais retrouvées. Il citait ses conférences avec l'Empereur sur l'approvisionnement de Paris, sur la question des marchés; il vantait son esprit d'ordre et d'économie dans l'administration des finances.

Quant à l'impératrice Joséphine, il s'exprimait toujours sur son compte dans les meilleurs termes; il faisait constamment l'éloge de sa bonté, de sa grâce, de sa dignité; il se plaisait surtout à remettre en lumière la grande réception aux Tuileries qui précéda l'heure du divorce et le départ de l'impératrice pour la Malmaison. « Dans cette dernière séance officielle, disait-il, Joséphine de Beauharnais se concilia tous les suffrages. Personne n'ignorait sa situation, tout le monde la plaignait; tous les regards étaient à elle. Le plus embarrassé, le plus manifestement inquiet était certainement l'Empereur! »

De l'impératrice Marie-Louise, il ne parlait presque jamais. Elle avait passé devant ses yeux comme une figure tout à fait secondaire.

Nous ne dirons rien de ses sentiments pour ses collègues de l'Empire. Il leur conserva son amitié, son dévouement; il s'opposa de tout son pouvoir au régime d'exclusion dont les partisans trop zélés de la Restauration voulaient user envers eux. Il ne fut jamais de ceux qui renient leurs liaisons, leurs affections dans les jours de malheur. Il jugeait les hommes suivant leur mérite; et sans se soucier de la divergence des opinions politiques, il conservait toujours son estime à ceux qui s'en étaient montrés dignes.

CHAPITRE III

1815. — M. Pasquier directeur général des ponts et chaussées. — Son premier ministère de la justice. — M. le duc de Richelieu. — M. Pasquier député de la ville de Paris. — Sa présidence de la chambre des députés. — Son second ministère de la justice. — Il est appelé au ministère des affaires étrangères. — Opinions de MM. Mignet et Sainte-Beuve sur M. Pasquier. — M. Pasquier est nommé à la pairie.

Le gouvernement de Louis XVIII aurait dû reconnaître hautement, et de prime abord, les avantages d'un esprit si remarquable de conciliation. Il aurait dû tenir compte des services rendus, ne pas attendre la démission de M. Pasquier et le maintenir dans ses fonctions de préfet de police. Malheureusement, avec la royauté légitime revenaient aussi les représentants de ce parti qui avait conservé tous ses vieux préjugés, et voulait rayer vingt-deux années de l'histoire de la France, et ce parti, fortement appuyé par M. le comte d'Artois, ne pouvait se résoudre à admettre la pensée d'une reconnaissance envers un fonctionnaire de l'empire déchu. La démission de M. Pasquier fut donc acceptée. M. Beugnot fut nommé pour le remplacer, avec le titre de ministre de la police. Louis XVIII cependant, plus perspicace que ses conseillers, ne voulant pas se priver du concours d'un homme aussi éminent que M. Pasquier, le rappela au conseil d'État et le nomma aussitôt après à la direction générale des ponts et chaussées.

Dans ce nouveau poste, il fallait déployer de nouvelles aptitudes, se familiariser avec un nouveau service. Mais M. Pasquier venait de passer à la préfecture de police des années dont il avait su profiter. Dès son entrée en fonctions, il se rendit compte de l'étendue de sa tâche ; il comprit qu'il devait déployer une grande énergie, et ménager avec délicatesse des positions dignes de son intérêt.

Qu'on se figure en ce moment la situation de la France, celle de toutes les provinces, qui venaient d'être éprouvées par le fléau de la guerre ! Les pays annexés avaient été rendus à leur nationalité première, nos frontières étaient limitées ou à peu près à celles de l'ancienne France ; les chemins étaient effondrés ; les prestations impossibles à obtenir, — on manquait de bras pour refaire les routes ; le budget qu'on pouvait y consacrer était insuffisant, et on avait par contre une armée d'ingénieurs revenus de l'étranger et se trouvant sans emploi !

Eh bien, au travers de tant de difficultés, de presque impossibilités, M. Pasquier trouva le moyen dans sa courte direction de ne pas faire de mécontents, de soutenir, de caser presque tout son personnel. Il répara les vieilles routes, en fit tracer de nouvelles, et c'est sous sa direction qu'ont été approuvés presque tous les grands dessins de routes royales qui sillonnent encore la France. Le croirait-on, dans une situation d'où il aurait pu sortir si impopulaire, il sut mériter des reconnaissances dont nous avons encore constaté de nombreux et annuels témoignages à l'époque bien postérieure où il nous appela auprès de lui.

Le retour de l'île d'Elbe et la marche de Napoléon sur Paris mirent fin à sa direction des ponts et chaussées. Pendant les Cent-Jours, il se retira dans son château de Coulans, et ne revint à Paris qu'en 1815, au moment de la rentrée du roi Louis XVIII.

A partir de cette époque, nous verrons sa vie publique suivre une marche plus soutenue; elle doit s'exercer désormais dans les hautes sphères de la politique. L'ancien conseiller d'État va être appelé à diriger des ministères, à prendre part aux actes les plus décisifs du gouvernement.

Nous ne suivrons pas M. Pasquier sur ce terrain tout à fait en dehors du cadre modeste que nous nous sommes tracé. Nous nous contenterons d'esquisser les principaux traits biographiques de sa nouvelle carrière.

Compris comme garde des sceaux dans le premier

ministère de la seconde restauration, il est en même temps chargé par intérim du ministère de l'intérieur. Il réorganise tout le système administratif et judiciaire des quatre-vingt-six départements laissés à la France ; il comprime les zèles trop ardents, surveille l'explosion inévitable des vengeances de parti ; il prend toutes les mesures qui peuvent adoucir l'amertume de certains regrets, calmer les douleurs d'une occupation étrangère.

« Lorsqu'on vit dans un temps paisible, écrivait, en 1842, M. Capefigue, en traçant une biographie de M. Pasquier, on examine les faits avec une rectitude mathématique. Il en résulte qu'on apprécie toujours avec injustice la conduite des hommes qui ont dominé une époque. Qu'on se reporte cependant en 1815, après la double invasion, les pesantes contributions de guerre, et on verra s'il est possible de gouverner avec une modération plus exemplaire, à la face d'un parti vainqueur qui a dicté ses conditions! »

Ces quelques lignes résument complétement le jugement que nous pourrions nous-même porter sur la conduite de M. Pasquier, à cette époque si critique. La modération, la justice, tout ce que peut suggérer le patriotisme le plus sincère, telles sont en effet les grandes qualités qu'il montre dans son premier ministère.

Le 25 septembre, tous les membres du ministère Talleyrand donnent leur démission. Le roi forme un nouveau cabinet, à la tête duquel il place M. le duc de Richelieu. M. Pasquier est remplacé à la justice par M. Barbé-Marbois [1] ; mais M. de Richelieu le désigne immédiatement pour présider la commission des créances étrangères, poste important dans lequel il témoigne de son habileté et de sa haute et si honorable intégrité.

Ses relations avec le duc de Richelieu lui permettent d'apprécier le mérite, la valeur de ce noble personnage, qui était appelé à rendre à la France de si importants services ; il peut juger de sa haute capacité, de son désintéressement, de son libéralisme ; il comprend la sagesse de ses vues, et dès ce moment il se range non pas sous le patronage, mais sous le régime des idées modérées dont M. de Richelieu est le représentant, dès ce moment aussi il lui voue une amitié qui ne doit plus se démentir.

Nous avons vu, bien des années plus tard, M. Pasquier s'exprimer sur le compte de M. le duc de Ri-

[1] Louis XVIII avait voulu expressément le conserver à son poste de garde des sceaux. M. Pasquier s'y était refusé par des raisons de convenance politique et où il s'autorisait même de son avenir d'homme public pouvant être utile au roi ; ce refus avait un peu étonné et piqué Louis XVIII, qui avait dit : « Concevez-vous M. Pasquier qui me préfère M. de Talleyrand ? » M. Pasquier, loin de préférer M. de Talleyrand, qu'il venait de voir de trop près à l'œuvre en tant que ministre, avait pour M. de Richelieu un tout autre goût et une tout autre estime ; mais il avait cru devoir aux bienséances du nouveau régime constitutionnel qui s'inaugurait, de ne point passer sans intervalle ni transition d'un cabinet dans l'antre. (Sainte-Beuve, *Nouveaux Lundis*, t. IV, p. 282.)

chelieu avec une chaleur, un enthousiasme qui témoignaient de la vivacité de ses souvenirs et de son affection. Attaquer devant lui cet homme si éminent, porter un jugement trop partial sur certains de ses actes, c'était s'exposer à une contradiction qui allait jusqu'à l'indignation. Avec une modestie bien rare, il se plaisait à lui reporter le mérite de tout le bien accompli, et pourtant les notes que nous avons eues entre les mains, les confidences que nous avons reçues de divers côtés, nous permettent d'affirmer que son rôle auprès du duc de Richelieu était loin d'être passif, il fut, au contraire, l'inspirateur de bon nombre de généreuses résolutions.

Le département de la Seine le porta, peu de temps après, à la députation. Cette nomination lui fut particulièrement agréable, parce qu'il y vit, avec toute justice, un témoignage de la reconnaissance des habitants de Paris pour sa conduite pendant l'invasion.

Après l'ordonnance du 5 septembre, il fut élu à la présidence de la Chambre, et, au mois de janvier 1817, il fut nommé une seconde fois garde des sceaux dans le ministère Richelieu. Mais le mouvement imprimé à la politique conduisait vers des idées trop extrêmes pour qu'il conservât longtemps sa situation. Les ministres, à cette époque et jusqu'en 1848, n'étaient pas, en effet, de hauts fonctionnaires chargés de diriger une administration, de commander à un nombreux personnel; ils représentaient la nuance d'opinion qui les avait conduits à l'emploi qu'ils occupaient. Chaque fois que le pays, par l'intermédiaire des Chambres, se prononçait contre la marche de leur politique, ils étaient obligés ou de céder ou de se retirer. Cette lutte de parti était souvent la cause de vives agitations; mais elle avait l'avantage de laisser à chacun la responsabilité de ses actes et de ne pas mettre en cause le principe même de la royauté.

M. Pasquier avait sa politique, et nous l'avons fait connaître; il se tenait dans ce centre où se rencontre presque toujours la vérité. Aussi éloigné des illusions rétrogrades du parti ultra-royaliste, que des aspirations trop avancées de la gauche parlementaire, il n'entrevoyait de salut que dans la modération; il s'efforçait de s'y maintenir; mais quand il se sentait débordé, il cédait noblement et laissait la place à d'autres. C'est ce qu'il fut obligé de faire après son ministère de la justice qui n'avait duré que quelques mois. Il accompagna M. le duc de Richelieu dans sa retraite et donna sa démission. Cet éloignement de la direction des affaires publiques ne devait pas pourtant l'en désintéresser. Il conserva une très-notable influence, et, suivant l'habitude qu'il avait contractée sous l'Empire, il adressa au roi Louis XVIII un mémoire sur la situation, sur la marche de la politique, sur les fautes qui avaient pu être commises, sur les changements qui lui paraissaient indispensables; aussi, quand au mois d'octobre 1819, le ministère de M. Decaze se décida à modifier la loi des élections, M. Pasquier fut nommé ministre des affaires étrangères, et il conserva cette situation dans le ministère Richelieu.

Ce fut le moment le plus brillant de son existence d'orateur parlementaire. Il ne possédait pas un de ces talents de tribune qui ont la faculté de faire vibrer les cordes de l'enthousiasme ou de l'admiration, et qui entraînent par élan ou par surprise les votes et les opinions; il était l'homme du fait, du chiffre et de la raison. Dans cette session de 1820, qui fut une des plus belles époques du régime représentatif, il témoigna constamment de la plus rare facilité de parole; il parlait sur tout, répondait à tout, était, enfin, sur toutes les questions, l'orateur du cabinet dont il faisait partie. Et quels hommes étaient en face de lui, quels talents il avait à combattre!

S'il avait eu plus de chaleur, plus d'abandon, plus de confiance en lui-même, nous nous servons à dessein de cette expression, son nom serait resté au premier rang parmi ceux qui ont été doués du noble don de l'éloquence.

Nous voulons citer ici, au cœur même de notre récit, et pour confirmer et développer notre opinion, celles de deux maîtres en l'art d'écrire et de bien juger, et dont personne ne récusera l'autorité. Elles feront connaître, sous son vrai jour, la situation de

M. Pasquier de 1815 à 1821, les mérites qui lui appartiennent :

« Tant que vous fûtes conseiller de la couronne, disait M. Mignet à M. Pasquier en le recevant à l'Académie française[1], vous essayâtes de tenir la balance entre les partis, et vous eûtes à cœur d'unir de nouveau la France et la grande famille qui, pendant huit siècles, avait si glorieusement et si utilement régné sur elle. On vous vit alors diriger les plus difficiles affaires et prendre une part principale à toutes les discussions. Aucune matière ne semblait étrangère à votre savoir, et l'on eût dit que vous les dominiez toutes par la souplesse de votre talent. On admirait cette netteté d'argumentation qui substituait les affaires aux passions; cette facilité rare qui vous permettait de répondre à tout; cette habileté avec laquelle, dans un langage clair, élevé, solide, et quelquefois brillant, vous vous montriez tour à tour jurisconsulte, administrateur, diplomate et surtout homme d'État... Vous n'avez jamais sacrifié à la politique aucune de ces règles fondamentales de la justice, de la morale et de l'ordre des sociétés, dont la violation émeut la conscience des peuples et finit par perdre les gouvernements. Vous vous êtes placé de bonne heure dans ce parti de la modération, toujours attaqué par les passions du moment, qui

---

[1] Mignet. *Discours prononcé à l'Académie française le 8 décembre* 1842, page 61. *Des Notices et Portraits*, éd. 1861

reste quelquefois au-dessous de sa tâche, mais qui, lorsque les temps sont écoulés, se présente seul aux générations suivantes, sans avoir à craindre de funestes souvenirs, ce parti, trop souvent dédaigné des gouvernements, auxquels il n'offre que le mérite de la sagesse et l'avantage de la durée. »

Écoutons maintenant M. Sainte-Beuve, dans l'article qu'il a consacré à M. Pasquier en étudiant l'*Histoire de la Restauration* de M. de Viel-Castel [1], article composé seulement d'une dizaine de pages, et qui résume pourtant le jugement le plus précis, le plus complet sur le caractère et la vie publique de M. Pasquier :

« M. Pasquier marqua, dès les premières discussions, par un genre de talent alors fort rare, celui d'une improvisation réelle, d'une faculté de réplique immédiate, abondante et juste..... Il fut d'une utilité inappréciable dans cette Chambre où il siégeait comme l'un des députés de Paris. Sans parler de son rôle important d'orateur, il rendait service à la bonne cause, à celle de la modération et du vrai libéralisme, par le rapprochement et le concert qu'il s'empressa d'établir entre des hommes qui méritaient de s'entendre et qui, sans lui, se seraient tenus plus longtemps à distance les uns des autres. C'est ainsi qu'il rapprocha un peu plus tôt M. Royer-Collard de quel-

---

[1] Sainte-Beuve. *Nouveaux lundis*, p. 282 à 286. éd. 1865.

ques amis politiques contre lesquels celui-ci n'était peut-être pas sans prévention. M. Pasquier se montrait là ce qu'on l'a vu plus tard, soit au Luxembourg, soit dans sa vie dernière de retraite et de société, un lien entre les hommes; mais c'était un lien actif, pénétrant, et il avait déjà doucement préparé les esprits quand il les mettait en présence. Sans jalousie aucune et sans un germe d'envie, sans personnalité offensante et dominante, préoccupé avant tout du but et de faire réussir les combinaisons qu'il estimait les plus sages et les seules possibles, il n'apportait dans les groupes où il figura aucune susceptibilité d'amour-propre, ni aucune de ces délicatesses nerveuses excessives que nous avons vues à d'autres politiques également habiles[1], dont elles altéraient parfois l'excellent jugement. Le sien était pur, franc, net, purgé de tout système, admirablement tempéré et équilibré. Plus sensé que savant, il avait bien vu tout ce qu'il avait vu. Esprit de lignée purement française, s'il se trouvait ainsi privé parfois de quelques rapprochements curieux et utiles, il se préserva mieux encore des fausses ressemblances et des confusions dangereuses; séparé, dès ce temps, des royalistes purs, en ce qu'il ne partageait pas cette sorte de culte mystique ou de passion exaltée dont n'étaient pas encore tout à fait revenus, à cette date, plusieurs de ceux

---

[1] M. Molé, par exemple, de fibre plus fine, mais aussi plus susceptible.

même qu'on appela ensuite doctrinaires, il était et resta toujours séparé de ces derniers en ce qu'il n'eut jamais l'esprit de système... Dans la Chambre de 1815, un tel homme, l'homme du bon conseil, ne put manquer d'exercer, au sein de la minorité dont il faisait le lien, une influence des plus actives et des plus heureuses, et celle qui parut publiquement n'est que la moindre; mais dans ces conférences de chaque jour où les chefs de la minorité discutaient les plans de défense, se distribuaient entre eux les rôles et se concertaient sous main avec quelques membres du cabinet, que de bons et prudents avis, que de moyens ingénieux de tourner les difficultés, que de biais, adroitement ménagés, il dut trouver et faire prévaloir! A la tribune, s'il eut le mérite d'apporter de prime abord un talent d'improvisation véritable, chose alors très-neuve, maître d'ailleurs de sa parole, il la gouverna toujours et sut la tenir également éloignée de la passion ou du système. Il se garda bien de donner dans aucune de ces théories absolues, de ces professions de foi excessives, qui ne servent qu'un jour et qu'une heure, et qui embarrassent dans toute la suite de la vie publique. Il savait, en chaque discussion, les raisons appropriées qui pouvaient agir le plus sur les adversaires, et il les employait au bon moment. »

Les meilleures intentions, les plus sages avis, ne sont pas toujours malheureusement compris par les majorités. Malgré les efforts de M. Pasquier et ceux de ses amis politiques, l'influence du parti ultra allait chaque jour croissant. Après la session de 1821, la situation était devenue impossible. Attaqué par l'opposition, en butte aux hostilités de la droite, ne trouvant d'appui que dans une minorité impuissante, M. Pasquier crut devoir une dernière fois déclarer nettement ses amitiés, ses répugnances, puis il donna sa démission ; il quitta pour toujours le ministère et alla s'asseoir sur les bancs de la Chambre des pairs dans laquelle il avait été nommé quelques mois auparavant.

Il avait au reste grand besoin de repos. Sa santé était un peu éprouvée par l'existence si occupée qu'il menait depuis quinze années. Mais comment trouver la tranquillité au milieu même de l'action? Un esprit comme le sien n'y serait jamais parvenu. Il prit donc le parti de consacrer ces premiers loisirs laissés par la politique à un voyage dont il avait souvent formé le projet, celui d'Italie. Il visita Florence, Rome, Naples où il assista à une éruption du Vésuve, et revint en France en traversant Venise dont il rapporta son plus grand souvenir.

La mort de Louis XVIII et l'avénement de Charles X précipitèrent son retour à Paris. Il s'empressa d'aller prendre sa place à la Chambre des pairs, auprès des hommes qui restaient fidèles à la politique du duc de Richelieu. Il ne laissa passer, dès ce moment, aucune discussion importante sans y prendre part, ne manqua aucune occasion de combattre de tout son pouvoir cette politique aveugle qui devait conduire la monarchie de 1815 à sa ruine.

CHAPITRE IV

M. Pasquier est nommé président de la Chambre des pairs. — Son esprit de justice. — Le roi Louis-Philippe lui confère la dignité de chancelier de France. — Lettres du roi. — M. Auguste Pasquier. — Adoption de M. Gaston d'Audiffret. — Madame la baronne Pasquier. — Lettres de la reine Marie-Amélie. — Chute de la monarchie du roi Louis-Philippe.

La révolution de Juillet, qu'il avait redoutée sans la prévoir, acheva l'œuvre de destruction : elle ne pouvait avoir ses sympathies. Il était, il est demeuré partisan d'un gouvernement constitutionnel avec la royauté héréditaire des princes de la branche aînée de la maison de Bourbon; mais, comme il ne pouvait arrêter le torrent, il lui fallut bien se soumettre aux événements accomplis et se rallier au régime qui offrait à la France des garanties d'ordre et de sécurité.

Son esprit de conciliation était alors si connu, son influence si notoire, son caractère si unanimement respecté, que le gouvernement du roi Louis-Philippe, après la promulgation de la charte, le pressa d'accepter la présidence de la nouvelle Chambre des pairs.

Aucun nom n'était mieux indiqué que le sien pour ce poste si important, et dès son début, à l'occasion du procès des ministres, il montra combien il était à la hauteur de la tâche qui lui était confiée.

Durant cette période de sa vie, ses facultés se révélèrent encore sous un nouveau jour. On l'avait vu administrateur habile, politique consommé, orateur de tribune, il se fit connaître comme grand magistrat. Sa présidence des procès qui se succédèrent devant la Chambre des pairs a été, nous le pensons, le point culminant de sa carrière.

« Sa longue et belle existence [1], a écrit M. Sainte-Beuve, permit à toutes ses qualités de se développer à leur avantage et à leur honneur; il usa, à force de durer et de vivre, toutes les critiques dont il avait été l'objet, et celles qui étaient injustes, et celles qui n'étaient que transitoires. Dans sa haute et suprême situation publique de président de la Chambre des pairs, il retrouva toute sa valeur un peu dispersée jusqu'alors, il la rassembla, pour ainsi parler, et l'accrut encore au vu et au su de tous. Son jugement excellent, que plus rien n'influençait, s'appliqua aux choses avec calme, avec étendue et lucidité; son caractère obligeant faisait merveille, retranché dans sa dignité inamovible : les côtés moins vigoureux de ce caractère, désormais encadrés et ainsi appuyés, ne

---

[1] Sainte-Beuve, *Nouveaux lundis*, p. 282 à 286, éd. 1865.

paraissaient plus que des mérites; il était le médiateur entre les partis, avec physionomie ministérielle, mais bienveillant pour tous. Juge, il était l'âme des procès, des commissions; ses talents d'éminent magistrat se déclarèrent; dans les difficultés, il prenait sur lui la responsabilité du premier avis, qu'il donnait toujours excellent. Enfin, si l'on avait demandé, vers 1846, et sur des points très-différents de la politique, quel était l'homme de France qui jouissait de plus de considération, on aurait de toutes parts répondu : « C'est le chancelier. »

Tant de services rendus lui valurent, en effet, en 1837, la dignité de *chancelier de France*.

Le roi Louis-Philippe la lui accorda avec un véritable bonheur. Il voulut lui écrire lui-même à cette occasion, et nous transcrivons ici son petit billet, tracé avec sa grosse écriture si lisible, et témoignant, comme toute sa correspondance, de l'excellence de son cœur :

« Fontainebleau, samedi soir, 27 mai 1837.

« Mon cher chancelier, c'est pour avoir le plaisir de vous donner un titre que je vous ai accordé de tout mon cœur, que je veux répondre à la lettre que vous m'avez écrite et vous dire combien j'y suis sensible. Je regrette d'avoir été parti quand vous êtes venu aux Tuileries, j'aurais été charmé de vous répéter moi-même l'assurance de tous mes sentiments pour vous.

« Bonsoir, mon cher chancelier,

« Votre affectionné,

« Louis-Philippe. »

En 1844, au mois de décembre, le roi, pour témoigner de nouveau à M. Pasquier de sa reconnaissance pour ses bons services, lui conféra le titre de *duc*, et cette fois encore il lui fit part de cette nomination par un billet de sa main :

« 11 décembre 1844.

« Mon cher chancelier, j'ai voulu me réserver le plaisir de vous annoncer moi-même que je viens de signer l'ordonnance royale qui vous confère le titre de *duc*, afin de vous témoigner la satisfaction que j'éprouve en manifestant, par cet acte, combien j'apprécie les services éminents que vous avez rendus à l'État ainsi que l'attachement à ma personne et à ma famille, dont vous m'avez donné tant de marques.

« Recevez en outre, mon cher chancelier, l'assurance de tous les sentiments que je vous garderai toujours.

« Votre affectionné,

« Louis-Philippe. »

M. Pasquier vit surtout, dans cette dernière distinction, la haute expression de l'estime du roi, car il fut de tout temps l'homme le moins vaniteux du monde. Il l'accepta cependant avec reconnaissance, persuadé que le titre de duc ajouté à son nom témoignerait peut-être, aux yeux de la postérité, de l'honorabilité, de l'importance de sa vie active.

Quant à la qualification de chancelier, il la reçut avec une satisfaction qu'il ne chercha pas à dissimuler. Elle le rattachait, à ses yeux, à ce parlement qui avait été son premier berceau, à la vieille magistrature de France, à l'ancienne tradition; et il faut le dire, il la portait noblement, très-noblement! Jusqu'à sa dernière heure elle est restée l'apanage de son nom. C'est sous le titre de chancelier que ses amis venaient constamment le saluer, c'est celui qui servira un jour à le désigner dans l'histoire.

Les années de la monarchie de 1830 furent pour M. Pasquier des années de quiétude heureuse. La plus haute considération lui était acquise; ses collègues lui témoignaient une déférence tout à la fois pleine de respect et d'affection; la famille royale faisait grand cas de ses opinions; il était revêtu de la plus haute dignité judiciaire, parvenu au faîte des honneurs; son impartialité lui valait l'estime même de ceux qui étaient soumis à sa juridiction. Rien désormais ne semblait pouvoir troubler la sérénité de sa vie, et pourtant, à cette même époque, il éprouvait ses plus grandes douleurs de famille. Il perdit d'abord son frère Auguste, ancien directeur général de l'administration des tabacs, homme d'une haute intelligence et pour lequel il professait une affection particulière. Il avait toujours fait grand cas de l'opinion, des jugements de ce frère; il aimait à le consulter dans les actes importants de sa vie. Beaucoup plus âgé, jamais la pensée qu'il pût lui survivre ne s'était offerte à son esprit. Cette fin le surprit tellement qu'il ne pouvait l'attribuer qu'à un concours de circonstances hors nature. Vingt ans après ce cruel événement, il s'écriait encore avec la fougue du premier jour : « Mon frère Auguste vivrait encore sans les médecins spécialistes : ils l'ont tué! » Et Dieu sait comment alors il habillait ces docteurs!

En 1845, M. Pasquier voulut donner à cette chère mémoire un dernier et manifeste témoignage d'attachement.

Jamais il n'avait eu d'enfant et avait souvent regretté cette privation d'une descendance directe de famille. Il ne songeait pas sans une certaine tristesse que personne ne serait auprès de lui à la dernière heure pour le saluer du nom de père et recueillir son héritage d'honneur et de position, que personne enfin ne resterait pour perpétuer ce nom de Pasquier auquel il était si naturellement attaché.

M. Louis Pasquier, fils de son frère Jules, était l'héritier direct, naturel de ce nom; par son mérite, sa capacité, son érudition, par la considération dont il jouissait déjà dans la magistrature, il offrait toute garantie pour le présent; mais M. Louis Pasquier était veuf, sans enfant, et il ne voulait pas songer à une nouvelle union.

M. Pasquier se résolut donc à chercher parmi ses petits-neveux un fils d'adoption qui pût être le Pasquier de l'avenir, le continuateur de la souche du glorieux Estienne. Son choix se fixa sur le petit-fils de son frère Auguste, sur M. Gaston d'Audiffret, dont il avait pu apprécier, depuis longtemps, l'intelligence et les solides qualités.

La résolution prise, l'exécution ne se fit pas attendre. M. Gaston d'Audiffret fut légalement adopté; il épousa presque aussitôt après mademoiselle Fontenillat, appartenant à une famille très-considérée de la finance, possédant toutes les distinctions, celles de la beauté, celles de l'esprit, celles de la fortune, et le jeune ménage fut installé au palais du Luxembourg.

Les années ne firent que rendre plus intime, plus étroite, la liaison qui s'établit de prime abord entre le père et les enfants. M. et madame d'Audiffret-Pasquier se façonnèrent de bonne heure et sans effort à l'existence sérieuse de la résidence d'un chancelier de France; ils surent mériter l'affection de tous; ils cheminèrent sous ce patronage auguste, se faisant un devoir de la vie de respect et de dévouement. Ils se montrèrent, enfin, ce qu'ils sont encore aujourd'hui, fidèles gardiens de leur nom et de son honneur.

Après son frère, M. Pasquier perdit sa sœur, mademoiselle Sophie Pasquier, cette douce et sainte personne dont nous avons parlé, et qui s'était condamnée au célibat par amour fraternel. Elle avait concentré toute son existence dans le cercle de sa famille et dans les œuvres pieuses.

Puis ce fut le tour de madame Pasquier, de celle qu'au Luxembourg on appelait madame *la baronne*.

Elle mourut âgée de près de quatre-vingts années. Fort impotente, fort éprouvée par les infirmités, elle avait dit, depuis longtemps, adieu aux distractions du monde, ne conservant plus que deux facultés prédominantes, son affection presque idolâtre pour son mari et son amour de la charité. Son existence était vouée à faire le bien et à le faire utilement, intelligemment. Elle employait toute son influence à organiser des sociétés de secours, à provoquer des souscriptions pour les pauvres[1]. Avec le concours de

---

[1] La reine Marie-Amélie était en correspondance assidue avec madame Pasquier pour ses bonnes œuvres; elle ne manquait jamais de s'y associer. La lettre que nous citons témoigne d'une façon bien touchante et de sa sollicitude charitable et de son amitié pour la digne compagne de M. le chancelier :

« Saint-Cloud, 5 août 1839.

« J'ai été bien touchée de votre lettre, ma chère baronne ; j'espère que vous ne doutez pas de mon vif, sincère et constant intérêt, car il vient du cœur. Je suis bien peinée de vous savoir souffrante, et je le

sa belle-sœur, mademoiselle Pasquier, elle avait orgarnisé un véritable ministère de bonnes œuvres ; elle visitait les pauvres honteux, les infirmes, les nécessiteux. Quand l'âge lui rendit toute sortie impossible, elle continua la mission qu'elle s'était donnée, se faisant suppléer par des personnes qui n'avaient d'autre occupation que les visites et les renseignements à prendre sur ceux qu'elle appelait ses protégés.

Sa prodigalité charitable était si grande que, pour la dissimuler aux yeux de sa famille, elle vendit successivement jusqu'à son dernier bijou, et elle en avait eu de fort beaux. A sa mort, on ne trouva dans son secrétaire qu'une mauvaise chaîne en chrysocale. Madame Pasquier était enfin si unanimement véné-

suis doublement parce que cela me prive du plaisir de vous voir et d'avoir ensemble ces bonnes petites conversations du matin, où j'étais sûre de me trouver souvent d'accord avec vous dans la manière de sentir et de juger les événements.

« J'enverrai des lots pour la loterie de madame L..., et je pense qu'il sera bon d'envoyer une allocation plus forte à la Société maternelle d'Angoulême.

« Je comprends bien que madame de M... et ces autres dames n'aient pu résister à de si bonnes raisons exprimées avec autant de cœur que de sagesse. Vous me direz ce que vous croyez que je doive envoyer à ces dames pour les encourager de plus en plus dans leurs bonnes œuvres. Je suis toujours contente de suivre vos bons avis et d'avoir une occasion de vous renouveler l'assurance de toute mon amitié pour vous.

« Votre bien affectionnée,

« Marie-Amélie. »

rée que M. Sainte-Beuve, dans un des rapports annuels sur les prix de vertu, ayant à recommander, nous ne nous souvenons plus quelle personne, à l'attention de l'Académie, pour l'obtention de l'un de ces prix, ne trouvait pas de meilleur titre à invoquer que celui-ci : « C'était une des exécutrices des bonnes œuvres de madame Pasquier. »

Il y a peu de jours, dans une visite à M. Sainte-Beuve, nous nous entretenions avec lui de M. Pasquier, de sa famille, de tous les disparus de ce monde, du temps passé; nous lui faisions part des impressions, des jugements consignés dans ce livre, et, tout à coup, craignant que nous ne missions en oubli madame Pasquier, il appela notre attention sur elle; il nous demanda lecture des lignes que nous avions consacrées à cette mémoire; et après les avoir entendues, sans ajouter un commentaire, il sourit tristement à ces souvenirs, et il prononça cette courte et éloquente oraison funèbre : « C'était une femme de bien. »

Ces quelques mots résument tout, en effet, et l'opinion de M. Sainte-Beuve était l'impression de tous ceux qui avaient connu madame Pasquier. La reine Marie-Amélie la partageait sincèrement. Voici la lettre qu'elle adressa à M. Pasquier en réponse à celle qui lui annonçait la fin de madame Pasquier :

« Neuilly, 10 juin 1844.

« Mon cher chancelier, j'ai éprouvé hier soir une bien pénible surprise en apprenant, de notre commune amie [1], que vous n'aviez pas reçu la lettre que je vous avais écrite sur-le-champ, après avoir reçu la vôtre par laquelle vous m'appreniez votre malheur, et que vous ayez pu croire un instant que j'eusse été indifférente soit à la perte d'une amie que j'appréciais vivement, soit à une peine de votre cœur. Cette idée me tourmente, car j'attache un grand prix à être bien jugée de vous, et à ce que vous soyez persuadé de mes sentiments pour vous et de mes profonds regrets pour votre excellente femme. Je fais faire des recherches pour savoir ce qu'est devenue ma pauvre lettre ; mais je n'ai pas voulu en attendre le résultat pour vous renouveler l'expression des regrets et des sentiments du roi et de mes enfants qui m'avaient chargée d'être leur interprète auprès de vous, et de ceux que je vous ai voués depuis longtemps.

« Je suis, de tout mon cœur, votre bien affectionnée,

« Marie-Amélie. »

Après la mort de madame Pasquier, sa fortune retourna aux représentants de son nom, à la famille de

---

[1] Madame la comtesse de Boigne.

Saint-Roman, mais M. le chancelier garda pour lui l'héritage de ses charités. Toutes les petites pensions, tous les dons annuels, toutes les aumônes promises par elle, furent constamment, fidèlement continuées, acquittées par lui, et jamais personne ne frappa en vain à sa porte en se plaçant sous l'invocation si respectée de madame la baronne Pasquier.

Il avait placé dans sa chambre, au-dessus de son lit, un portrait d'elle, au pastel, et qui témoignait d'une beauté plus imposante que gracieuse. Les cheveux étaient relevés à la mode Louis XVI, les traits étaient grandement tracés, la bouche bien dessinée; le cou, la poitrine, accusaient la richesse de la forme, et tout cet ensemble était littéralement illuminé par deux grands yeux noirs pleins de profondeur et de pensée, et qui faisaient rêver et songer, même aperçus dans la demi-obscurité de la chambre.

M. Germau, qui avait connu madame Pasquier en 1810, nous a dit souvent l'avoir vue très-ressemblante à ce portrait; en reportant ses souvenirs à cette époque, il ne faisait pourtant jamais allusion au charme que cette beauté avait pu répandre autour d'elle, mais au repect qu'elle inspirait : « Je n'ai jamais vu personne, nous disait-il, porter mieux que madame Pasquier la grande robe de cour. Dans le cérémonial, c'était une reine, elle était superbe! Mais elle avait un désintéressement de toutes choses, une froideur réelle ou apparente qui vous glaçait. »

M. Germau ne songeait pas, et je le lui rappelai un jour, qu'à cette époque, en 1810, les années avaient pu singulièrement modifier l'allure et la beauté de madame Pasquier. Un peu plus âgée que son mari, elle devait déjà avoir quarante-cinq ou quarante-six ans; les crises qu'elle avait traversées n'avaient pas été de nature à lui conserver le charme et la vivacité des grâces de la jeunesse. Après les angoisses de la proscription, de l'emprisonnement, après les craintes de l'échafaud, quelle femme ne serait restée froide et sérieuse! Madame Pasquier avait l'esprit rêveur, peu expansif. Elle dut pardonner, elle n'oublia jamais. Son mari, dont l'esprit ardent courait plutôt vers l'avenir que vers le passé, oublia, pardonna, et entra dans le dix-neuvième siècle comme dans une ville prise d'assaut, ne gardant aucune rancune à ses ennemis, ne songeant qu'aux satisfactions de la victoire.

Entre ces deux natures le contraste était absolu. Pendant que l'une se complaisait à songer, à regretter peut-être le dix-huitième siècle, ses douceurs et ses habitudes, l'autre cherchait à découvrir quel courant mènerait l'Europe dans le vingtième!

Ici finit ce que nous pourrions appeler la première partie de l'étude que nous traçons.

Jusqu'à présent nous avons été guidés dans notre récit par la marche du temps, par la succession des événements; à l'époque où nous sommes parvenus, le temps, les événements, n'ont plus qu'une influence secondaire sur l'existence de M. Pasquier. Sa vie publique est terminée, sa vie de retraite commence. La nouvelle monarchie s'écroule, la république est proclamée, la famille royale est en fuite, la Chambre qu'il préside est dissoute, ses amis se dispersent; plus qu'octogénaire, il devrait désespérer de tout, ne songer qu'à ce grand âge auquel il est arrivé et qui peut amener à sa suite les défaillances, ne rêver qu'à finir ses jours le plus doucement possible; il regarde pourtant sans trembler ce bouleversement social et politique; il en a tant vu de même nature! Loin de désespérer, il espère encore, il espérera toujours. Sans se faire la moindre illusion sur les chances inévitables d'une fin prochaine, il réagit par la volonté contre l'affaiblissement de ses forces physiques; il s'occupe immédiatement de chercher pour son existence à venir une organisation dans laquelle il puisse trouver cet élément vital de l'intelligence dont il a besoin, dont il ne peut se passer.

Nous allons le suivre sur ce nouveau terrain. Quinze années sont encore devant nous, et l'analyse que nous pourrons faire ne sera peut-être pas la moins instructive, la moins intéressante. Pour ceux qui n'y chercheraient pas le souvenir d'un homme dont le rôle a été si important, pour les indifférents eux-mêmes, disons le mot, il peut être curieux d'étudier ce coin de tableau des mœurs françaises au dix-neuvième siècle, de suivre dans ses derniers développements cette existence de vieillard toujours ferme dans son homogénéité, toujours pleine de foi dans ses croyances, toujours active; nous le verrons, insensible au découragement, suivre consciencieusement sa marche, dominer par sa haute philosophie une époque où les majorités, n'ayant plus le courage de voir ou de raisonner, se laissent ballotter tantôt par les rêves des utopies, tantôt par les frayeurs d'une réaction, tantôt, enfin, et c'est le plus souvent, par ce vent funeste de l'indifférence qui ferait désespérer de l'avenir si on ne connaissait pas les variations, la mobilité des courants auxquels se laisse entraîner notre France.

Disons-le d'ailleurs avec M. Pasquier : « Cette indifférence, affichée si hautement, n'est peut-être que de l'hésitation, une sorte de respect humain mal placé. On est indifférent faute d'oser être franchement autre chose! »

CHAPITRE V

1848. — Courage civique de M. Pasquier. — Son établissement à Tours. — M. le comte et madame la comtesse de Flavigny. — Monseigneur le cardinal Morlot. — Retour à Paris. — M. Pasquier s'installe rue Royale-Saint-Honoré. — Son intérieur. — Sa bibliothèque. — Ses tableaux. — Organisation de sa vie. — Devoirs qu'il s'impose.

La révolution de 1848 trouva M. Pasquier dans le palais du Luxembourg où il était logé en sa qualité de président de la Chambre des pairs. Cette Chambre se trouvant supprimée, comme il n'avait pas d'autre établissement à Paris, et qu'il ne lui était pas facile à ce moment d'en trouver un nouveau parfaitement à sa convenance, il se décida à se retirer en province. M. d'Audiffret-Pasquier, son fils, le pressa vivement de prendre ce parti. Il craignait que, dans les premières heures de l'émeute, M. le chancelier ne fût exposé à quelque vengeance en raison des condamnations prononcées à la Chambre des pairs contre certains chefs du parti de l'insurrection. Il le fit donc partir en toute hâte, lui promettant de le rejoindre sur la route de Rambouillet aussitôt qu'il aurait pris les dispositions nécessaires pour mettre en sûreté et sa famille à lui-même et les objets les plus précieux parmi ceux qu'on était obligé de laisser au Luxembourg [1]. Quand M. d'Audiffret-Pasquier rejoignit son père, il fut décidé entre eux que celui-ci établirait sa résidence provisoire à Tours. Le pays était riant, assez tranquille; la ville offrait la ressource de quelques amis. Mais il fallait s'y rendre au plus vite, et pour cela, gagner en voiture la ligne du chemin de fer.

On se figurera aisément les inquiétudes que ce voyage devait faire éprouver à M. d'Audiffret-Pasquier. Les routes étaient encombrées de paysans armés; partout se rencontraient des hommes poussant les vociférations les plus incroyables contre les ministres déchus; il ne fallait qu'une méprise pour amener une catastrophe. M. d'Audiffret recommanda donc à son père de ne garder sur lui aucun objet de nature à le faire reconnaître, de revêtir un costume ne pouvant donner l'éveil à personne. Ceci bien convenu, le départ fut immédiatement commandé, et M. le chancelier rentra dans sa chambre pour réunir son petit bagage et faire ses dernières dispositions.

[1] Heureusement, disons-le, toutes ces craintes furent vaines. M. Pasquier ne courut aucun danger; et son déménagement du Luxembourg put s'opérer sans trop de trouble; mais le départ de Paris n'était pas moins conseillé par une sage prudence.

Les chevaux étaient attelés, M. d'Audiffret-Pasquier piétinait d'impatience, et M. Pasquier cependant ne paraissait pas. Enfin, il s'avança pour monter en voiture; mais dans quel accoutrement! Avec une douillette de soie puce, une toque sur la tête et les yeux protégés par ces immenses garde-vue bleus, dont il avait l'habitude et que les journaux illustrés avaient rendus populaires dans toute la France!

— Mais, mon père, y pensez-vous? s'écria M. d'Audiffret-Pasquier.

— Qu'arrive-t-il, mon ami? répondit M. le chancelier très-tranquillement.

— Votre costume va nous créer mille difficultés.

— Pourquoi donc? Tout au contraire, ajouta M. Pasquier en se regardant complaisamment, on me prendra pour *un vieux procureur!*

— Mais on va vous reconnaître, et vous ne pensez pas assez qu'une fatalité...

— Ne nous inquiétons pas de cela, interrompit M. le chancelier; rassure-toi; et d'ailleurs, reprit-il, quand cela arriverait, ils ne m'ôteront pas dix ans de vie! Marchons.

M. d'Audiffret resta abasourdi de la réponse. Tous deux montèrent en voiture, gagnèrent le chemin de fer et arrivèrent heureusement à destination. Mais quel soupir de soulagement poussa M. d'Audiffret en installant M. le chancelier dans sa nouvelle demeure! En me racontant cet incident de son voyage, la vivacité de sa parole témoignait du souvenir qu'il en avait gardé.

Il ne faut pas s'étonner, au reste, de cette tranquillité de M. Pasquier au milieu d'une pareille bagarre, en face d'une insurrection victorieuse; elle était inhérente à sa nature. Il avait au plus haut degré ce courage civique, bien plus rare en France que le courage militaire, et dont la vieille magistrature a donné de si belles preuves. Il en témoigna en plus d'une occasion, et notamment dans le procès des ministres de Charles X, alors que les clameurs populaires s'efforçaient d'influer sur le jugement que la Chambre des pairs était appelée à rendre.

Comme Harlay, son prédécesseur de 1588 au parlement, il se serait volontiers écrié : « Mon corps est entre les mains des méchants, qu'on en fasse ce qu'on voudra! » Comme Matthieu Molé, en 1610, il aurait maintenu envers et contre tous l'intégrité de son mandat!

L'allusion à sa robe de procureur nous fournit l'occasion de mentionner ici une anomalie assez bizarre de son esprit et dont il ne put jamais se corriger. Nous avons dit, et nous aurons encore occasion de montrer, que personne ne sut mieux que lui marcher avec le siècle, oublier les vieilles habitudes, être l'homme de son temps. Il y avait cependant certains souvenirs, certaines illusions que rien ne put jamais détruire. Le procureur continua pour lui à exister, probablement dans la personne des avoués; le pharmacien resta à ses yeux l'apothicaire de l'ancien régime, et il ne douta jamais que les jeunes élèves ne se rendissent au besoin chez les clients pour rendre ces sortes de services que Molière a immortalisés dans la comédie de *Pourceaugnac*; quant à ses illusions, fort innocentes, elles avaient trait à la beauté de certains quartiers de Paris qu'il n'avait pas visités depuis soixante années. Il tenait la rue Bourg-l'Abbé pour une belle et large voie de communication, et la rue aux Ours n'était nullement la ruelle étroite qu'on voulait bien dire, etc... Sur ces seuls points on retrouvait le vieil homme !

Revenons auprès de lui à Tours. A peine installé, il rêve de suite à revenir à Paris ; il écrit lettres sur lettres pour se faire chercher un logis ; il s'impatiente contre ceux qui lui conseillent de laisser passer les premiers orages.

Les soins, les distractions ne lui manquèrent pas, cependant, il ne vécut pas un instant seul ; son fils et sa belle-fille s'établirent auprès de lui, et il vit avec grande joie arriver une personne avec laquelle il était lié d'une amitié toute particulière ; c'était madame la comtesse de Boigne. Elle avait cru, comme lui, devoir renoncer momentanément au séjour de Paris.

A ce petit cercle tout intime vinrent se joindre quelques amis domiciliés dans la ville ou dans les environs : M. le colonel Champmontant, ancien aide de camp du maréchal Ney, qui avait commandé le palais du Luxembourg; une famille très-considérée du pays, la famille Moisant, et avant tous, en première ligne, M. le comte et madame la comtesse de Flavigny, fixés aux environs de Tours dans leur château du Mortier.

Ce ménage, dont M. Pasquier eut tant à se louer, auquel il conserva si reconnaissant souvenir, n'était pas pour lui nouvelle connaissance : M. de Flavigny, membre de la Chambre des pairs, sous le règne de Louis-Philippe, avait su mériter, depuis de longues années déjà, par les qualités de son esprit, par son dévouement sincère, presque filial, l'affectueuse estime que lui témoigna toujours M. Pasquier.

Quant à madame de Flavigny, elle avait plus d'un titre à son amitié : il l'avait vue naître, grandir; il avait, je crois, assisté à son mariage; il s'était toujours réjoui des succès que lui avait valus dans le monde, dans les salons du Luxembourg, la hauteur de son intelligence [1], l'agrément de sa conservation. Elle était d'ailleurs la fille d'un de ses plus chers et plus anciens amis, de M. le duc de Fesenzac, et cette dernière considération valait à ses yeux plus que toutes les autres.

M. Pasquier fut donc très-heureux en accueillant

---

[1] Madame de Flavigny a attaché son nom à plusieurs publications religieuses qui ont eu beaucoup de succès et sont devenues presque *classiques*.

ces deux personnes auxquelles l'unissait une sympathie si méritée ; ses rapports avec elles, devenus presque journaliers, se continuèrent jusqu'à la fin de l'année 1848, époque de son retour à Paris, et depuis ce moment, chaque fois que ses causeries le ramenaient aux incidents de son séjour à Tours, il ne manquait jamais de me rappeler les services, les obligeances qu'il avait reçus de M. et madame de Flavigny : « Vous n'imaginerez jamais, me disait-il, la délicatesse, la bonne grâce des procédés de M. et madame de Flavigny envers moi! Ils se multiplièrent tous deux pour me rendre le séjour de Tours aussi agréable que possible. Ils s'imposèrent le devoir de me rendre les meilleurs soins ; ils m'amenèrent des visiteurs ; ils me recommandèrent à l'attention des fonctionnaires[1] ; ils veillèrent avec sollicitude à ma tranquillité ; ils me firent enfin bénéficier de la haute considération dont ils jouissaient ! »

[1] La ville de Tours et le département d'Indre-et-Loire étaient alors administrés par M. Marchais, nommé au poste de commissaire du gouvernement par M. Ledru-Rollin. Républicain de vieille date, M. Marchais avait été impliqué dans le procès politique de 1834 et avait comparu comme accusé devant la Chambre des pairs. Cette circonstance n'exerça cependant aucune influence sur sa conduite vis-à-vis de M. Pasquier. Il se souvint de l'esprit d'équité et de modération de son juge, et, laissant de côté toute question de parti et d'opinion, il eut toujours pour lui les égards commandés par son grand âge et sa situation.

J'ai tenu à noter cet incident fort honorable pour les deux personnes mises en cause. On est toujours heureux de rencontrer l'esprit de modération et de justice au travers des dissensions politiques.

Parmi les personnes présentées à M. Pasquier par M. et madame de Flavigny se trouvait Mgr Morlot, alors archevêque de Tours. La simplicité, la distinction du prélat, avaient charmé tout d'abord l'ancien chancelier. En le connaissant mieux, il le goûta encore davantage ; il admira son esprit de conciliation sur les questions brûlantes de religion ou de politique qui agitaient alors les esprits ; il fut touché surtout de cette déférence respectueuse, affectionnée, que Mgr Morlot s'était fait un devoir de lui témoigner.

De ces relations, presque de passage, naquit entre eux un doux commerce d'amitié qui fut repris des deux parts avec bonheur lorsque Mgr de Tours fut appelé à occuper le siége de Paris et à prendre le chapeau de cardinal. Je le vis souvent alors venir chez M. Pasquier, tantôt seul, tantôt accompa- de son secrétaire M. de Cuttoli[1]. Plusieurs fois, chaque hiver, il acceptait des invitations à dîner. En public, comme dans l'intimité, on le trouvait constamment le même : de l'humeur la plus égale, simple dans son allure, modeste dans ses façons, toujours enclin à se faire oublier, à s'effacer. On aurait dit qu'il cherchait à dissimuler son rang et sa dignité.

[1] Aujourd'hui vicaire général et l'un des hommes les plus distingués du diocèse de Paris. Mgr le cardinal avait pour lui la plus haute et plus affectueuse estime.

Il était petit, mais fort distingué. Son visage était gracieux, sa parole agréable. Il savait beaucoup, et dans la causerie se révélait supérieur peut-être à ce qu'il paraissait dans la chaire; il ne m'apparut jamais comme un esprit ardent, emporté vers les partis extrêmes par la chaleur de ses convictions. Je le vis toujours, et c'était l'opinion de M. Pasquier, incliner vers la douceur, vers les expédients de conciliation. Il ne repoussait pas la discussion, il la permettait même sur des matières qui touchaient à des dogmes fondamentaux. J'ai entendu cent fois M. Pasquier dire, après un entretien avec lui : « Si tous les prélats et tous les ministres de la religion ressemblaient à Mgr le cardinal Morlot, la cause de la religion n'aurait pas besoin de tant de prédications pour gagner en popularité et en considération ! »

J'ai vu passer devant mes yeux bon nombre de prélats et d'ecclésiastiques du plus haut rang; il me serait impossible d'en citer un qui inspirât plus de respect que Mgr Morlot! Cette opinion, je puis le dire, était unanime; je l'ai vu partagée par toutes les personnes qui avaient connu assez intimement le vénérable cardinal [1].

Nous transcrivons ici la très-belle lettre qu'il écri-

---

[1] Voici comment s'exprimait sur son compte M. le duc Decazes dans une petite lettre adressée à M. Pasquier au mois d'avril 1857 :

« Je sais de vos nouvelles souvent, mon cher ami, et suis heureux toujours en les entendant si bonnes pour vous et pour nous qui

vit à M. Pasquier au moment où il reçut sa nomination au siége de Paris :

« Tours, 1ᵉʳ février 1857.

« Monsieur le chancelier,

« Dans les circonstances si graves où je me trouve placé, j'ai déjà reçu de Paris, avec reconnaissance, de nombreux témoignages d'une bienveillance et d'un intérêt dont je voudrais être plus digne; mais, je puis le dire en toute sincérité, la lettre que vous avez la bonté de m'écrire est pour moi, en ce moment, tout ce qu'il pouvait y avoir de plus touchant, de plus honorable et de plus encourageant.

« Je sais que nul ne connaît mieux que vous les temps et les hommes; que nul n'est aussi judicieux appréciateur des choses et des besoins, et je reconnais qu'aucun suffrage ne peut égaler le vôtre... Ce-

vous suivons de l'œil comme notre chef de file, et du cœur comme notre plus vieil ami.

« Nous avons vu dimanche le cardinal Morlot, qui s'est trouvé avec Rothschild, que je lui ai présenté. Quel admirable choix pour le diocèse de Paris! Vous aviez fait mieux que moi et lui aviez écrit, parce que vous valez mieux que moi, non par le cœur (je réclame l'*exæquo*), mais par les devoirs et les soins! Je cherche à me former et j'espère que dans treize ans j'approcherai du modèle que je désire imiter.

« Bien à vous,
« Decazes. »

pendant je me ferais illusion si je pouvais penser n'être pas au-dessous d'une mission si considérable et si redoutable. Pour recueillir un tel héritage, je comprends tout ce qu'il faudrait et je ne me dissimule pas tout ce qui me manque. Une seule considération a pu me soutenir depuis que j'ai dû céder, ne voyant aucune issue par où m'échapper : c'est que Dieu l'aura ainsi voulu et décidé dans ses impénétrables desseins; qu'entre ses mains tous les instruments peuvent servir et que toute mon étude doit être de me rendre fidèle à ses inspirations, sans négliger aucune des ressources que sa Providence daignera me ménager dans cette laborieuse carrière.

« Vos bontés pour moi, monsieur le chancelier, ne me feront pas défaut, j'ose l'espérer, et si je deviens le pasteur d'un diocèse dont vous êtes une des plus grandes gloires, les meilleurs moments de ma nouvelle existence seront ceux où vous me permettrez de vous porter l'hommage des sentiments de respect, de confiance et de dévouement avec lesquels

« Je suis, monsieur le chancelier, votre très-humble et très-fidèle serviteur.

« Cardinal Morlot. »

Ces visites, ces causeries avec les personnages que nous venons de nommer, occupaient doucement les heures de M. Pasquier, mais elles ne lui faisaient pas perdre de vue l'horizon de Paris et la marche des affaires politiques. Les journaux, les correspondances lui apportaient chaque matin les discussions des Chambres, les nouvelles à sensation. Il suivait surtout avec le plus vif intérêt le rétablissement de la tranquillité publique. L'exil, loin de Paris, lui était insupportable. Tours lui faisait l'effet d'une ville des antipodes ; et après les journées si terribles de juin 1848, quand madame de Boigne ou quelque autre personne lui faisait entrevoir la nécessité de prolonger d'une année, de deux années peut-être, son séjour en province, il bondissait d'impatience et s'écriait du meilleur de son cœur : « Pourquoi pas m'enterrer tout vif ! »

Le jour même, sans prendre conseil de personne, il écrivait à Paris pour donner des ordres, faire chercher un appartement; il pressait M. d'Audriffret-Pasquier, son fils, de se mettre en quête; il s'adressait à ses amis. Puis, rassuré un peu sur ce point, il se mettait à compter les jours qui le séparaient encore de sa rentrée dans la bonne ville où il était né. Malheur à qui serait venu alors lui prêcher les avantages de la décentralisation !

Il fallait cependant attendre, s'armer de patience ; mais comment passer son temps, user les heures ? La causerie, la lecture, ne pouvaient employer toute la journée; la promenade n'absorbait que quelques instants, et le repos, l'inaction lui étaient insupportables Il craignait d'ailleurs, en se laissant aller à l'oisiveté, de prendre l'habitude de la paresse; de laisser s'engourdir ses facultés intelligentes. Il résolut donc de trancher dans le vif et, sa volonté aidant, d'organiser sa vie de façon à y trouver les satisfactions qui lui étaient nécessaires. Il s'imposa des exigences, des devoirs, se créa des occupations; il s'asservit à des heures de travail régulier; il mata son indolence, réagit contre la nonchalance paresseuse.

« J'ai eu beaucoup de peine, me disait-il, à me soumettre dans le commencement au régime que j'avais résolu de suivre. Le travail constant, journalier, du cabinet, me fatiguait. A la Chambre des pairs, une partie de mes journées était employée par les séances et j'étais d'ailleurs poussé par les nécessités de ma charge; mais à Tours, je n'avais en face de mon apathie que ma volonté, et ce ne fut pas sans bataille que la volonté prit le dessus. Une fois le pli pris, par exemple, la servitude apparente est devenue un véritable plaisir. Aujourd'hui, je ne pourrais m'en passer; » et il ajoutait, pour joindre le précepte à l'exemple : « Créez-vous des occupations, des devoirs, étudiez n'importe quoi, mais étudiez! La paresse engendre l'ennui, l'ennui fait naître la bêtise, et la bêtise est pire que la mort! »

Ces idées du reste n'étaient pas nouvelles dans son esprit; pendant toute sa vie, il les avait mises en pratique. En dehors des occupations actives de la politique, il s'était constamment tenu au courant du mouvement littéraire, il avait toujours beaucoup lu, beaucoup écrit. Sous les différents régimes qu'il avait traversés, il avait conservé l'habitude d'adresser à la royauté des Mémoires sur toutes les questions importantes ; comme Estienne Pasquier, « il s'était toujours jugé dûment autorisé, non pas à s'opposer au roi, mais à présenter ses très-humbles remontrances [1]. » Plus tard, il avait revu et fait imprimer quatre volumes de ses discours prononcés dans les Chambres. En 1847, il avait publié un manuscrit d'Estienne Pasquier, les *Institutes de Justinien*, ouvrage très-curieux et, jusqu'à cette époque, tout à fait inédit. En tête de ce livre et de l'étude fort remarquable de M. Charles Giraud sur la vie et les œuvres d'Estienne Pasquier, il avait placé un avant-propos, dans lequel il consignait déjà par écrit, au sujet de la vie occupée et intelligente de son aïeul, les réflexions que nous venons de rappeler. Il semblait déjà pressentir les événements qui lui dicteraient une ligne de conduite parfaitement analogue.

Né sous le règne de François Ier, mort à l'âge de quatre-vingt-sept ans, sous celui de Louis XIII, Estienne Pasquier disait-il, a vu s'écouler et finir les six règnes [2] de François Ier, d'Henri II, de François II,

[1] *Lettres d'Estienne Pasquier.*
[2] Les souvenirs de M. le chancelier devaient être, sur ce chapitre encore, plus riches que ceux de son aïeul. Né en 1767 sous le règne de Louis XV, il avait vu successivement s'écouler et finir : Louis XV, Louis XVI, la république, le directoire, le consulat, l'empire de Na-

de Charles IX, d'Henri III et d'Henri IV. Il a traversé les plus tragiques événements, la guerre civile et religieuse, les fureurs de la Ligue et la Saint-Barthélemi, et il ajoutait :

« C'est au milieu, cependant, d'une tourmente si prolongée, au milieu des scènes déchirantes qui affligeaient le cœur des bons citoyens, que se forma, s'éleva et vécut cette classe éclairée de savants jurisconsultes, de doctes et vénérables magistrats, dont les infatigables travaux sont encore, de nos jours, l'objet d'une si vive admiration, et dont la fidélité, dans l'accomplissement des devoirs que leur imposaient les situations diverses où ils se trouvaient jetés, ne se démentit en aucune occasion. A-t-on fait une suffisante attention aux vertus publiques et privées que suppose un tel emploi de leurs jours et de leurs veilles? étaient-ils donc insensibles aux honnêtes plaisirs de ce monde? Non, sans doute; mais ils en savaient jouir en gens de bien, en gens de beaucoup d'esprit; et les succès que peut donner la culture des lettres, les charmes dont cette culture offre l'occasion, étaient pour eux le plus doux, le plus sûr des délassements, la plus utile, la plus favorable des distractions. On trouverait difficilement un exemple plus frappant de

---

poléon Ier, Louis XVIII, Charles X, Louis-Philippe, la république de 1848, et il est mort enfin en 1862, après avoir vu dix années du règne de Napoléon III. En additionnant on trouve une succession assez bien remplie de *onze* règnes ou gouvernements quelconques!

cet heureux emploi des facultés de l'esprit, sinon pour échapper aux pénibles émotions des tempêtes politiques, du moins pour ménager les forces dont l'homme de cœur a besoin dans les agitations des discordes civiles. Ceux-là seuls peut-être qui ont eu recours à la bienfaisante assistance des lettres, dans les circonstances analogues à celles où vécut Estienne Pasquier, connaissent bien la puissance de cette grande diversion et l'efficacité du soulagement qu'on y trouve. »

Deux pages plus loin, animé de cet esprit de mansuétude dont il avait donné lui-même tant de preuves, qu'il lui était réservé encore de mettre en pratique, il écrivait :

« Voilà ce que furent, à cette époque mémorable de la pacification de la France, ceux qui dans la tourmente avaient été les compagnons, les amis de Pasquier ; voilà ce qu'il fut avec eux. Un terrible orage avait passé sur leur tête, et lorsque le ciel se rassérénait, ils se réunissaient tous en une seule et même pensée de paix et de fidélité au prince. Cette conduite était, sans doute, indiquée par le bon sens ; mais de douloureuses expériences ont dû nous apprendre, à nous qui avons aussi vu de mauvais jours, qu'il y a bien quelque mérite à étouffer ainsi les rancunes dans son cœur, après des révolutions dont les froissements laissent les esprits d'autant plus ulcérés qu'ils ne le sont, le plus souvent hélas ! que trop justement.

« Honneur donc à ces hommes qui, dans tous les temps, ont su se vaincre eux-mêmes et faire à leur pays, à leurs concitoyens, le sacrifice de leurs ressentiments, de ceux-là même qui semblaient le plus excusables ! »

Puis emporté par son sujet, par son admiration pour les parlements, pour la vieille magistrature, il s'écriait dans sa péroraison :

« Les Loisel, les Pithou, les Sainte-Marthe, les Molé, les Harlay, les de Thou, les Ayrault, les Brisson, n'ont pas été seulement d'éminents magistrats ou de savants jurisconsultes, ils ont été d'excellents et, quelquefois même, de grands citoyens. Oserai-je le dire, enfin, ils ont sauvé l'honneur de leur temps! Que serait-il, ce temps, aux yeux d'une postérité impartiale, si elle n'y devait voir que tant de criminelles entreprises, tant de violences, tant de féroces actions? les plus saintes choses employées à susciter les plus odieux attentats et tant de souillures jusque dans les plus hauts rangs?

« On voudrait pouvoir déchirer le plus grand nombre de pages de cette lamentable histoire, qui, malgré l'intérêt et la gravité des événements, ne peut être lue sans honte et sans dégoût; mais on lira *toujours* avec une respectueuse admiration les belles ordonnances du chancelier l'Hospital, et avec une estime profondément sentie, les savants ouvrages de Brisson, les *plaidoyers* de Servin, les *livres* de Pithou, les *recherches* de Pasquier, les écrits de Loisel, de de Thou, de Sainte-Marthe, doctes productions de l'esprit français, qui ont continué, au milieu des troubles civils, la régénération de la science du droit; qui ont amélioré notre législation civile par d'utiles réformes, préparé la place du droit criminel dans les sciences sociales et posé les plus solides bases de notre histoire nationale! »

Il y a dans les œuvres de tout écrivain, poëte, littérateur ou homme d'État, certaines pages qui doivent être particulièrement notées, surtout quand on veut étudier l'auteur au point de vue de son caractère et de ses opinions. Dominé par ses instincts naturels, par ses tendances, l'homme lui-même se met en scène; il fait corps avec son sujet et, oubliant, pour ainsi dire, qu'il fait parler et agir autrui, il parle et agit pour son propre compte. Les pages de ce genre sont toujours précieuses à retrouver; aussi n'avons-nous pas hésité à transcrire tout au long le fragment de cet avant-propos des *Institutes*, tracé par la main de M. Pasquier.

Pour nous, qui l'avons vu de près pendant tant d'années, qui avons pu l'étudier, le scruter dans ses causeries, dans ses Mémoires, dans ses correspondances, il se révèle tout entier dans cet avant-propos; nous y trouvons le commentaire de sa vie privée comme celui de sa vie publique. Pour être bien comprises, ces pages n'ont plus besoin que de développement et ce développement se trouvera, nous l'espérons, dans la suite de notre récit.

Voilà donc, exemple assez rare, M. Pasquier, âgé de quatre-vingt-un ans, se créant, s'imposant des devoirs, des tâches, qu'il faut remplir à tout prix. Il s'abonne à un grand nombre de journaux, aux principales revues, aux recueils historiques; il a soin de se faire adresser les livres qui peuvent lui offrir quelque intérêt; il s'habitue à une correspondance journalière, assidue, avec les hommes qui ont vécu avec lui en communauté de pensée et d'opinion; il se donne enfin pour besogne principale la révision, la continuation de ses Mémoires.

Commencés sous la restauration, poursuivis plus tard, sous le règne de Louis-Philippe, dans les heures de loisir laissées par la politique, ces Mémoires formaient déjà, en 1848, un nombre assez considérable de volumes. M. Pasquier y avait passé en revue ses premières années de jeunesse, sa courte existence parlementaire, la révolution, le directoire, l'empire et la restauration; il voulut compléter son œuvre, poursuivre ses récits jusqu'au dernier jour où son intelligence resterait valide; attacher enfin son nom à un véritable monument historique qui serait le couronnement de sa longue carrière. Pendant son séjour à Tours, il s'occupa à ébaucher des notes, à bâtir des plans, à formuler des opinions sur certains faits, sur certains hommes, et quand il revint, l'automne suivant, s'installer à Paris, son canevas était si bien préparé qu'il n'eut aucune peine à en commencer l'exécution.

Malheureusement, l'affaiblissement toujours croissant de sa vue lui rendait un travail soutenu fort difficile. Il lui fallut donc recourir à une intervention étrangère, prendre un secrétaire pour faire les recherches historiques dont il avait besoin, pour dépouiller, écrire sa volumineuse correspondance, tracer, sous sa dictée, la suite des Mémoires et ces recueils de notes qui arrivèrent à former plus de douze ou quinze gros volumes; lui faire enfin lecture de tout ce qu'il avait soif de connaître.

Il nous choisit à ce moment pour remplir auprès de lui les fonctions que nous venons de dire. Encore aujourd'hui elles restent un des meilleurs souvenirs de notre vie et nous aimons à nous remémorer qu'elles nous ont valu, avec l'amitié de M. Pasquier dont nous nous glorifions, l'estime affectueuse de quelques hommes des plus éminents parmi ceux qu'il appelait ses amis.

C'est dans ce poste de confiance que, jusqu'en juillet 1862, nous avons vu passer devant nos yeux tout ce que la France possédait d'intelligences d'élite, d'esprits distingués, de savants, d'érudits, d'écrivains, de penseurs, d'hommes recommandables par leur nom, par leur situation, par leur fortune, par leur passé, par leur présent. C'est là que nous avons pu connaître les hommes d'État, les historiens, les jurisconsultes éminents appartenant à des nationalités étrangères. Et tous, nous aimons à le constater, vieux ou jeunes, placés dans les plus hautes situations ou relégués dans les sphères modestes, brillants de gloire ou rêvant encore aux espérances, tous étaient heureux de se faire présenter, d'être admis dans ce modeste appartement, de venir saluer, entendre, écouter ce vieillard que la faux du temps semblait vouloir respecter et qu'ils appelaient une des gloires des temps modernes.

Les noms propres, les portraits viendront à leur place dans le cours de nos souvenirs; mais il nous faut dès à présent installer M. Pasquier dans son logis parisien, dire ce qu'était ce logis, pourquoi il l'avait choisi, comment il y vivait.

On avait beaucoup hésité, beaucoup cherché avant de s'arrêter à cet appartement de la rue Royale-Saint-Honoré, qui devint et resta la résidence de M. Pasquier jusqu'à son dernier jour.

Sa famille lui aurait désiré une demeure plus confortable, plus vaste, plus aérée. Elle avait pensé d'abord à un hôtel [1] situé rue d'Anjou-Saint-Honoré

[1] Cet hôtel a été démoli il y a quelques mois. M. Pasquier n'en possédait que l'usufruit. Il l'avait acheté pour une somme de vingt mille francs vers 1808. La nue propriété appartenait à la famille de Boissy. L'opération ne fut pas lucrative pour les vendeurs, car il conserva cet usufruit jusqu'en 1862 et usa, on nous permettra cette expression, deux ou trois générations de nus propriétaires.

et habité par M. Pasquier, jusqu'au moment de sa nomination à la présidence de la Chambre des pairs; mais cet hôtel était loué à long bail, occupé par madame de Boigne et, pour rien au monde, M. Pasquier n'aurait consenti à la déplacer. D'un autre côté, il n'avait aucun goût pour une habitation reléguée loin du centre de Paris. L'air, le soleil, la vue des jardins lui importaient peu; il lui fallait le mouvement. Le faubourg Saint-Germain lui semblait une véritable province, et le faubourg Saint-Honoré était toujours, pour lui, perdu dans les terrains vagues, dans les cultures maraîchères qu'il y avait aperçus avant la révolution de 1789.

Le fils et la belle-fille de M. Pasquier lui offrirent alors un appartement rue de la Chaussée-d'Antin, dans le magnifique hôtel où ils étaient logés en communauté avec M. et madame Fontenillat. La situation était de nature à lui convenir; la maison était à dix pas du boulevart, le quartier central, à portée de tout; il aurait eu sous la main des soins dévoués en cas de maladie et un noyau de société déjà formé autour duquel seraient venus se grouper tous ses amis personnels. L'offre était séduisante; il la refusa pourtant. Il aimait sa libre allure et il craignait sans doute aussi de gêner par les habitudes de l'âge avancé, par le despotisme des nécessités de sa vie, les goûts, les relations que pouvaient avoir ses enfants, tous deux alors dans l'épanouissement de la jeunesse.

Ce fut donc de son plein gré qu'il songea à s'installer rue Royale-Saint-Honoré et, pressé, impatient, comme il était dans tout, de la résolution à l'exécution, il n'y eut qu'un pas. La maison d'ailleurs lui appartenait; l'aménagement ne pouvait être difficile. Deux étages, l'entresol et le premier furent réunis par un escalier intérieur; on abattit des cloisons, on enleva des portes; avec deux ou trois chambres supprimées, on figura une grande galerie destinée à la bibliothèque. Le premier étage fut réservé aux appartements de réception, l'entresol pour la chambre à coucher et les cabinets de travail.

L'ameublement de ce palais d'un chancelier de France ne révélait en rien les hautes dignités de celui qui l'occupait; sa simplicité des plus modestes formait un assez curieux contraste avec le luxe brillant déployé dans les habitations voisines. Une seule pièce du logis, la bibliothèque, témoignait de la grande existence du maître. Tapissée de ses milliers de volumes, illuminée par l'or des reliures, égayée par les bronzes, les dessins, les statuettes, le soir des jours de réception, alors que les lampes, les bougies étaient allumées, elle offrait un coup d'œil vraiment superbe. M. Pasquier en était très-fier et avec juste raison. Les livres, au reste, foisonnaient dans la maison; le cabinet que nous occupions, celui de M. Pasquier, sa chambre à coucher, ses appartements de service en étaient remplis; et, dans cette maison, ce luxe n'était pas un luxe de parade. Tous ces volumes étaient autant d'amis bien connus, auxquels on faisait souvent appel, qu'on savait où aller chercher. On les visitait, on les consultait, on les reconduisait à leur place pour les prendre, les reprendre sans cesse ; et, quand on ne les consultait pas, on aimait à les regarder, à évoquer les souvenirs qu'ils rappelaient, celui des amis qui avait pu en faire don, celui des auteurs qui les avait écrits ; on se reportait aux époques inscrites sur leurs pages, aux pensées dont ils étaient les discrets et fidèles dépositaires. Ils étaient enfin le sujet de causeries sans fin et toujours reprises avec le même bonheur. Le cabinet de M. Pasquier était l'asile des raretés : là se trouvaient en compagnie des Œuvres de Pasquier, les plaquettes, presque introuvables, les éditions précieuses, les meilleurs exemplaires de la collection des classiques, deux, trois, quatre la Fontaine, — M. Pasquier aimait tant ce bon fabuliste ! Et puis, des reliures aux armes du passé, des curiosités bibliographiques, quelques manuscrits.

L'appartement était rempli, bondé, encombré de meubles, de tableaux, de gravures, de papiers, de brochures, de livres, de journaux ; il était étouffé, trop étroit, il manquait d'air et de lumière, et pourtant, avec tous ses inconvénients, il avait l'aspect de la retraite d'un lettré, d'un penseur et d'un sage, et il faisait le bonheur de celui qui l'habitait.

M. Pasquier, au reste, avait cet heureux don de nature d'être satisfait de tout ce qu'il possédait. Le meuble le plus inutile, mais rappelant un incident, même futile, du passé, avait du prix à ses yeux, et il ne s'en serait jamais séparé. Le don le plus insignifiant, fait par un ami, devenait pour lui une merveille d'art, de travail et de goût.

Nous avons vu parfois des personnes s'étonner du sérieux avec lequel il montrait, vantait, les mérites artistiques d'une peinture plus qu'ordinaire, d'une lithographie assez commune; ces personnes se demandaient même parfois si M. Pasquier n'avait pas voulu rire à leurs dépens. Pour leur faire comprendre la sincérité de son langage, nous étions obligé de leur expliquer que ces objets tant loués avaient été, ou légués par un compagnon de jeunesse, ou donnés par une main charmante, ou rapportés de l'étranger par un collègue politique, par un voyageur, un éditeur, un artiste, et que l'heureux propriétaire les considérait à travers le prisme de son imagination.

Chez lui, tout avait un nom, une origine, une histoire; il aurait pu écrire la chronique des objets familiers qui ornaient les tables, les cheminées, les murs de son logis; et cette chronique, en apparence insignifiante, aurait eu son intérêt. On y aurait trouvé un portefeuille de M. de Talleyrand, une écritoire du duc de Richelieu, des serre-papiers ayant appartenu à M. de Humboldt, un couteau à papier de M. Cuvier, des cannes de son grand-père, du chancelier d'Aguesseau, des dessins de madame Delessert, des aquarelles de madame la marquise de Salvo, un portrait de madame de Sévigné provenant de M. de Lacépède, des livres donnés par les noms les plus illustres, que sais-je encore !

Il n'avait pas le goût de ce qu'on appelle l'antique ; sa prédilection était pour le moderne, ses sympathies pour l'industrie du présent. Abstraction faite de son culte pour les souvenirs, il aurait préféré, aux plus beaux meubles de Boule, des bureaux, des secrétaires, sortis des ateliers du faubourg Saint-Antoine. Quand son tapissier lui apportait une table, un fauteuil, il avait avec cet industriel les conversations les plus sérieuses sur les perfectionnements apportés à la fabrication des meubles ; il s'enquérait du prix des journées des ouvriers, des moyens mis en œuvre pour arriver à la production prompte et à bon marché ; et il ne manquait jamais de terminer la causerie par une tirade contre la manie de voir toujours des chefs-d'œuvre dans les productions du passé. On ne put jamais lui faire admettre les prix incroyables qu'atteignaient, dans certaines ventes publiques, des objets plus ou moins authentiques, mais provenant d'une collection connue.

Les porcelaines de dix mille francs, les tableaux de cent mille francs, lui semblaient des actes de folie et le faisaient rêver à l'hospice de Charenton.

Il avait fait de sa chambre à coucher l'asile et la galerie des portraits. Là se trouvaient réunis ses frères, ses parents, ses amis, ses anciens collègues. A la plus belle place, se montrait l'image du duc de Richelieu ; dans la partie la plus obscure de la chambre, quelques portraits de femmes, célèbres par leur esprit, par leur beauté, et qui lui rappelaient des salons où il avait brillé dans sa jeunesse. Ces dessins, tracés souvent par la main inhabile d'un amateur, donnaient parfois une idée assez médiocre des grâces de la personne ; mais M. Pasquier n'attendait pas l'opinion de son visiteur pour se prononcer ; il ne voyait pas le dessin, sa pensée le reportait vers le passé, et il se lançait dans des causeries qui remettaient en lumière quelques traits d'esprit, quelques mots pleins de finesse, de cette figure si charmante à ses yeux et depuis longtemps disparue du monde.

Le seul tableau accroché dans sa chambre à coucher, et qui ne fût pas un portrait, avait une origine assez curieuse : il représentait un intérieur de prison, un sorte de grand escalier sur lequel étaient groupés de pauvres gens, hommes et femmes, tendant la main pour obtenir des vivres qu'un geôlier, placé au premier plan du tableau, était occupé à distribuer. Cette peinture, presque insignifiante pour le public, avait un grand intérêt pour M. Pasquier. Elle était pour lui palpitante de souvenirs. Cette prison, en effet, était la prison de Saint-Lazare en 1793. Ce grand escalier, il l'avait gravi avec madame Pasquier la veille du 9 thermidor au moment de son incarcération; ces prisonniers avaient été ses compagnons de captivité, et plusieurs, moins favorisés que lui, avaient porté leurs têtes sur l'échafaud. Le peintre, enfin, celui qui avait signé, tracé cette triste et fidèle image, était aussi un prisonnier, un malheureux jeté dans les cachots à la suite d'une vengeance politique. Ayant reçu je ne sais quel léger service de M. Pasquier, avant de monter sur la fatale charrette, il lui avait légué ce dernier témoignage de gratitude!

L'œuvre, sans être d'un maître, avait cependant de la valeur. Qu'importait d'ailleurs! Quand on savait son origine, quand on connaissait son histoire, on la considérait avec la pensée. On frémissait en songeant à la scène représentée; et on se demandait, en regardant M. Pasquier, si peinture, récit, n'étaient pas de la légende, si on avait vraiment devant les yeux un homme qui avait été acteur, victime dans des temps si reculés, à une époque si terrible!

Tel était cet appartement où nous avons nous-même si longtemps vécu, dont nous revoyons tout l'ensemble, les moindres recoins, où nous avons passé tant d'heures laborieuses, goûté tant de satisfactions intelligentes! Son plus grand mérite, pour M. Pasquier, était d'être placé dans une des rues les plus fréquentées de Paris, à dix minutes de la Chambre des députés et des ministères, sur le passage d'amis qui, sans se déranger, pouvaient, devaient constamment monter chez lui pour le tenir au courant des affaires de ce monde.

Ce calcul, fort bien raisonné, eut un résultat entièrement conforme à ses désirs. Jusqu'à la fin de sa vie, il fut, de tout Paris, l'homme le plus entouré, le mieux instruit, le plus au courant de toutes choses.

L'organisation de sa vie était, au reste, un chef-d'œuvre de mise en scène. Nous ne l'avons pas connu assez tôt pour pouvoir dire : nul ne sut mieux vivre; mais nous ne craignons pas d'avancer, et sans crainte d'être démenti, que nul ne sut mieux vieillir.

La suite de ces pages prouvera la vérité de notre assertion.

L'année 1849 commence, Paris est moins agité par l'inquiétude, la population se façonne aux émotions du régime de la république, le commerce renaît, les salons rouvrent leurs portes, les théâtres sont plus fréquentés. Un grand nombre d'hommes marquants de l'ancienne monarchie prennent place dans la Chambre des représentants à côté des hommes nouveaux mis en lumière par le suffrage universel. On trouve parmi eux des anciens députés, des anciens fonctionnaires, des anciens pairs de France, même des anciens ministres. Les débats sont palpitants d'intérêt. On veut corriger tous les abus, battre en brèche tous les passe-droits; on parle de la paix et du bonheur universel, et on craint cependant à chaque instant de voir ce brillant programme renversé par une émeute nouvelle.

M. Pasquier, de son observatoire, grâce aux renseignements de chaque heure, ne perd pas une des phases de la transformation, et comme causer ne lui suffit pas, il écrit ou plutôt il dicte ses réflexions sur les événements dont il est témoin. Il communique ensuite ces dictées à ses intimes, et après lecture, il les commente. Il n'a pas la prétention d'influer sur la marche des affaires publiques; mais il ne peut s'en désintéresser, et comme au temps où il était membre actif dans les Chambres, ne pouvant plus prononcer des discours, il faut qu'il en écrive.

« Sous cette vieillesse chenue d'expérience, pour nous servir des expressions de Nicolas Pasquier en parlant de son père, on retrouvait la séve d'une jeune plante : avare à sa manière du temps qui lui restait, il consacrait au travail ces dernières forces que d'autres se réservent avec égoïsme pour achever de vivre[1]. »

Professant et mettant en pratique cette maxime souvent répétée par lui, que l'homme ne doit jamais se laisser envahir par la paresse, il était sur pied dès sept heures du matin, au plus tard, et à dix heures, on le trouvait installé dans son cabinet. Sa journée commençait invariablement par un déjeu-

---

[1] *Lettres de Nicolas Pasquier.*

ner, toujours le même, durant lequel il s'entretenait soit avec un visiteur matinal, soit avec nous — sa frugalité était extrême ; il mêlait la raison aux moindres actes de sa vie. Il usait de tout, il n'abusait de rien. Il n'eut jamais à se reprocher le moindre excès ; toute chose réputée nuisible était condamnée, il n'y songeait plus ; on le voyait manger de plusieurs mets à son dîner, accepter un peu de vin généreux ; chaque jour il prenait du café, mais jamais il n'avait goûté à aucune liqueur. Grâce à ce système, qu'il avait dû mettre en pratique de bonne heure, il s'était, d'une organisation débile, fabriqué une santé excellente et il arriva à quatre-vingt-seize années n'ayant d'autre ennemi sérieux que le rhume ou le catarrhe auquel il payait annuellement sa dette. Son médecin, M. Cruveilhier, qui l'a soigné jusqu'à la fin avec tant d'habileté et de prudence, s'abstenait presque de toute médication pour guérir ses indispositions inévitables. Il connaissait si bien la force de ce grand corps aux formes si grêles, qu'il laissait le plus souvent agir la nature. Puis, l'hiver traversé, le printemps surtout, qui était l'époque terrible, quand venait la fin du mois de mai, le médecin saluait son client par cette parole toujours bien accueillie : « Maintenant, vous pouvez marcher, nous voilà tranquille jusqu'à l'année prochaine. »

Excellent docteur, comme il était attaché à M. Pasquier ! quels aimables rapports existaient entre eux !

quelle amitié, quel dévouement ! comme il accourait à la moindre alerte, même du fond de son Limousin où chaque année il allait prendre quelques jours de repos ! c'était un médecin *moulé sur l'antique*, d'une prudence extrême, d'un grand savoir, et avec cela, bon, charitable, accessible à tous. La confiance de M. Pasquier envers lui était si entière, que nous nous demandions souvent s'il serait possible de lui trouver un successeur pour le cas où il aurait renoncé à l'exercice de sa profession. M. Pasquier, en effet, était un raisonneur en médecine. Il s'inclinait devant la science médicale, mais, M. Cruveilhier excepté, il s'en rapportait surtout à son impression personnelle et ne croyait guère à l'efficacité des remèdes. « Le médecin se trompe toujours, disait-il, quand le malade n'est pas en état de lui fournir une indication précise et raisonnée des nécessités, des besoins de son tempérament. »

Son déjeuner fini, il commençait l'œuvre de la journée. Nous lui lisions sa correspondance, les articles importants des journaux, puis il faisait son courrier. Jamais il ne remettait au lendemain la réponse à une épître même insignifiante. Jamais il n'attendait vingt-quatre heures pour remercier quelqu'un du plus petit service rendu ; sa politesse sur ce point pouvait servir de modèle ; et ses lettres étaient conçues, dictées sur le ton de l'urbanité la plus exquise. Lui arrivait-il en voyage, dans une promenade, par suite d'un accident de voiture, d'être obligé de demander pour une ou deux heures une hospitalité toujours accordée avec empressement, il faisait prendre note du nom, de l'adresse de son hôte de passage, et le lendemain matin lui adressait un petit billet de remercîment.

Il dictait la plus grande partie de ses lettres, véritables causeries politiques ou littéraires ; il nous indiquait le sens dans lequel nous aurions à répondre à celles qu'il n'avait pas le temps de dicter ; puis il signait, paraphait et on jetait à la poste sans avoir même le temps de relire. Sa correspondance commençait invariablement par une lettre journalière à madame de Boigne ; il avait d'autres personnes auxquelles il écrivait une ou deux fois par semaine. Il répondait aux uns, provoquait les autres et ne laissait jamais l'ivraie pousser sur le chemin de ses amitiés. « Quand on s'écrit rarement, disait-il, on n'a rien à dire, on se traîne pendant quelque temps dans la banalité, puis, un beau jour, on ne s'écrit plus. Quand on échange au contraire fort souvent ses impressions, tout est matière à causerie, la banalité ne trouve aucune place à se nicher et le commerce épistolaire est une des plus charmantes et des plus agréables distractions. » Il ne fut jamais en retard pour l'entretenir, ce commerce, et si ses amis ont gardé toutes ses lettres, si on pense jamais à en publier une très-minime partie, on y trouvera encore la matière de bon nombre de volumes.

Et quelles lettres ! huit, dix, douze feuilles ! une épître commencée devenait souvent une véritable brochure.

Nous ne pouvons rappeler ici les noms de tous les correspondants de M. Pasquier, la nomenclature serait trop longue. Il faut cependant citer parmi les personnes avec lesquelles il avait un échange habituel de missives : madame la duchesse de Galiéra, M. le comte Portalis, M. de Barante, M. Hochet, ancien secrétaire général du conseil d'État, M. Dumon, ancien ministre du roi Louis-Philippe, M. Germau, M. Marmier et enfin M. le comte de Circourt ; quant à madame la comtesse de Boigne, nous l'avons dit, M. Pasquier lui écrivait chaque matin, et la place qu'ont tenue dans sa vie cette amitié et cette correspondance méritent un chapitre spécial.

Nous voulons transcrire ici quelques fragments des lettres que nous avons pu nous procurer; mieux que nos paroles elles feront connaître la tournure de l'esprit de M. Pasquier, le ton de sa causerie, l'allure de sa phrase ; elles révéleront certains de ses jugements sur les hommes, sur les événements de son époque ; elles montreront bien sa sollicitude constante des affaires publiques, la droiture de son esprit, la ferveur de son patriotisme.

CHAPITRE VI

Correspondance de M. Pasquier. — Ses jugements sur les hommes et les événements du temps qu'il a traversé.

Prenons d'abord les lettres adressées à madame la duchesse de Galiéra et, avant d'entamer notre transcription, disons quels rapports existaient entre M. Pasquier et cette femme d'un esprit si distingué.

Il avait connu son père, M. le marquis de Brignole, auditeur au conseil d'État, sous le premier empire, alors que le Piémont et la ville de Gênes étaient annexés à la France. M. de Brignole lui avait été spécialement recommandé comme un jeune homme de mérite et d'avenir, et il s'était fort occupé de lui fournir d'importantes affaires à étudier; il l'avait placé dans les commissions, l'aidant souvent de ses conseils, le prenant enfin sous son patronage. De cette situation étaient nées, d'une part, une vive reconnaissance, de l'autre l'estime la plus affectueuse. A l'époque où M. de Brignole fut envoyé en France avec le titre d'ambassadeur de Sardaigne, la liaison entre lui et M. Pasquier devint tout à fait amicale ; aussi lorsque se termina sa mission diplomatique, il conserva à celui qu'il appelait son premier maître en politique le meilleur et le plus fidèle souvenir. Revenu à Gênes, sa résidence de famille, il lui écrivit souvent, ne manqua jamais de le visiter à tous ses voyages à Paris ; mais cette correspondance, ces visites toujours éloignées ne le satisfaisaient qu'à demi, il voulait pour sa vieille amitié un intermédiaire plus direct. Il pria donc sa fille madame la duchesse de Galiéra, d'accepter ce rôle. Elle s'y prêta très-volontiers et peu à peu s'établirent ainsi, entre elle et M. Pasquier, des rapports que le temps rendit chaque jour plus intimes.

Le vieux chancelier prit goût à la causerie pleine de confiance d'une femme douée de tous les agréments qui peuvent plaire et séduire. Elle-même se sentit touchée par cette sollicitude bienveillante d'un vieillard qui s'associait avec une ardeur juvénile à ses joies, à ses inquiétudes. Elle redoublait pour le remercier de gracieusetés, de prévenances attentives, et lui se laissait entraîner de plus en plus à ce doux commerce d'amitié.

Ces relations avec les femmes distinguées avaient toujours été, au reste, un des bonheurs les plus recherchés par M. Pasquier, et il avait trouvé, auprès d'elles, des sympathies très-dévouées, très-sincères.

Sous le directoire, nous l'avons vu fort assidu chez madame de Vaudemont, chez madame de Vergennes. sous l'empire, sous la restauration, il avait trouvé même accueil chez mesdames de Rémusat, de Beaumont, de Vintimille, chez madame de Montcalm, sœur de M. le duc de Richelieu. Plus tard, en 1830, il rencontrait un dévouement plus vif, plus absolu peut-être auprès de madame la comtesse de Boigne.

Madame la duchesse de Galiéra ajouta son nom avec la meilleure grâce à cette liste si charmante; elle se partagea entre madame de Boigne et M. Pasquier; elle leur prodigua ses visites, et, par les soins qu'elle leur rendit, elle contribua certainement à rendre plus agréables, plus douces, les dernières années de M. Pasquier.

Il avait bien compris tout le prix de cette amitié; et, le 19 juin 1862, quinze jours à peine avant sa mort, il adressait encore à madame de Galiéra ce touchant témoignage de sa gratitude :

« Très-chère dame,

« Les bonnes habitudes, dont on néglige l'usage, finissent par s'altérer, et je remarque que l'échange a presque cessé, entre nous, des billets qui nous portaient nos salutations amicales.

« Je sais la part qu'il faut faire dans ce déficit aux mauvaises circonstances que nous avons traversées; mais à présent que vous n'avez plus à recevoir un grand monde qui a disparu de Paris, j'arrive à vous tout désireux de rentrer le plus vite possible dans ce concert d'intimité que vous savez rendre si doux et si précieux.

« Partez donc de là, car autre ne saurait être le but de cette attaque que je vous porte d'une main bien faible, mais bien amicale, vous n'en pouvez douter.

« Pasquier. »

Il avait, au reste, l'intuition de cette galanterie naturelle, élégante, distinguée, de bonne compagnie, qu'il avait apprise sans doute dans les salons du dix-huitième siècle, et nous n'avons jamais vu une femme sortir de chez lui sans être charmée de sa politesse et de ses manières. Son grand art consistait, non à se faire valoir, mais à mettre, au contraire, la personne à laquelle il s'adressait en évidence.

Dans l'intimité, dans ses lettres, nous allons le voir, tout en abordant les sujets les plus sérieux, ne se départir jamais de ses délicates façons :

« Trouville, 4 juillet 1855.

« Quelle que soit la gracieuse bonté de madame de Galiéra, il y a peut-être de la témérité à y compter autant que je le fais en lui dépêchant cette lettre; c'est à vrai dire celle d'un pauvre ermite qui, après avoir traversé les champs d'une partie du Maine, de la Normandie, est venu s'abattre à Trouville, où il n'a trouvé autre personne que madame de Boigne. Elle y vivait fort effrayée par une épidémie de petite vérole qui sévissait dans la maison de son jardinier; mes discours heureusement ont contribué à la rassurer, et c'est un résultat dont je me félicite, car la crainte du mal, quand elle se prolonge, est souvent capable d'engendrer le mal lui-même.

« Le temps s'est remis au beau depuis mon arrivée, mais j'en ai peu profité, et surtout je me suis bien gardé de passer dans la rue où m'auraient poursuivi les souvenirs de l'année dernière et la pensée des regrets où je suis condamné pour celle-ci. On nous parle bien de quelques visites assez prochaines; mais quel que puisse être leur mérite, elles ne compenseront pas, chère dame, nous en sommes convenus hier, madame de Boigne et moi, la perte de votre si charmant voisinage.

« Mais laissons Trouville et venons à vous, à ce qui peut vous intéresser dans la grande Babylone où vous êtes confinée : les affaires de Crimée n'ont pas été aussi rondement que nous nous en flattions; mais j'espère que ce ne sera pas la faute du Corps législatif, si on ne les remet pas promptement sur un meilleur pied. Son adhésion ne saurait être douteuse aux grandes et larges mesures qui lui sont proposées; et puis, tels que nous ont faits nos soixante dernières années, les misères éloignées ne nous affectent pas profondément. Qui s'aviserait aujourd'hui de parler de celles qui ont eu lieu en 1812, dans la grande catastrophe de la retraite de Russie ! Les amusements de la grande exposition et l'espérance de l'arrivée prochaine de la reine d'Angleterre sont plus que suffisants pour nous causer les plus salutaires distractions.

« Avez-vous assisté à la séance de réception académique de M. de Sacy? Malgré la grande levée que M. Fortoul a faite sur les billets pour cette séance, je serais étonné si la rue de Varennes avait été oubliée par notre cher secrétaire perpétuel !

« Le discours de M. de Sacy se lit fort agréablement ; quant au discours de M. de Salvandy, il a toute l'ampleur auquel cet orateur ne se refuse jamais.

« En voilà bien assez, n'est-ce pas, de mon bavardage? Je le termine en vous priant de me donner des nouvelles de votre cher fils et de me rappeler au souvenir de monsieur votre père.

« Ai-je besoin de vous parler de mon sincère et respectueux dévouement? »

« Trouville, 13 septembre 1855.

« Il me semble, très-chère dame, que je ne puis quitter Trouville, d'où je partirai après-demain, sans ajouter un nouvel adieu à celui dont j'ai salué votre départ à la fin du dernier mois. Les souvenirs que j'emporte ne cesseront pas de me dire combien votre présence ajoutait de charme à ce lieu où vous avez pris le soin de plaire à tout le monde et à moi tout particulièrement.

« Depuis trois jours, des joies d'une autre nature ont remplacé dans la grande ville celles qui finissaient quand vous y êtes venue.

« Je comprends les élans qui sont inspirés par le spectacle d'un grand triomphe militaire où la gloire des armes de la France a acquis un lustre tout nouveau ; mais je comprends trop aussi les transports d'allégresse qui doivent éclater en Angleterre. La ruine qui s'est opérée dans la mer Noire est, en effet, toute à son profit !

« Le croiriez-vous, pendant que cette grande nouvelle arrivait, on jouait des charades dans le salon de Trouville ! Parmi les assistants se trouvait le général Monnet, cruellement blessé en Crimée, et qui était venu chercher un peu d'air de la mer pour assurer sa convalescence. Nous avons fait ensemble des réflexions bien naturelles sur un tel contraste ; et que de fois je l'ai rencontré dans ma vie !

« Mais où vais-je m'embarquer? Revenons à vous. Comment allez-vous passer votre automne? J'espère que vous renoncez aux voyages, et qu'au mois d'octobre on aura chance de vous trouver à Paris? *On* veut dire *moi*, vous devez le comprendre !

« Samedi je serai à Sassy, et je vous donne cette

adresse pour le cas où la bonne pensée vous viendrait de m'adresser un lettre portant votre jolie signature.

« Je suis, ne l'oubliez pas, le plus dévoué de ceux qui peuvent se dire vos serviteurs. »

« Chère dame, je vous envoie le volume que M... vous a donné le droit de me réclamer. Le récit des deux batailles de Ligny et de Waterloo, et la moisson d'hommes qui s'y opère, font bien prendre en détestation la mémoire de l'homme dont l'ambition insensée amène et cause des sacrifices humains si horribles ! Quand on porte son nom, je conçois qu'on veuille interdire en France la lecture d'un tel livre !

« Si vous voulez compléter la conquête que vous avez faite de M. Cousin, obtenez de M... la permission de lui envoyer ce volume, ou envoyez-le-lui sans rien dire en le priant de vous le retourner au bout de vingt-quatre heures.

« Bien à vous. »

Au mois d'août 1858, madame de Galiéra en écrivant à M. Pasquier, qui lui demande sans cesse des nouvelles de son fils, lui apprend que ce jeune enfant travaille moins bien. Pour le rappeler à plus d'attention, le précepteur a même cru nécessaire de lui infliger un peu de *prison*. Ce mot fait bondir M. Pasquier ; il adresse de suite à madame de Galiéra une philippique très-violente contre le malheureux précepteur. Il la somme de renvoyer au plus vite ce *monsieur si malavisé !* Le lendemain, après réflexion, il lui explique la cause de son indignation, et expose ses opinions sur l'éducation :

« M'avez-vous pardonné, chère dame, mon incartade contre l'instituteur qui donne ses soins à votre cher fils? D'abord elle partait d'un bon fond, puis, je vous dirai que j'ai quelques prétentions sur les faits concernant l'éducation donnée à la jeunesse et surtout aux enfants.

« J'ai eu deux précepteurs, j'ai été au collége, et par-dessus tout cela, on m'avait donné un instituteur de choix qui devait perfectionner mon éducation et qui a fait ce qu'il y avait de mieux pour la gâter. Cela m'a fourni matière à beaucoup de réflexions, fortifiées par mes observations subséquentes.

« Eh bien, je vous déclare que de toutes les inventions modernes, en fait d'éducation, l'usage de la prison, comme moyen de punition, est la pire de toutes. La solitude de la prison est ce qu'il y a de plus détestable pour les jeunes têtes auxquelles on la fait subir. Les plus vives s'en irritent, s'en indignent et y puisent des pensées de révolte et même de vengeance. Pour les plus douces, les plus innocentes, elles en souffrent cruellement; l'action sur leur intelligence et leur cerveau est des plus mauvaises.

« Ajoutez que, lorsqu'on en use, le mot de prison ne devrait pas être prononcé. Il emporte avec lui l'idée d'une sorte de criminalité et est, par conséquent, aussi blessant qu'on le puisse imaginer.

« Aujourd'hui cette prison est le moyen anodin par lequel on commence toutes les punitions ; autrefois, c'était l'extrémité de toutes les peines, et encore on avait le soin de ne jamais employer le mot de *prison*. On l'appelait *la chambre des réflexions*. A Juilly, chez les oratoriens, gens d'esprit, nous la nommions *la thébaïde*, et on ne s'en servait que pour les jeunes gens qu'on ne croyait pas pouvoir garder, attendu les vices qu'on croyait avoir reconnus en eux.

« Quand vous aurez lu ces lignes, j'espère que vous comprendrez suffisamment comment l'idée de la prison appliquée, comme première punition, à votre charmant enfant, a soulevé en moi la révolte dont vous avez reçu la première expression.

« Bien pardon d'un si long bavardage ; son inconvénient doit se compenser par la confiance qu'il témoigne en votre bonté et votre si aimable caractère.

« Je n'ajoute rien à cela,

« Pasquier. »

« Trouville, 16 août 1858.

« Votre lettre m'est advenue, très-chère dame, lorsque je roulais depuis deux ou trois jours la pensée de vous imposer une nouvelle lecture de ma correspondance. La timidité qui me retenait dans cette fantaisie se conçoit beaucoup mieux que votre hésitation. Vous ne faisiez preuve en y cédant d'aucun esprit de justice! Qu'ai-je de mieux à faire, je vous prie, dans ma retraite, si loin des distractions qui vous entourent, que de causer avec une personne comme vous! On trouve toujours, en effet, dans vos lettres, des communications intéressantes, quelques-unes de ces pensées, de ces réflexions sur lesquelles on aime tant à s'arrêter. Tenez-vous donc avertie pour l'avenir!

« Quant à la grande visite de Cherbourg, je suis fort à l'abri des émotions qu'elle peut causer, et je me permets de la juger très-froidement. Je trouve que le bruit est bien grand, l'appareil bien pompeux pour une de ces niaiseries comme j'en ai tant vu. Je conviens cependant que le beau rôle est de notre côté. Au fond, quel que puisse être l'extérieur et l'attitude de la reine d'Angleterre, il n'y a personne d'un peu sensé qui ne lui prête, à mots couverts, le langage que voici :

« *Cher voisin, je viens vous voir avec empressement et je vous salue avec cordialité. J'ai bien eu quelques torts envers vous; vous avez justement à vous plaindre des procédés de mon gouvernement dans la conduite des affaires qui sont venues à la suite de la prise de Sébastopol et de la retraite de vos glorieux soldats? mais il faut excuser le sentiment de jalousie que cette gloire avait inspiré dans mon île. Vous avez été généreux, continuez à l'être et gardez-vous de causer aucun embarras à une alliée aussi sincère que je le suis, alors que j'ai sur les bras la révolte de l'Inde. — A quoi notre empereur répond dans un langage plus ou moins secret :* Bene sit !...

« Vous me demandez maintenant des nouvelles de ce qui m'environne ? En voici : L'état de madame de Boigne s'est fort amélioré et j'ai un grand bonheur à vous le dire. Quant à moi, je vais chaque jour plus *à tâtons*, prêtant une oreille qui entend de moins en moins ; pour le reste, je n'ai pas trop à me plaindre.

« On dit que la plage de Trouville abonde en belles dames, mais j'en parle pour mémoire, n'ayant aucun droit d'y regarder. Cet aperçu de ma situation aurait peut-être le tort d'une doléance si je n'y ajoutais l'expression de ma reconnaissance pour certaines amitiés qui répandent sur les derniers pas de ma carrière un charme dont mon cœur apprécie toute la valeur. Entre ces amitiés, ne manquez pas de faire, je vous prie, une place à qui de droit !

« J'en reste sur cette prière et vous salue aussi cordialement qu'il soit possible de le faire. »

« 15 décembre 1859.

« Mon esprit est à la tristesse ! vous avez su la fin de cette pauvre madame Beugnot, succombant à cette affreuse petite vérole qui me semble en train de vouloir reparaître dans notre monde! Cette perte m'a été bien sensible! j'avais vu naître cette charmante femme, j'avais été témoin de son mariage; elle m'avait toujours témoigné un attachement sincère. A l'âge où je suis parvenu, les pertes, pour moi, ne sont pas, hélas! seulement individuelles, elles marquent la fin des générations au milieu desquelles mes jours se sont écoulés. »

« Trouville, 11 septembre 1859.

« Je reçois votre lettre très-chère et j'aurais beau jeu pour vous renvoyer, sur le charme de votre correspondance si gracieuse et si aimable, les compliments que vous voulez bien adresser à la mienne, laquelle, certainement, doit son plus grand mérite au plaisir, même au bonheur que je trouve à l'entretenir.

« Mais laissons de côté ce sujet, où il serait cependant si naturel de se complaire, et venons à la grande affaire du jour, à celle dont les conséquences très-redoutables planent encore sur l'Europe entière.

« Voilà l'Italie bien à son aise! dans l'article inséré dans *le Moniteur* d'avant-hier, on lui a donné carte blanche. A elle appartient désormais d'arranger sa destinée comme bon lui semblera; et avec les bons conseils de MM. de Cavour, Garibaldi, Mazzini, on ne saurait douter qu'elle n'arrive bientôt à l'idéal de la perfection. Mais cette perfection, sur ce point ne vous faites pas d'illusions, sera un peu plus tôt, un peu plus tard, la république. Le roi Victor-Emmanuel, lui-même, sera fort heureux si on veut bien lui laisser pour quelques années la présidence de cette grande république.

« L'Angleterre, comme de raison, prêtera son assistance, ses conseils et même son argent, aux auteurs, aux acteurs de ce grand et magnifique changement qui, au fond, mettra à sa disposition toutes les côtes occidentales de la belle Italie, en y joignant même celle de la Sicile. Si je ne craignais de m'arrêter trop longtemps sur ce sujet, je m'amuserais à vous faire remarquer ce singulier entraînement qui, alors qu'on célèbre autant les nationalités, décide, par exemple, la Toscane, cette belle contrée si longtemps conduite et gouvernée avec tant de splendeur, où le souvenir des Médicis doit s'ajouter à celui de Dante et de bien d'autres noms encore, la décide, dis-je, à renoncer à l'exercice de cette nationalité si glorieuse, à l'échanger contre le bonheur d'être l'une des provinces du royaume de Piémont.

Quant à la France, vous admirerez sans doute avec quelle habileté nous tirons notre épingle du jeu, alors que le jeu vient à s'embrouiller un peu trop ! peut-être aussi n'aviez-vous jamais entendu parler de cette guerre faite pour une idée et dont la France seule est capable. Quant à moi, c'est une découverte dont je reste ébahi ; j'y vois cependant, avec une satisfaction que vous devez comprendre, à quel point la France se trouve maintenant libre et à son aise pour les grands et nobles projets qu'elle peut concevoir et dont la matière ne lui manquera pas, située aussi heureusement qu'elle l'est sur les bords de l'Océan et sur les rives du Rhin.

« Ce mot de Rhin ne frappe-t-il pas agréablement vos oreilles et ne voyez-vous pas ce que la France a le droit de lui demander, d'y requérir même ?

« Mais en voilà beaucoup trop sur cette politique, où on ne saurait porter le doigt sans s'y enfoncer jusqu'au coude.

« Je termine en rappelant à votre souvenir l'espérance que vous m'avez donnée de votre rentrée, rue de Varennes, dans les derniers jours de ce mois. Je tiens d'autant plus à cette promesse, que je serai fidèle au plan que j'ai conçu, en quittant Paris, de me remiser rue Royale pour le 24 de ce mois au plus tard.

« A vous donc l'avertissement, très-chère, si vous daignez en profiter.

« Madame de Boigne est toujours bien souffreteuse.

« Bien à vous. »

« Paris, 1859.

« Je ne vous ai pas vue hier, très-chère dame, je n'ai rien su de vous, et tout le monde vient me demander ce que vous devenez. Ces questions me touchent et m'honorent ; elles me sont une preuve des bontés dont vous ne vous cachez pas à mon endroit, et Dieu sait si j'en sens tout le prix. Cependant, passez-moi ce mauvais coin d'un sentiment trop exclusif qui se rencontre dans toutes les amitiés sincères, je me prends parfois à trouver que le monde *vous aime trop !* Passe encore si ce monde vous appréciait aussi bien que moi ! mais ce privilége, je le retiens pour moi et ne le cède à personne.

« Madame de Boigne va bien ; elle demande, dans sa lettre de ce matin, à être informée de ce qui vous concerne, et ses expressions à votre sujet prouvent le sincère attachement qu'elle vous porte.

« Ce serait sottise de vous parler du mien ; vous le connaissez, n'est-ce pas ? »

« Paris, 1859.

« Si je ne le savais de longue date, très-chère dame, vous m'apprendriez à quel point les espérances déçues sont une des plus pénibles conditions de l'existence humaine ! Je m'étais si bien établi dans la pensée de vous revoir ici dans les derniers jours du mois, que je suis tombé de mon haut en apprenant qu'il ne fallait pas vous attendre avant le 20 ou 25. Les raisons que vous me donnez de ce retard peuvent être bonnes à votre point de vue ; au mien elles sont détestables. Je vous excuserais si vous étiez retenue à Gênes par un patriotisme éclairé et un amour consciencieux des libertés italiennes, mais je ne me sens pas la force d'aller jusque-là dans l'estime que je vous porte. Je conviendrai plutôt, si vous le voulez, que la France n'est pas aussi digne de vous recevoir que je le désirerais.

« Elle ne ressemble guère, en effet, à ce qu'elle était dans ces beaux jours, dont on a tant parlé, qui sont encore si présents à ma mémoire, que je me fais parfois l'illusion d'y vivre encore au milieu de cette bonne compagnie à laquelle elle a dû sa réputation et son ascendant.

« Aujourd'hui cet ascendant ne peut s'obtenir qu'à force de coups de canons et de coups de fusils, et il faut que cela paraisse une bien bonne manière d'aller, car voilà un évêque qui lance au milieu de nous un magnifique mandement où il prêche franchement l'existence d'une croisade pour convertir la Chine, le Japon, en passant les Turcs de Constantinople, les Indous, l'Asie enfin tout entière ! Si vous vivez encore une quarantaine d'années, vous ne manquerez pas de voir survenir un aussi beau résultat. Comme je n'ai pas la même espérance, je suis moins satisfait de la perspective.

« Pour redescendre un peu sur la terre, savez-vous ce qui s'est passé à Biarritz dans les conférences avec le roi des Belges ? Où en est M. de Cavour avec notre empereur ? Le matin, on les dit à couteaux tirés ; dans la journée, on apprend qu'ils sont plus liés que jamais !

« Tout à vous et de tout mon cœur. »

Le 31 mars 1861, M. Pasquier apprend que M. le marquis de Brignole, ne voulant pas s'associer aux mesures révolutionnaires du gouvernement italien, a donné sa démission de membre du Sénat piémontais ; il adresse de suite à madame de Galiéra, qui résidait alors à Gênes, la lettre qui va suivre :

« J'ai hâte, très-chère dame, de vous exprimer, le plus tôt possible, mon acquiescement sincère et complet au parti que monsieur votre père vient de prendre. Comme on ne peut prévoir aucune chance de retour aux principes d'ordre et de justice, au respect du bon droit si audacieusement violé par la conduite du gouvernement dont M. de Cavour est l'organe, comme toute lutte serait impossible pour essayer de relever dans le sénat piémontais le drapeau de l'honneur et de l'équité, je trouve parfaitement raisonnable que monsieur votre père n'ait pas voulu exposer la fin d'une longue vie, glorieusement passée au service de son pays et des bonnes causes, à servir en quelque sorte de manteau aux turpitudes qui s'accomplissent sous ses yeux comme sous ceux de l'Europe entière. Si donc mon humble suffrage pouvait lui être agréable, n'hésitez pas, je vous prie, à lui faire hommage de cette lettre entièrement écrite à son intention.

« Bien à vous, très-chère dame. »

Madame la duchesse de Galiéra ne manqua pas de s'acquitter du message : la lettre fut remise à M. de Brignole, et il s'en montra extrêmement touché. Cette haute approbation, venue d'un homme pour l'opinion duquel il professait, nous l'avons dit, un véritable respect, qui avait été son premier guide dans la carrière politique, lui fut même si sensible que, sans en rien dire, il en plaça le précieux témoignage dans un portefeuille qui ne le quittait jamais et qui contenait ses plus chers souvenirs. Deux années plus tard, au moment de quitter ce monde, il remit lui-même ce portefeuille entre les mains de sa fille, et madame de Galiéra y trouva, non sans surprise, la lettre que nous venons de citer.

Cet incident, si imprévu, ne fait-il pas le plus grand honneur aux deux personnes qui y sont intéressées! La considération de M. Pasquier n'en ressort-elle pas plus grande, plus lumineuse, surtout quand on se rappelle le rôle important joué en Piémont par M. de Brignole!

Nous avons vu souvent, dans les salons de M. Pasquier, ce grand vieillard au sourire si fin, si bienveillant. Sa tournure était des plus distinguées, son langage d'une courtoisie rare. L'élégance aristocratique se trahissait dans ses moindres mouvements. Et quelle loyauté dans ses discours, dans les actes de sa vie publique ! Mais que pouvaient ses opinions personnelles contre la force des événements !...

Quittons maintenant cette correspondance avec madame de Galiéra et suivons M. Pasquier dans ses dissertations plus essentiellement politiques, littéraires ou philosophiques.

En 1856, M. le prince de Broglie publie son ouvrage *l'Église et l'Empire romain au quatrième siècle*. M. Pasquier le lit pendant un de ses séjours à la campagne et, selon son usage, aussitôt sa lecture achevée, il écrit de suite à l'auteur pour lui dire l'impression qu'il a éprouvée.

« Sassy, 3 juillet 1856.

« Mon cher prince,

« J'ai profité du doux loisir dans lequel, en ce moment, ma vie s'écoule à Sassy pour mener à sa fin la lecture de votre bel ouvrage. Parmi les hommes dont le suffrage vous importe, la satisfaction sera grande de trouver dans cette œuvre, qui a nécessité tant de recherches, qui supposent une véritable érudition, l'intérêt d'un récit parfaitement lié depuis son commencement jusqu'à sa fin et traversant les siècles toujours allant vers le même but et avec la marche la plus assurée. Je ne crois pas qu'on trouve autre part un compte aussi fidèlement rendu et parallèlement tracé de l'histoire politique, de l'histoire religieuse, dans la plus grande des époques où se sont trouvés engagés le sort et l'avenir de l'humanité tout entière. Vous avez été obligé de courir un peu vite, et je l'ai quelquefois regretté, dans l'introduction, qui vous a conduit jusqu'au règne de Constantin. La société chrétienne et la société païenne y sont parfaitement dépeintes dans leur antagonisme; elles sont appréciées, l'une et l'autre, comme elles méritent de l'être. Cependant vous avez été sobre de détails sur cette matière, où la récolte des faits, si vous l'aviez voulu, eût été encore plus abondante.

Je n'entreprendrai pas de vous suivre dans le règne du grand Constantin (vous voyez que je lui donne hardiment le titre de grand), — le grandiose, en effet, se manifeste chez lui en toutes choses, dans ses qualités d'homme de guerre et d'homme d'État, même dans ses vertus, parfois aussi dans ses vices et dans ses crimes. Il m'en a coûté, à la fin de sa vie, de ne plus revoir après lui la si belle, si noble et si sainte figure d'Athanase. Là aussi se trouve le grand homme avec le mérite immense de la foi sincère et de la sainteté. J'espère que vous me donnerez bientôt le plaisir de le retrouver dans la grande et difficile carrière qu'il doit encore parcourir.

Votre manière de mesurer la grandeur de Constantin, en la comparant à celle de son époque, et du service qu'il a rendu, en usant de l'immense étendue de son pouvoir pour faire admettre dans tout son empire la nécessité de la foi chrétienne et aussi pour faire reconnaître les droits et l'unité de son Église, cette manière, dis-je, est tout à fait de mon goût et je la crois d'une parfaite équité pour tout le monde, pour Constantin, pour son siècle et pour l'Église.

Quant à l'ensemble de votre œuvre, elle apprendra à un grand nombre de lecteurs ce qu'ils ignorent trop souvent, et elle procurera à ceux qui savent la satisfaction de repasser ce qu'ils ont appris dans leurs meilleurs jours.

« Tout à vous, etc., etc. »

Cette lettre envoyée, M. Pasquier veut connaître l'opinion de ses amis sur ledit ouvrage, il la leur demande. M. Germau, toujours grand liseur et correspondant infatigable, lui adresse sur ce sujet une longue épître, et vite il prend la balle au bond et lui décoche à son tour les pages qu'on va lire.

« Trouville, 24 juillet 1856.

« Mon très-cher, je viens de me régaler de votre longue lettre, et en ma qualité d'écrivassier je veux vous dire aussi mon mot sur l'ouvrage du prince de Broglie. Je lui accorde autant d'admiration que vous, et il est sans nul doute un des meilleurs et des mieux écrits qui aient paru depuis longtemps. A la foi la plus entière, la plus nettement exprimée, l'auteur ajoute, ce qui est fort rare, le mérite d'une liberté d'esprit très-complète, à l'aide de laquelle il juge les hommes et les événements. Cette liberté n'épargne même pas quelquefois les personnages qui sont l'objet de son estime et de son admiration. Je ne mets pas en doute l'excellent effet que peut avoir la lecture de cet ouvrage sur tous ceux qui ont déjà la foi ; mais, comment agira-t-elle sur ceux qui en manquent, ou qui ne l'ont pas aussi complète qu'on pourrait le désirer ? Tous les doutes qui pourraient s'élever par la voie du raisonnement ou d'un examen critique sur les faits principaux qui sont la base du christianisme, M. de Broglie les repousse au nom de la foi, le meilleur et le plus irrésistible des arguments. Mais, si cet argument satisfait sa raison chrétienne, est-il sûr qu'elle produira le même effet sur les hommes moins bien doués que lui ? Là se trouve l'inconvénient qui se rencontre dans presque tous les sermonnaires ; on prêche la foi à ceux qui l'ont déjà, on prêche la charité aux êtres les plus charitables. Pour la charité, les exemples qu'on invoque sont d'une contagion puissante ; pour la foi, il n'en est pas de même, et on risque beaucoup, lorsqu'on place, à côté des professions de cette foi, l'historique des faits qu'elle a dû traverser pour arriver jusqu'à nous. Certains de ces faits, et ils sont nombreux, ne font-ils pas naître dans les esprits de grandes hésitations, quelquefois même des préoccupations entièrement contraires au but qu'on doit se proposer? Je vais prendre pour exemple un des morceaux les plus remarquables dans l'ouvrage du prince de Broglie, celui sur le concile de Nicée.

« A ne considérer que les arguments employés de part et d'autre, ceux des ariens paraissent de beaucoup les plus séduisants, quelquefois même les plus convaincants, et l'incident qui dicte la décision du concile rend cette opinion très-évidente.

« Ce n'est pas, en effet, un orateur qui entraîne l'assemblée par la puissance de ses raisonnements, c'est un martyr dont l'orthodoxie jusqu'à ce moment n'était pas bien assurée. Il s'avance et s'écrie : « Je crois tout ce que nous croyons depuis les apôtres, là est pour moi la solution de toutes les questions ! » Et le concile rédige et adopte le symbole objet de cette solennelle discussion, avec une telle majorité que les ariens eux-mêmes se croient obligés d'y souscrire. Ils maintiennent pourtant une légère restriction, mais elle passe presque inaperçue.

« Voilà, en abrégé, l'histoire de ce concile où le grand Athanase, très-peu élevé alors dans la hiérarchie des dignités ecclésiastiques, exerça la plus grande influence. Quels furent maintenant les motifs de la résolution qu'il prit et fit adopter ? L'étude de ses œuvres permet de le reconnaître : l'unité de Dieu, sans la trinité qui y fut jointe alors, n'aurait guère donné qu'une religion en quelque sorte platonicienne, insuffisante pour remplacer cette foule de croyances ou plutôt de crédulités païennes qui alors encore avaient plus de racines qu'on ne le suppose de nos jours, même parmi les populations dont on célébrait la conversion. Ces crédulités cédèrent et devaient céder la place aux idées plus grandes, plus salutaires, qui s'appuyaient sur ces qualités de Père, de Fils, de Saint-Esprit dont l'unité de Dieu a fait une sorte de faisceau et qui, réunies plus tard au culte de la Vierge et à l'invocation des saints, ont fourni aux âmes pieuses un aliment dont elles ne pouvaient se passer.

« Vous allez me dire peut-être que me voilà déjà loin de la foi pure et simple, de la foi naïve et primitive, de la foi du charbonnier ? Vous allez me dire que j'appuie sur des considérations beaucoup trop humaines les sublimes décisions du concile de Nicée. Vous pouvez avoir raison, et votre reproche n'est pas sans une espèce de fondement. Mais ne voyez-vous pas que je n'ai été amené à le mériter que par le récit parfaitement sincère, et je serais tenté de dire un peu trop naïf, des actes de ce fameux concile! Toutes ces déductions, remarquez-le bien, je ne m'y laisse aller que pour vous montrer avec quelle facilité elles peuvent s'établir dans les esprits. En s'occupant de ces hautes matières, il est difficile d'en sortir avec une sécurité complète, sans la condition de posséder cette foi vive et sincère dont le prince de Broglie est doué si heureusement.

« Il me semble reconnaître dans votre lettre que vous n'êtes pas encore arrivé à l'histoire du concile de Tyr. Là se rencontre dans son plein exercice toute la liberté d'esprit dont jouit le prince de Broglie; mais aussi à quel douloureux récit n'est-il pas conduit, en présence de cette réunion où tant d'hommes revêtus des plus hautes dignités dans l'Église se livrent avec une impudence sans égale aux mensonges les plus repoussants, aux accusations les plus odieuses contre le grand Athanase ! Ils ne craignent même pas de le condamner, et la mort de Constantin peut seul lui rendre la liberté de parole et d'action dont il a fait, depuis, un usage si utile, si élevé, si chrétien tout à la fois.

« Vous allez me demander maintenant à quelle conclusion je veux arriver à la suite de ce long parcours dans un ouvrage que j'admire autant que vous? Hélas! ma conclusion, la voici :

« Je crains fort que le moment ne vienne bientôt où, ayant eu le temps d'étudier cet ouvrage et sachant y prendre tout ce qui peut être à leur avantage, les esprits philosophiques et incrédules, qui ne manquent pas sur toute la surface du monde européen, ne trouvent le moyen de porter à la religion et à la foi chrétienne des coups beaucoup trop dangereux ; mon estime, mon admiration même pour l'ouvrage du prince de Broglie, comme ouvrage historique, est sans restriction et sans bornes ; mais en tant qu'ouvrage apologétique de la religion chrétienne, je crains qu'il ne puisse amener plus d'inconvénients que d'avantages ! »

Puisque nous sommes sur le terrain des ouvrages ayant trait aux questions théologiques, voyons comment M. Pasquier les considérait sous un autre point de vue, et pour bien faire saisir le sens de ses écrits, citons d'abord la lettre de M. le baron de Barante, à laquelle il va répondre. Cette réponse de M. Pasquier est curieuse à plus d'un titre ; elle débute, on le remarquera, par un hommage rendu à M. de Pontécoulant, dont l'assistance a été si précieuse à M. Pasquier dans une des circonstances importantes de sa vie. Il remercie M. de Barante des pages consacrées dans son livre à M. de Pontécoulant ; mais, impartial comme toujours, ami de la vérité et de la justice, il veut cette justice complète et sans restriction.

« Vous avez bien voulu, mon cher président, écrit M. de Barante, me faire espérer que vous me donneriez bien vite de vos nouvelles, je vous en demande. » Et après avoir parlé des santés, du temps, il arrive à un sujet plus sérieux :

« Je viens de lire l'article de M. de Montalembert sur les libertés de l'Église gallicane, je ne devrais pas dire *sur* mais à *propos*. Il ne dit pas en quoi elles consistaient autrefois, et ce qu'elles peuvent être dans l'état actuel de notre société et de notre gouvernement ; mais il y trouve l'occasion de flageller, avec la verve et la valeur qui ne lui font jamais défaut, ceux qui se sont rangés sous cette bannière....

« Vous avez dû recevoir les deux premiers volumes de mes études biographiques. Peut-être en connaissez-vous la plus grande partie, mais il y a quelques notices qui sont imprimées pour la première fois : Gouvion Saint-Cyr, M. de Pontécoulant, M. de Montlosier.

« Vous voyez que je suis un pauvre correspondant, je vis dans une solitude absolue. En Auvergne on se visite peu, et mes voisins viendraient me voir qu'ils ne m'apprendraient pas grand'chose.

« Vous connaissez ma vieille et invariable amitié, conservez-moi la vôtre, mon cher président. »

Cette lettre, datée du 28 avril 1857, touchait à une question que M. Pasquier avait fort à cœur, celle des libertés de l'Église gallicane. Il professait pour elle le même respect que pour les parlements, elles avaient même origine dans son esprit ; ses aïeux les avaient honorées, défendues, il avait adopté cet héritage de famille et il se croyait en droit de s'en faire le champion.

L'épître qui va suivre montre comment il les comprenait :

« Paris, 30 avril 1857.

« Mon très-cher,

« Votre lettre d'avant-hier m'est arrivée tout à l'heure comme j'allais me mettre à table pour déjeuner ; le déjeuner fini, j'ai hâte de vous répondre ! Cela dit assez que le besoin et le plaisir de causer avec vous ne s'éteignent pas dans mon vieil esprit, obligé cependant de jour en jour à renoncer à tant d'autres habitudes même des plus douces. La matière au reste ne manque pas pour cette réponse dont je suis si pressé ; et pour commencer, pour me mettre sur le terrain où je n'ai rien que d'agréable à dire, je vous adresse de sincères remercîments pour les deux volumes qui me sont parvenus depuis votre départ. Comme vous le dites fort bien, j'ai déjà lu une partie de ce qu'ils contiennent ; mais plus je vais, plus les vieilles connaissances sont de celles avec lesquelles j'aime le mieux à me retrouver. Le *Journal des Débats* m'avait fourni le plaisir de lire votre notice sur notre collègue Pontécoulant ; je suis bien aise que vous ayez rendu à sa mémoire ce témoignage de parfaite équité ; je regrette seulement que vous n'ayez pas dit quelques mots sur la part qu'il a prise à la conduite tenue dans le procès des ministres de

Charles X. Il était l'un de mes commissaires en compagnie de M. Séguier et de l'excellent Bastard, et son bon sens, sa ferme attitude m'ont été d'un très-grand secours. Lorsque j'appelai M. de Pontécoulant dans cette circonstance, la plus grave peut-être de celles qui se soient rencontrées dans ma vie, je m'y décidai parce que l'indépendance qui s'était toujours montrée dans son caractère me semblait de nature à nous concilier un certain nombre d'esprits plus ardents peut-être qu'il ne convenait en une telle situation. Je ne m'étais pas trompé dans ce choix si délicat, et il m'a rendu tous les services que je pouvais en attendre. Au début de cette affaire, nous ne nous connaissions pas ; quand elle s'est terminée, nous nous sommes trouvés liés d'une amitié qui a duré de son côté autant que sa vie et dont le souvenir m'est toujours présent.

« Venons maintenant à la grande et grave question, à cet article de M. de Montalembert qui lui vaut ainsi qu'au *Correspondant* l'avertissement aujourd'hui contenu dans *le Moniteur* et qui est venu à ma connaissance aussitôt après la lecture de votre lettre.

« M. de Montalembert dîne aujourd'hui chez moi, et cet avertissement me privera du plaisir, auquel je me sentais fort disposé, de rompre avec lui une lance très-courtoise, mais bien appuyée cependant, sur ces libertés de l'Église gallicane dont tant de gens, comme vous l'observez fort bien, parlent aujourd'hui sans les bien connaître. Laissant de côté la partie scientifique et doctrinale de la question, et me bornant à un très-simple exposé des faits, je demande si ces libertés n'ont pas puissamment contribué à l'existence et au maintien sur la terre de France du clergé catholique le plus honorable, le plus illustre peut-être entre tous ceux qui se sont vus et rencontrés dans les plus belles parties du monde chrétien ? Je demande s'il ne fallait pas au moins reconnaître qu'en 1792, 93, et 94, ce clergé avait souffert avec un courage, une patience dignes du plus beau temps des martyrs, la persécution qui avait pour cause un attachement immuable à l'unité de l'Église et à la ferme reconnaissance des droits qui appartenaient au saint-siége apostolique ? Je demande enfin, si alors qu'on aspire à trouver dans le clergé des défenseurs zélés de toutes les libertés publiques, il ne serait pas raisonnable de comprendre que ces défenseurs se seraient trouvés surtout dans une Église fortement imbue de ces libertés de l'Église gallicane ? Ne doit-on pas se souvenir que la couronne a été maintenue sur la tête du plus grand de nos rois, de cet Henri IV de si glorieuse mémoire, par la fidélité de cette Église gallicane ! Elle se montra en effet ferme dans ses principes, elle résista à l'influence de la cour romaine, à celle du légat qui, parlant au nom de cette cour, siégeait, régnait même dans notre capitale, entouré des fauteurs les plus sanguinaires de la Ligue, et notamment de cette horde des Seize qui a été le fléau et la honte de cette époque.

« Après cette causerie, peut-être un peu trop verbeuse, je n'ai rien de mieux à faire, mon très-cher, que de vous renouveler... etc.

« *P. S.* — Encore un mot au sujet de l'appel comme d'abus. S'il est difficile aujourd'hui d'en régler l'usage, s'il manque en France un tribunal capable de remplacer les parlements et d'exercer sur cette matière l'autorité dont ils jouissaient à juste titre, on ne peut cependant s'empêcher de reconnaître que l'*abus* prononcé par le conseil d'État, ainsi que cela est advenu sous les règnes de Louis XVIII, de Charles X et de Louis-Philippe, lorsqu'il s'est rencontré avec le sentiment et le vœu de l'opinion publique, a joui d'une influence comminatoire dont l'effet s'est fait ressentir très-heureusement. Je cite pour exemple ce cas où un archevêque, celui de Toulouse, si je ne me trompe, essayait de fulminer dans un mandement contre les acquéreurs et les possesseurs des biens nationaux : l'opinion publique, alors, ne manqua pas à l'appui de l'appel comme d'abus ; son secours ne fit pas défaut, et c'est une puissance dont personne ne pourra jamais récuser la valeur. »

Le 21 du mois d'octobre de cette même année 1856, M. de Corcelle, ancien ambassadeur à Rome, écrit à M. Pasquier pour lui demander des renseignements sur le congrès de Vienne : « Les livres, dit-il, sont fort insuffisants sur un sujet que l'on veut approfondir, s'il s'agit surtout d'événements qui se sont accomplis presque de nos jours. Une longue et illustre expérience, réunie à la bonté, serait donc pour moi le plus désirable des secours... »

M. Pasquier répond courrier par courrier ; il fait connaître ce qu'il sait, ce qu'il a appris ; mais il se garde bien de rien affirmer. Il se fait, au contraire, un devoir, par amour de la vérité, de bien expliquer à M. de Corcelle comment les renseignements lui sont parvenus. A une époque comme la nôtre, où on voit les affirmations et les démentis jetés de toutes parts sous le prétexte le plus futile, cette précaution oratoire, tout à l'honneur de M. Pasquier, mérite d'être remarquée.

« Paris, 23 octobre 1856.

« Au reçu de votre lettre, monsieur, je ne perds pas un moment pour y répondre. Je puis vous dire sur le congrès de Vienne des choses très-certaines, mais je ne puis cependant vous en fournir la preuve. La raison en est simple : les actes du congrès de Vienne contiennent et expriment ses résolutions ; les procès-verbaux des délibérations, s'il en existe, ne sont probablement rédigés que pour les séances où les actes ont été adoptés ; mais les pourparlers entre les plénipotentiaires, entre les souverains même, les idées émises dans ces pourparlers et appuyées plus ou moins fortement, rien de tout cela n'a été et ne pouvait être couché par écrit. Je suis de ceux qui l'ont su très-pertinemment ; mais je ne l'ai su qu'à la suite de conversations très-intimes. Partant de là, je dois commencer par vous faire connaître, comme préalable indispensable, ou plutôt par vous rappeler, car vous le savez sans doute, que l'Autriche et l'Angleterre, en 1813 et 1814, voulant retirer à Napoléon l'assistance du roi Murat, lui avaient formellement reconnu la possession de ses États sur le continent de l'Italie. Cela convenait merveilleusement à l'Angleterre, qui isolait ainsi la Sicile et à laquelle cet isolement eût été profitable. L'Autriche, de son côté, était assurée que le roi Murat, d'origine si récente, si faiblement assis, n'opposerait aucun obstacle à ses projets d'agrandissement dans le nord de l'Italie. Ces projets de l'Autriche étaient assez vastes : ayant reconquis le royaume d'Italie sur Napoléon, pourquoi ne serait-elle pas restée en possession de tout ce qui avait composé ce royaume ? Or les légations en avaient fait partie tout aussi bien que Venise !

« Cela posé, une intelligence bien établie entre l'Angleterre et l'Autriche ne pouvait manquer d'avoir dans le congrès de très-graves conséquences. Lorsque M. de Talleyrand y arriva, beaucoup de fils avaient déjà été tendus par ces deux puissances pour s'assurer des résultats qu'elles voulaient obtenir ; et il eut le mérite incontestable de pénétrer dans l'espèce d'enceinte où se pratiquaient les manœuvres que je viens d'indiquer, de s'y faire même sur-le-champ une place très-importante. Mais à ce congrès une autre combinaison se poursuivait avec beaucoup d'ardeur. Elle avait pour base l'étroite intelligence qui régnait entre la Russie et la Prusse. Chose qu'on a de la peine à croire, mais qu'il faut bien admettre, l'empereur Alexandre, mû par des idées fort généreuses et presque chevaleresques, aurait, à cette époque, très-volontiers rendu à la Pologne son ancienne existence et sa complète indépendance. Sur ce point il se montrait dans son intimité tellement avancé, tellement déterminé, que ses ministres les plus accrédités furent obligés de l'avertir très-sérieusement des dangers qu'il pouvait courir dans son propre empire si ses sujets le voyaient abandonner ainsi les plus belles conquêtes de l'impératrice Catherine. Sur ce point aucun doute ne m'est permis. Obligé de se retenir sur cette grande question, qu'il ne perdait pas de vue pour l'avenir, il voulut alors donner sur-le-champ à la Prusse un ample dédommagement de ce qu'elle perdrait un jour en Pologne; il voulut que le royaume de Saxe lui fût concédé et que la Saxe, reportée sur les frontières du Rhin, y vînt occuper les provinces qui ont été depuis données à la Prusse. Aucun plan, il faut le reconnaître, ne pouvait être plus avantageux à la France, à l'Europe tout entière, et on aurait dû bénir la Providence de ce qu'une telle idée était tombée dans l'esprit d'un empereur de Russie. Pour l'Europe, la Prusse, possédant la Saxe, avait une assiette tellement forte, une position militaire tellement respectable, qu'aucune autre barrière n'aurait pu être plus efficacement élevée aux projets d'envahissement de la Russie sur le centre de l'Europe, sur l'Allemagne proprement dite. Quant à la France, au lieu d'avoir sur l'une de ses frontières les plus importantes la puissance nécessairement rivale qu'on a jugé à propos d'y transporter, c'est-à-dire la Prusse, elle aurait eu, dans la nouvelle royauté concédée au roi de Saxe, une annexe en quelque sorte nécessaire et très-assurée, non-seulement pour sa politique extérieure, mais bien aussi pour ses intérêts commerciaux.

« Voyons, maintenant, ce qui est arrivé de tout cela devant le congrès :

« L'Autriche ne pouvait supporter l'idée du voisinage de la Prusse remplaçant, pour la Bohême, celui de la Saxe. Elle se résolut donc, tout d'abord, à n'y jamais consentir et, grâce aux rapports que, dans le cours des dernières années, elle avait toujours entretenus, très-secrètement et quelquefois publiquement, avec M. de Talleyrand, elle le fit entrer facilement dans ses résolutions. Pour mieux comprendre en cette occasion la conduite de M. de Talleyrand, il faut ajouter que, par des causes qu'il serait trop long de rapporter ici, la séparation avait été peu amicale entre lui et l'empereur Alexandre au moment où ce souverain avait quitté la France, remise aux mains de Louis XVIII. Voilà l'explication fort simple et fort naturelle du traité secret qui fut conclu à Vienne, pendant la durée du congrès, entre la France, l'Autriche et l'Angleterre; traité dont les conséquences ont été si malheureuses pour la France lorsque vint, après la bataille de Waterloo, la nouvelle occupation de ses provinces par les armées coalisées. Il avait été très-inutile ce malheureux traité, car l'empereur Alexandre abandonna assez facilement ce projet sur la Pologne, contre lequel les objections les plus vives lui arrivaient de la part de l'Autriche, de l'Angleterre et même de la France.

« Pour les affaires d'Italie, si l'Autriche n'y obtint pas tout ce qu'elle désirait, elle n'eut pas à se plaindre cependant de ce qui lui tomba en partage. L'État de Venise, une des plus belles parties de l'Italie, lui fut concédé sans trop de difficultés. Gênes de l'autre côté était en même temps, grâce à l'influence de l'Angleterre, annexée au royaume de Sardaigne; et, je le dis en passant, ces deux concessions sont la véritable cause des difficultés qui se sont rencontrées depuis pour rétablir en Italie l'équilibre qui subsistait avant les conquêtes de Napoléon.

« Quant aux légations, l'accord fut très-unanime dans le conseil, et l'empereur Alexandre avec la France entrèrent ardemment dans cet accord pour repousser sur ce point les prétentions de l'Autriche, et maintenir ces légations dans les États-Pontificaux. En rétablissant le pape sur son trône, il fallait bien en effet lui donner le moyen d'y subsister avec honneur. Or ce n'était pas un agrandissement qu'on lui accordait, c'était une justice, et il n'était pas à craindre que cette justice lui donnât dans la péninsule italienne une prépondérance exagérée.

« Quant au roi Murat, il fut définitivement abandonné, et M. de Talleyrand contribua de toutes ses forces à cet abandon de l'homme avec lequel ses liaisons avaient été le plus intimes. La place tenue par M. de Talleyrand dans le traité secret ci-dessus relaté lui avait donné une sorte de prépondérance, et il en usa fort utilement en cette rencontre. Le mot d'utilement pourrait, hélas! s'appliquer ici non pas seulement à la chose publique, mais à la chose particulière de M. de Talleyrand; il serait facile en effet de dire les avantages pécuniaires qu'il a recueillis du côté du royaume de Naples et qui sont venus se joindre à ceux qui ne lui ont pas manqué du côté de la Saxe.

« Maintenant, monsieur, vous voilà bien informé de tout ce que je sais de cette partie si importante des affaires qui se sont traitées au congrès de Vienne. Je vous répète cependant que je ne puis vous en donner d'autre preuve que la certitude résultant pour moi des conversations les plus intimes avec les hommes les plus instruits entre ceux qui tenaient alors une première place dans les cabinets de l'Europe.

« Veuillez recevoir, etc. »

Le 31 décembre 1856, M. de Rayneval, fils d'un des anciens amis de M. Pasquier, et alors ambassadeur à Rome, lui adresse de la ville sainte une longue lettre pour lui exprimer ses vœux de nouvel an, et il ne manque pas, sachant la préoccupation constante de M. Pasquier pour les affaires politiques, de lui tracer un tableau fidèle de l'état de l'Italie. Le 14 janvier 1857, M. Pasquier lui réplique par l'épître qui va suivre :

« Mon très-cher ambassadeur, votre lettre, je vous le dis naïvement, m'a fait sous deux rapports un véritable plaisir. Je ne mets pas en première ligne le tableau si intéressant, si saisissant, de ce qui vous entoure. Ce qui pour moi passe avant tout, c'est la satisfaction que je ressens d'un souvenir qui se lie dans mon esprit et dans mon cœur avec celui d'un temps où j'ai été, je puis le dire, en position de rendre à mon pays et à la maison de Bourbon les meilleurs, les plus utiles services.

« Les habiles du temps se sont réunis aux plus emportés pour m'interdire la poursuite d'une route où nous pouvions, je le crois du moins, nous avancer longtemps et fort heureusement. Je dis *nous*, parce qu'en cette occurrence j'ai partagé la disgrâce du duc de Richelieu, laquelle fut certainement la plus injuste, la plus odieuse ; la douleur qu'il en a ressentie a beaucoup contribué à sa fin si prématurée ; j'ai résisté plus que lui, parce qu'au fond j'étais moins profondément blessé. Votre pauvre père vivait alors avec nous dans la plus grande intimité ; il travaillait avec nous, et nous l'avions bien apprécié. Mais qui sait aujourd'hui quelque chose de tout cela ? Deux ou trois générations se sont écoulées depuis cette époque, et elles ont été tellement occupées de leurs propres affaires qu'on les doit excuser d'avoir eu peu de soucis de celles qui les ont précédées. Ces réflexions me ramènent assez naturellement jusqu'à ce temps présent, dont vous me parlez si bien, surtout pour ce qui se passe autour de vous.

« Je ne saurais dire que vos aperçus aient dépassé de beaucoup mes prévisions. J'ai beaucoup réfléchi, et plus d'une fois, sur le sort de cette belle Italie, dont vous habitez le centre, et je n'y ai que trop constaté les symptômes d'une ruine presque inévitable dont les causes à mes yeux remontent au fatal usage qui a été fait des conquêtes du grand Napoléon dans le nord de la péninsule. La destruction des deux grandes républiques de Venise et de Gênes a brisé sans qu'il soit possible de le remplacer, l'équilibre qu'elles maintenaient entre l'Autriche et le Piémont. Maîtresses de Venise et de Gênes, ces deux puissances ont pu donner de jour en jour un plus libre essor à leurs vues ambitieuses; et à partir de ce moment, la Toscane, les États-Pontificaux et le royaume de Naples se sont vus successivement menacés. En dehors des projets d'envahissement clairement formulés, des divisions intestines, les idées révolutionnaires sont devenues l'une des armes dont se sont toujours servis avec succès les prétendants de toute espèce, anarchiques, républicains, tyranniques. A quoi ont-ils abouti, me direz-vous? A rien sans aucun doute, si on ne tient compte que de la configuration extérieure des États; à tout, au contraire, si on s'occupe de leur solidité, de leur véritable consistance. Aujourd'hui, en effet, voici que l'une des deux puissances rivales s'avise de prendre ouvertement en main la cause des passions révolutionnaires; elle y trouve de puissants moyens de subversion pour tout ce qui l'environne, pour tout ce qui l'approche. Mais qu'elle prenne garde pour elle-même, aux excès du pouvoir dont elle sème à pleines mains les éléments destructeurs! Il nous était réservé de voir, entre ses mains, sortir de l'existence si complétement aristocratique qui avait si longtemps fait la force et la puissance de l'État de Gênes, les élans les plus furieux de la démocratie.

« Si je voulais maintenant parler du seul remède qui puisse un jour se produire avec efficacité dans une situation si désespérée, il me faudrait tomber dans des hypothèses très-faciles à contredire, et dont l'exposition seule prendrait plus d'un volume. En attendant que ce remède soit trouvé et pour me mettre un peu mieux en état d'en raisonner, je viens de me procurer les trois numéros dont vous me parlez de la *Revue de Paris*, et je vais me les faire lire avec toute l'attention que mérite une telle recommandation.

« Mais à quoi pensé-je, bon Dieu, en employant tant de lignes à vous parler d'un sujet si lointain pour moi, alors que je viens d'avoir sous les yeux dans ce Paris si bien gardé, où tant de précautions sont prises contre les moindres désordres, le spectacle d'un des plus horribles attentats dont la mémoire se puisse conserver, l'assassinat de l'archevêque exécuté par un prêtre[1], à la suite d'une préméditation évidente et avec une audace sans exemple, car le coupable n'a pas fait la moindre tentative pour se sauver ! Ce misérable doit être jugé dans trois jours, et il est probable que sa défense ajoutera encore à l'horreur de son action. On voudrait qu'il pût être considéré comme fou ; mais il me semble impossible de lui appliquer cette qualification, aucun de ses actes n'étant empreint du caractère qui dénote la folie.

« Je suppose que la ville de Rome et le saint Père auront été cruellement émus, consternés même, aussitôt que leur sera parvenue la nouvelle de cet hor-

---

[1] L'assassinat de Mgr Sibour, par Verger.

rible événement. S'il y a sur ce sujet quelque chose important à connaître, vous m'obligerez de m'en écrire quelques mots.

« Vous devez avoir en ce moment dans votre ville sainte, l'excellent archevêque de Tours [1], le modèle à mon sens des pasteurs et des prélats; j'aime à croire que si, comme on aime à le supposer, il est parti avec charge d'une mission particulière auprès de Sa Sainteté, il en aura été reçu avec toute la confiance et la bienveillance qu'il mérite à si juste titre. La première fois que vous le verrez, obligez-moi de me rappeler à son souvenir.

« Tout à vous, et de tout cœur. »

Dans les premiers mois de 1857, et pendant un séjour de M. le comte Portalis en Provence, une correspondance très-active s'engage entre lui et M. Pasquier sur le passé, sur le présent, sur l'avenir du monde politique et de la société. Tous deux sont d'accord sur le fond des choses, mais, sur certains points, M. Portalis, quoique plus jeune, se montre morose, découragé; il ne sait où trouver la planche de salut qui peut sauver l'humanité en péril; il laisse échapper des plaintes contre le gouvernement parlementaire et demande si on ne devrait pas se réfugier sous l'aile du pouvoir absolu.

Cette correspondance très-curieuse, véritable traité

[1] Mgr Morlot, nommé peu après à l'archevêché de Paris.

d'histoire philosophique et politique, et dont nous avons bonne souvenance, a malheureusement disparu en grande partie. Les deux seules lettres que nous possédons, une de M. Portalis, l'autre de M. Pasquier, ne se répondent pas parfaitement, quoique de date très-rapprochée ; nous les transcrirons cependant et le lecteur nous en saura gré, nous l'espérons.

« Aux Pradeaux[1], 4 mars 1857.

« Mon cher ami, écrit M. Portalis, j'accepte de tout mon cœur la conversation et je reprends l'entretien où vous l'avez laissé. Certainement la causerie est une excellente chose, ce devrait être la constante allure des lettres, et c'est ce qui fait le principal mérite de celles de madame de Sévigné. Combien elle était au-dessus de tous les épistolaires de son siècle !

« Ce que vous dites est bien vrai : une nouvelle génération s'est formée, ou, pour mieux dire, envahit les salons, les réunions de tous genres. C'est dans l'ordre. Mais ce qu'il y a de remarquable dans notre temps, c'est la séparation de la vie des hommes en époques et en coteries. On ne tient aucun compte de ce qui s'est passé dans les années d'où nous sortons à peine. Les succès obtenus, les services rendus,

---

[1] Terre de famille de M. Portalis, située aux environs de Toulon et dans le voisinage de la mer.

les talents déployés, les travaux accomplis, sont de nulle valeur, s'ils n'ont été au profit de telle opinion où de tel système qui prévalent. Vous vous souvenez de ces vers de Virgile, écrits au début du règne d'Auguste, qui annonçaient l'avénement d'un ordre nouveau, d'une Rome nouvelle, et enveloppaient d'un linceul l'ancienne république ! Voilà justement notre histoire. Il existe pour les nouveaux venus une sagesse nouvelle, une philosophie qu'ils ont inventée, une politique qu'on n'avait pas connue avant eux. Vous voyez que j'abonde dans votre sens !

« Faites-moi le plaisir maintenant de me dire ce que vous pensez de la politique des hommes d'État qui dirigent en ce moment les cabinets et occupent la scène du monde, et surtout de leurs manières d'agir. Ces polémiques de notes confidentielles qu'on a soin de rendre publiques ; cette diplomatie querelleuse dont les chefs se disent réciproquement leurs vérités avec une aigreur peu conforme aux lois de la courtoisie, et contraires à celles de la prudence, si on tient à conserver les restes du respect qui s'éteint chaque jour et qui fait descendre les gouvernements de la hauteur où il importe qu'on les croie placés pour le maintien de l'ordre public !

« Quant à notre belle magistrature française, l'honneur de l'ancienne monarchie, je le dis à regret, aujourd'hui elle ne me paraît plus comprise, pas plus que la législation et la jurisprudence. Les magistrats sont considérés comme des administrateurs ; ils administrent la justice, ils ne se croient plus appelés à la rendre ; l'essentiel, c'est la célérité, l'expédition, la promptitude ! Nous voilà bien loin du temps où Pline le Jeune disait : « Patientia judicis, magna pars justicia ! » où on remontait aux principes des lois pour les appliquer, où on ne s'arrêtait pas au nombre plus ou moins grand de jugements rendus sur la matière ! La jurisprudence des arrêts, si on n'y prend garde, remplacera toutes les lois, et les jurisconsultes et les magistrats ne puiseront leur science que dans les gazettes des tribunaux !...

Il est bien inconséquent de prendre si chaudement le parti de certaines libertés politiques, je devrais dire de certaines formes de libertés politiques, quand on fait si bon marché des libertés religieuses. On peut-être parfaitement libre sans avoir un parlement taillé sur le patron du parlement britannique... L'idée de reprendre Paris en sous-œuvre me paraît aussi digne de remarque. Au dix-huitième siècle, on reprenait la morale, la religion en leurs fondements. En 1789, on a rasé toutes les institutions politiques et civiles sur lesquelles reposait la monarchie. On voulut alors tout reconstruire... à nouveau ; aujourd'hui on refait les vieux monuments, on démolit les villes pour les rebâtir.

« Ceci me ramène à la nécessité où je suis de prolonger mon séjour en Provence, parce que je n'ai plus de logis à Paris, ma nouvelle maison n'étant pas encore habitable. Au reste, si je n'étais pas séparé de vous et de mes enfants, rien ne me manquerait. Je jouis ici, dans ma vieille demeure, d'une parfaite indépendance ; je jouis des douceurs d'un climat sans pareil et des beautés d'une nature riante et pittoresque ; *je plante*, oui, mon cher ami, je plante des bosquets, et je réponds à ceux qui se scandaliseraient et qui me diraient : *Passe encor pour bâtir*, avec le vieillard de la Fontaine : *que mes petits-neveux jouiront de leur ombrage !* — Bonsoir, mon bien cher ami. Tout à vous et de tout mon cœur. »

« Portalis. »

A cette lettre, ou plutôt à une autre conçue dans le même esprit, M. Pasquier répond sans tarder. Mais son humeur est plus juvénile, plus ardente ; il va souvent même au delà des suppositions de son vieil ami, il prêche un converti, ou plutôt un homme qui pense comme lui ; mais qu'importe ? il cause, il discute, il est bien assuré à l'avance de l'affectueuse indulgence de son interlocuteur.

« Je reçois votre lettre, mon cher ami, et je dis amen à presque toutes vos réflexions morales et politiques. Je partage vos regrets, je souscris à vos jugements, mais il me semble que vous vous laissez trop aller à voir dans certaines erreurs la cause des malheurs qui ont entraîné successivement la chute de trois gouvernements et que vous êtes trop impitoyable pour les auteurs de ces erreurs. Vous leur imputez des torts qui les ont précédés et dont ils ont subi les conséquences. Prenez-vous-en tant que vous voudrez à la Convention, aux horreurs de cet abominable régime de la Terreur, et aux lâches infamies du gouvernement directorial.

« Il faut en convenir cependant, au milieu de nos désastres, nous avons vu luire des jours où le besoin de reconstruire s'est fait sentir. C'étaient les beaux jours du consulat et la première partie de l'empire. Le grand Napoléon a établi alors le gouvernement qu'il a voulu, il a été le souverain maître de toutes choses, et il en a usé, pour sa plus grande gloire et même pour celle de la France, jusqu'au jour où sont venus les emportements de son ambitieuse imagination ; il est entré dès ce moment dans les manœuvres qui l'ont conduit à l'envahissement de l'Espagne, à sa désastreuse campagne de 1812 en Russie, et enfin à une ruine complète.

« Après lui est venue la restauration ; elle s'est opérée en présence des désastres, résultats inévitables d'un gouvernement sans frein et sans contrôle. Ce frein et ce contrôle, on les a voulus très-universellement dans le gouvernement que Louis XVIII était appelé à donner à cette France qui avait tant besoin de paix et de repos. On a cru, et les meilleurs esprits de cette époque l'ont généralement pensé, qu'un gouvernement modelé sur celui de la Grande-Bretagne était ce qu'on pouvait trouver de mieux; on a cru que c'était le plus utile, le plus palpable des remèdes à appliquer dans une telle situation.

« Si cet essai n'a pas réussi complétement, il ne faut pas cependant nier le bien qui en est résulté ; car ce bien a eu lieu à la face du soleil ! Les trente-trois années de repos et de bonheur dont la France a joui, sauf de légères interruptions, rendront toujours témoignage de ce que j'avance ; et je voudrais qu'il me fût permis d'espérer pour mon pays, pendant les cinquante dernières années de ce siècle, la chance d'une félicité aussi réelle !

« Le gouvernement constitutionnel, représentatif, parlementaire, dont je viens de dire les bons effets, n'a pas cheminé cependant sans de certaines difficultés. Celle qui vous irrite le plus est venue de quelques hommes, plus passionnés qu'il n'aurait fallu pour la forme de gouvernement qui convenait le mieux à leurs goûts, à leurs talents. En tête de ces hommes il faut bien placer ceux qu'on a qualifiés par l'épithète de doctrinaires. Leurs intentions cependant étaient bonnes ; mais leurs idées politiques combinées sous forme de système les ont entraînés souvent, dans leurs discours, dans leurs actes, à des excès dont les conséquences ont été graves, parfois mêmes malheureuses. J'ai le droit d'en parler avec beaucoup de franchise, car il est peu de personnes qui soient plus souvent que moi, entrées en lutte avec eux. Vous avez été moins engagé dans ces luttes, et cependant j'en ai conservé moins de rancune. Ma pensée se reporte surtout volontiers vers les années 1819, 20 et 21 ; le souvenir m'en est cher ! C'est qu'au travers des émotions, des incertitudes, des lueurs d'espérances se laissaient apercevoir ! Les succès qu'on obtenait quelquefois soutenaient le courage, et ils en auraient donné si on en avait manqué. Mais en 1822, il faut bien que je le dise, la maison de Bourbon a commis un grand acte de déraison : elle a brisé au moment où il pouvait lui être le plus utile, l'instrument qui lui avait déjà rendu de si grands services. La destruction du second ministère du duc de Richelieu a été, voyez-vous, plus qu'une faute politique; elle a été un véritable crime !

« Le mal au reste, le vrai mal, je vous l'ai déjà dit, remonte à cette époque où tous les anciens droits ont été méconnus et abolis ; à cette époque qui a fait dire, au roi Louis-Philippe, ces paroles que j'ai lues, écrites de sa main : « Nous avons fait alors tant de sacrifices, tant d'abandons, tant de destructions, que nous avons rendu la monarchie impossible, sans rendre la république possible !...

« Et quand Louis-Philippe parle de la république rendue impossible, il entend une république honnête, modérée, praticable. Mais il en est une autre que rêvent les égalitaires, les socialistes ; celle-là nous a toujours menacés, elle nous menace encore. Et ce ne sont pas les parlementaires cependant qui l'ont voulue, qui l'ont préparée !

« Pour éviter, à l'avenir comme au présent, l'épouvantable crise qui sortirait nécessairement d'une révolution anarchiste ou socialiste, il faut à la France un gouvernement ferme, suffisamment fort, mais tempéré par une prudence qui n'a jamais été plus nécessaire. Il faut le respect pour ses véritables intérêts, il faut ménager les institutions qui lui sont chères.

« Ne voyez-vous pas l'Italie révolutionnée depuis les rives du Pô jusqu'à l'extrémité du royaume de Naples? ne voyez-vous pas le pape réduit, dans un avenir peut-être très-rappproché, à ne plus être qu'évêque de Rome, le premier évêque de la chrétienté ! Sachez-le bien, les dangers que vous avez redoutés en 1848, en 1852, n'ont jamais été plus grands que ceux que vous courez aujourd'hui. Et, pour cette fois, ce n'est pas au gouvernement parlementaire que vous pouvez imputer le tort d'une crise aussi redoutable ! ce qui vous y a amené, c'est l'existence d'un gouvernement trop absolu.

« Le gouvernement parlementaire a sans doute des inconvénients que nous n'avons pas su éviter; il a été fort incommode en plus d'une occasion, je vous passerai même, si vous le voulez absolument, l'épithète de nuisible, mais son honneur sur les points les plus importants est resté sauf et intact.

« Ici, il m'est bien permis de vous demander, d'ailleurs, si ces incommodités n'avaient pas été compensées, dans certains cas, par d'assez grands avantages :

« Que n'aurait pas gagné Napoléon Ier à des représentations fortes, puissantes, sorties d'assemblées plus libres que celles dont il s'était entouré? Il n'aurait pu se livrer aux indignités qu'il a commises avec ce pape qui était venu le sacrer dans sa capitale. Il se serait arrêté peut-être sur cette pente que j'ai indiquée et qui l'a conduit, des affaires d'Espagne, à la campagne de Russie! Elles sont bien odieuses les brutalités du pouvoir absolu et il pourrait vous en souvenir en remontant à l'époque où vous fûtes si indignement chassé par Napoléon de la place que vous occupiez si honorablement dans le Conseil d'État..... Souffrez donc, mon cher ami, que je vous demande un peu d'indulgence pour ce gouvernement parlementaire où vous et moi avons tenu, dans nos plus beaux jours, une place assez honorable ; où nos travaux n'ont jamais manqué d'une juste récompense.

« La réponse à votre lettre du 17 m'a mené plus loin que je ne l'avais supposé. Mais je me suis laissé entraîner en vous écrivant, comme je le faisais autrefois, lorsque j'abordais la tribune avec un discours en tête. Je conviens qu'aujourd'hui on serait en droit de me dire : bon pour le temps passé, mais prenez-y garde, bonhomme, l'heure du radotage n'a-t-elle pas sonné pour vous ? Ne dépassez-vous pas de beaucoup les homélies de l'archevêque de Grenade ? A cela je répondrai que, pour certains tempéraments, le droit et la faculté de s'intéresser à l'existence, à la gloire de leur pays ne s'éteignent jamais !

« Maintenant quand je viens à penser que cette lettre un peu vive ira vous trouver sous ces bosquets, dans cette situation que vous dépeignez si bien, je suis presque tenté de la retenir. Mais je me repose sur votre bonne et saine raison, sur l'indulgence d'une amitié avec laquelle on peut tout hasarder, parce qu'on est sûr d'être compris dans le vrai sens qui se doit attacher aux paroles mêmes qui auraient besoin d'une interprétation bienveillante.

« Donc tout à vous, mon très-cher, et de tout mon cœur. »

Dans une autre lettre, adressée également à M. Portalis, et presque de la même époque, M. Pasquier parle du grand sujet qui soulevait alors bien des controverses, celui du percement de nouvelles rues et des démolitions de certains quartiers. Son opinion sur ce point est facile à deviner ; il tient au passé et ne peut rester impassible devant cette espèce de révolution à coup de pioches ; mais sa conclusion fort touchante et la manière dont il la formule méritent d'être remarquées.

« Faut-il vous avouer ma faiblesse, écrit-il ; après les innombrables regrets d'hommes et d'institutions qu'il m'a fallu subir, celui que m'inspire la chute de ces quartiers que ma première jeunesse traversait sans cesse, de ces rues Saint-Martin, Saint-Jacques, que je remontais pour aller chercher l'École de droit, de cet entre-deux des rues Saint-Denis et Saint-Martin où gisait, dans la rue Bourg-l'Abbé, l'ancienne maison de mes pères, me cause une émotion dont je ne suis pas le maître! Pour moi c'est un vrai cataclysme, et j'en souffre presque physiquement. Une sorte d'agitation nerveuse, me saisit, quand je songe à tant de familles si paisibles d'artisans, d'ouvriers, qui ne trouveront nulle part peut-être un asile aussi commode, aussi rapproché.

« Ma sensibilité pour ces vieilles maisons qui s'écroulent, ferait volontiers sourire les esprits supérieurs au milieu desquels je végète encore, mais ils auraient tort. Il faut savoir respecter les vieux attachements, alors surtout qu'on en veut inspirer de nouveaux ! »

Nous allons maintenant choisir dans la correspondance de M. Pasquier avec M. le comte de Circourt, quelques lettres qui feront connaître ses jugements sous un autre point de vue.

Cette correspondance était fort intéressante pour M. Pasquier. Il trouvait dans les longues et remarquables épîtres de M. de Circourt, comme dans sa conversation, des renseignements précieux, sur la politique étrangère. Grâce à elles, il était instruit de tout ce qui s'écrivait dans les journaux de l'Angleterre de l'Allemagne, de l'Italie, de l'Autriche, de la Russie, etc... pas un écrit important ne paraissait sans qu'il n'en connût bien l'esprit, la portée, le résultat. Cette opinion n'étonnera pas les personnes qui connaissent M. de Circourt. Nous voulons cependant la justifier en peignant en quelques lignes ce savant, cet érudit, un des hommes éminents de notre époque.

M. de Circourt parle toutes les langues; sait toutes les littératures, toutes les histoires; pas un volume ne se publie, nous ne disons pas en France, mais dans le monde, sans qu'il n'en fasse lecture, et chose plus extraordinaire, quand il a lu, il sait par cœur. Je l'ai vu souvent dans la même soirée, raisonner avec des Anglais, des articles contenues dans les journaux, dans les revues de l'Angleterre; passer aux publications allemandes avec des Allemands; causer de l'Italie avec les Italiens; de l'Amérique avec les nationaux de ce grand pays; être pris successivement pour un Anglais, un Allemand, un Italien, un Américain, et finalement faire l'admiration et l'étonnement de tous par son universalité de connaissances.

Dans son salon de la rue des Saussaies, où madame de Circourt m'avait fait l'honneur de m'admettre, on rencontrait des hommes éminents venus de tous les points du globe. C'était comme un caravansérail de causerie, ouvert à toutes les nationalités; où chacun trouvait à glaner, à apprendre, et dont les honneurs étaient faits d'une manière charmante par les maîtres de la maison. Très-instruite, très-lettrée elle-même, esprit fort distinguée, madame de Circourt trouvait le moyen, à travers cette foule, de faire causer chacun dans son dialecte national ; de disserter ensuite littérature, politique, art, sciences même, car rien ne lui était étranger, et son salon résumait en abrégé les cinq classes de l'Institut, escortées de tous leurs membres correspondants.

La mort de madame de Circourt amena la fermeture du salon de la rue des Saussaies. M. de Circourt, profondément atteint dans son affection la plus chère, se confina alors presque dans la retraite et il alla s'enfermer avec ses souvenirs dans son habitation de la Celle-Saint-Cloud ; c'est là que je le retrouvai, il y a peu de temps, aussi épris de l'étude qu'à l'époque où je le voyais journellement chez M. Pasquier, lisant toujours, travaillant sans relâche, donnant l'exemple des consolations, des douceurs, des félicitées qui peuvent se rencontrer même au déclin de l'âge, dans le commerce assidu des lettres.

C'est à son aimable obligeance, ai-je besoin de le dire, que je dois la communication des lettres de M. Pasquier qui vont suivre :

« 14 juillet 1857.

« Je suis on ne saurait plus reconnaissant, monsieur, du soin que vous avez bien voulu prendre, de suppléer par un peu d'écriture à la bonne conversation dont vous m'avez fait prendre la très-douce habitude et qu'est venue interrompre votre course en Angleterre.

« Les aperçus que vous rapportez de ce pays sont très-conformes à mes propres réflexions moins bien renseignées cependant que les vôtres. D'abord, en fait d'élections, il faut reconnaître que partout à présent elles offrent de tristes symptômes pour la tranquillité des pays où elles se pratiquent. Il avait bien raison M. Canning, dans le dernier discours, je crois, qu'il a prononcé, lorsqu'il répondait, à ses auditeurs demandant une réforme électorale, que le système attaquée était cependant celui qui depuis tant d'années avait si parfaitement contribué à la prospérité, à la grandeur de l'Angleterre ! Pour nous, pauvres Français, nous ne pouvons nous flatter d'avoir, sur ce point, rien obtenu de passablement satisfaisant ! Ce que nous avons eu de meilleur, l'élection au double vote, a été mis au néant par la révolution de 1830 ; et depuis, nous avons cheminé jusqu'au suffrage universel, dans lequel pourront bien venir se noyer ceux qui lui portent aujourd'hui une si grande confiance. Mais passons vite sur ce sujet et arrivons à celui de l'Inde et de la Chine.

« Le feu qui éclate en ce moment dans l'Inde y couvait sans aucun doute depuis longtemps, mais la fatale étoile de lord Palmerston a voulu qu'il vînt à éclater au moment où la plus incroyable des violences amenait en Chine une lutte dont l'Angleterre n'avait certainement pas besoin. Pour peu que cette double lutte dans l'Inde et dans la Chine se prolonge seulement pendant quelques mois, l'intelligence qui s'établira nécessairement entre ces deux grandes résistances de cinq ou six cents millions d'hommes amènera les conséquences les plus décisives, les plus fatales à la gigantesque domination à laquelle l'Angleterre est parvenue, surtout depuis le commencement du siècle. Si vous avez sous la main les lettres de Jacquemont sur l'Inde, cherchez-y le passage où il traite de l'avenir de la puissance anglaise dans cette partie du monde ? La crise qu'il prévoit peut arriver, dit-il, dans une année, comme elle ne peut aboutir que dans un siècle !

« On comprend sans peine l'importance que les gens sensés en Angleterre doivent mettre aujourd'hui à l'alliance de leur gouvernement avec celui de la France ; mais pourquoi faut-il qu'on soit obligé de dire que, de cette alliance si utile pour l'Angleterre, rien ne peut résulter d'avantageux pour la France ! L'Angleterre est-elle en disposition de nous rendre une petite partie au moins des avantages dont nous avons été privés par les fameux traités conclus à Vienne, en 1814 et 1815 ? Consentira-t-elle à rendre à l'île de Malte l'indépendance dont elle jouissait quand elle appartenait aux chevaliers de cet ordre ? Pourquoi les îles de Corfou ne seraient-elles pas aussi réunies au royaume de Grèce ? Si je voulais continuer les pourquoi, je n'en finirais pas.

« On a tant abusé contre la France des désavantages que ses malheurs, à la fin du règne de Napoléon, ont fait peser sur elle, que la réparation de ces malheurs est devenue presque impossible, hors le cas d'une grande crise européenne d'où peuvent toujours sortir les combinaisons les plus inattendues.

« Au reste, il faut bien que j'aie le courage de l'avouer, à mon âge et avec les vieilles notions sur le monde politique dont je ne puis me défaire, il est très-vraisemblable que je déraisonne complétement, suivant le jugement que doivent porter sur mes idées surannées, les beaux, les grands esprits du jour, ceux qui se lancent avec tant de tranquillité et d'ardeur dans un avenir dont l'infini les charme loin de les effrayer. Advienne que pourra, voilà pourtant la conclusion de ce que je vois faire, de ce que j'entends dire aujourd'hui !...

« Pardon, monsieur, de vous avoir fait subir un si long rabâchage sur un sujet qui est à votre portée bien autrement qu'à la mienne. Je ne terminerai pas sans vous demander si vous avez quelque nouvelle du voyage à Paris dont on attribuait dernièrement le projet à M. de Nesselrode? S'il devait y venir en mon absence, ce serait pour moi le sujet d'un bien vif regret, car il n'y a aujourd'hui que lui en Europe avec qui il me serait encore permis de causer pertinemment des grands événements de 1814 et 1815 ; événements où il a tenu certainement une des places les plus importantes, et dont, malgré toute sa perspicacité, il lui a été impossible de prévoir toutes les conséquences, celles surtout qui viennent de se produire dans le cours des trois dernières années et que, pour ma part, j'ai déplorées et déplore encore plus que personne.

« Veuillez recevoir, monsieur, avec mes remercîments, les nouvelles assurances d'attachement et de haute estime que vous m'avez inspirées depuis que j'ai l'avantage de vous connaître. »

« 27 juillet 1857.

« Je regrette, monsieur, que vous ne vous soyez pas encore rencontré avec M. de Nesselrode, et si cette rencontre ne doit pas avoir lieu, j'en serai fâché pour vous, pour lui et pour moi, car je suis certain que vous auriez eu l'obligeance de lui prononcer mon nom. Son passage en France était une occasion qui ne se retrouvera plus[1], et la dernière dont j'aurais pu

---

[1] M. de Nesselrode arriva à Paris peu de jours après la date de cette

jouir, de causer du passé et même du présent avec un homme auquel l'un et l'autre sont si bien connus, et dont les sentiments et les opinions, suivant toutes apparences, concordent parfaitement avec ce que je pense, avec ce que je sens. Encore une satisfaction sur laquelle je ne saurais plus compter dans ce monde, où chaque jour m'avertit de plus en plus que tout est fini pour moi !

« Le jugement que vous portez sur le souverain actuel de la Russie me frappe beaucoup, attendu les moyens que vous avez d'être bien instruit sur son compte. Ses projets sont grands et raisonnables ! puisse-t-il, en les exécutant, se défendre d'une exagération qui pourrait les faire échouer ! J'espère que la similitude que vous remarquez entre son caractère et celui de l'un de nos rois pourra n'être plus aussi exacte à mesure que l'expérience lui viendra. Je souhaite surtout qu'il ait des ministres plus habiles que M. le duc, le cardinal Fleury, et le duc d'Aiguillon.

« Les affaires que l'outrecuidance et la violence des Anglais leur mettent en ce moment sur les bras sur toute l'étendue de cette Inde où naguère ils dominaient si complétement, doivent être pour la Russie le sujet d'une émotion assez vive. Elle peut y

lettre, et il fit le voyage de Trouville pour venir y saluer M. Pasquier et madame de Boigne. On trouvera une note sur ce voyage dans la correspondance de madame de Boigne.

trouver une consolation de la dernière attaque si violente et si peu fondée, à laquelle le traité de Paris a mis fin, contrairement aux volontés de cette même Angleterre. Elle serait fort en peine aujourd'hui si elle avait la guerre tout à la fois sur les rives du Gange et dans le golfe de Finlande !

« Mais laissons de côté ces deux grands contendants et venons à cette pauvre Italie : ce que vous me dites sur la situation de l'État romain m'était entièrement inconnu ; rien ne saurait mieux montrer l'importance de la conspiration qui est venue échouer à Gênes, à Florence et à Naples. Le soin officieux que prend certain journal de disculper le gouvernement piémontais et M. de Cavour, ne saurait empêcher le jugement qui doit être porté sur la conduite politique tenue par ce gouvernement et surtout par son chef M. de Cavour. La réputation et les mérites de celui-ci doivent être placés dans la même balance que ceux de lord Palmerston.

« A propos de celui-ci, je reviens à l'Angleterre :

« Je suis comme vous très-porté à croire que, du côté de la France, on ne lui fera d'autre demande en ce moment que celle de l'extradition, peut-être même seulement de l'expulsion, des Mazzini et consorts, de ces hommes qui poussent ouvertement aux révolutions les plus atroces par voie d'assassinats et par tous les moyens les plus odieux. Je serais étonné si, dans la situation où il se trouve placé, le gouvernement anglais ne se faisait pas violence pour obtempérer à cette demande. Elle sera cependant très-mal vue, soyez-en sûr, par la grande masse des Anglais toujours jalouse de l'espèce d'indépendance dont il font parfois un usage si indigne. »

— On a pu remarquer dans la lettre précédente, et on retrouvera dans celles que nous avons encore à transcrire, un sentiment très-marqué d'animosité contre l'Angleterre. Ce sentiment, demeuré toujours vivace chez M. Pasquier et qui peut-être pourrait être mal compris, avait cependant sa source dans des pensées généreuses et patriotiques. Comme homme privé, M. Pasquier n'avait jamais de haine ; l'esprit de rancune n'était pas dans sa nature. Comme Français, au contraire, il demeura constamment en défiance contre l'Angleterre ; il ne lui pardonna jamais nos colonies perdues, 1815, et cette jalousie de vieille date dont elle avait toujours été animée contre la France. Il avait au fond du cœur un vieux levain de fierté nationale que rien ne pouvait abattre, il n'admettait pas que l'Angleterre nous fût supérieure. En 1855, à l'époque de l'exposition universelle, il eut une joie inénarrable en recueillant, de la bouche de ses amis, les succès incontestables de l'industrie française. Il n'aurait pas souffert chez lui un produit, un meuble de fabrique anglaise. Une anecdote achèvera de peindre sa passion sur ce point : une semaine avant sa fin, il s'était trouvé, certain jour, tellement souffrant que vers trois heures, il fut obligé, bien malgré lui, de gagner son lit. A peine couché, il essaya, selon son usage, de la causerie, de la lecture, pour se distraire ; mais la souffrance fut plus forte que la volonté et, brisé de fatigue, il resta silencieux et pensif accoudé sur son oreiller. Quelques minutes plus tard arrivait un de ses visiteurs les plus aimés, M. Germau. C'était, nous l'avons dit, un vieil ami de cinquante années. M. Pasquier le reconnaît et lui tend tristement sa main : « Vous voyez, mon cher Germau, lui dit-il, dans quel état de faiblesse je me trouve, je ne suis plus bon à rien ! » M. Germau hasarde quelques paroles de condoléance, d'encouragement. Mais M. Pasquier sourit avec ironie : « Il est des situations, dit-il, qui sont sans remède, je n'ai plus d'appétit, ma faiblesse ne peut donc qu'augmenter! » Puis il se tait. M. Germau essaye en vain de parler des journaux, d'un livre paru, de la politique, tout est inutile, le malade est plongé dans un véritable état d'atonie. M. Germau se retirait navré; tout à coup, revenant sur ses pas, mû par la pensée charitable la plus sincère, et assez épris d'ailleurs pour son compte de l'Angleterre et de ses inventions, il insinue bien doucement cet avis : Vous devriez essayer, M. le chancelier, de pastilles *anglaises* qu'on m'a beaucoup vantées, et qui se trouvent à la pharmacie *anglaise* de la rue de la Paix; elles pourraient peut-être vous rendre de l'appétit ?

« Jamais, s'écrie M. Pasquier d'une voix tonnante ; et, bondissant sur son lit, levant les bras au ciel, voilà comment vous êtes, épris du nouveau, croyant toutes les billevesées ! La pharmacie anglaise n'est rien en face de la nôtre, c'est un commerce sans consistance, de duperie, de charlatanisme ; puis s'animant : « Pourquoi ne comparez-vous pas nos médecins aux médecins anglais ? Allons, allons, mon cher ami, revenez à vous, ne vous laissez pas entraîner à cette pharmacie anglaise, où vous êtes perdu, vous vous gratifierez à plaisir de toutes les infirmités ! »

M. Germau, habitué à ces sorties vigoureuses, essaye de défendre sa cause, mais il ne fait que la compromettre. M. Pasquier fulmine contre l'Angleterre, dévoile ses torts, et quand enfin il sent la voix lui manquer, la force lui faire défaut, il conclut en s'écriant d'une manière énergique : « Ce qui me console c'est de ne pas avoir quitté ce monde sans avoir vu faiblir ce fameux prestige de l'Angleterre. » Et, prenant un rire moqueur, il dit à M. Germau : « Les États-Unis ont aussi plusieurs pastilles de leur invention à offrir à l'Angleterre, et celles-là vous les lui verrez avaler sans faire trop de grimace ! » Puis il retombe haletant sur son oreiller et en nous retirant nous voyons encore son regard briller de menace contre l'Angleterre.

Chose étrange, cette passion, il faut l'appeler par son nom, s'exerçait contre la nation, mais n'existait plus vis-à-vis des hommes. J'ai vu cent fois chez M. Pasquier des hommes éminents de l'Angleterre; il les accueillait avec grand plaisir, recherchait leur société. Il était en correspondance avec plusieurs d'entre eux, il faisait le plus grand cas de leurs jugements, de leurs opinions. Il avait toujours le soin cependant de placer la causerie sur un terrain où la France et l'Angleterre ne devaient pas se rencontrer. Il sentait que sur certaines questions son argumentation aurait pu franchir les bornes de la modération.

Poursuivons la nomenclature de nos lettres :

« 1858.

« J'ai reçu votre lettre, monsieur, et mes remerciements continuent sur l'obligeance de votre correspondance, à laquelle les circonstances et les événements donnent tant d'intérêt.

« Vos remarques sur la nouvelle situation de l'Angleterre vis-à-vis de la France et sur le second rôle que lord Palmerston a l'air d'accepter de fort bonne grâce, sont très-judicieuses. Mais cette conduite du lord ministre n'a rien qui me surprenne. La politique de l'Angleterre n'a jamais manqué de se jeter dans la voie où il y avait des avantages à recueillir, des dangers à éviter... son bonheur veut que pour le moment aucun grand caractère ne se montre, de ceux qui savent saisir l'occasion aux cheveux et s'en servir, soit pour réparer les malheurs du passé, soit pour obtenir la grandeur et la prospérité de l'avenir.

« La nomination de M. de Rayneval au poste d'ambassadeur de France à Pétersbourg trompe beaucoup de prévisions. Je la trouve, quant à moi, d'un bon augure pour les relations qui doivent exister entre les deux cabinets. M. de Rayneval n'est pas un homme à grandes aventures, il sera toujours celui de la bonne et sage conduite. Il a de la perspicacité ; son caractère fort ouvert est aussi très-bienveillant. Je le connais de longue date et je l'ai jugé ainsi dès sa première adolescence.

« Je vais un peu vous étonner en vous disant que je suis sur le commerce de la boucherie de Paris dans les mêmes sentiments que M. le préfet de la Seine et, je crois aussi, M. le préfet de police. Cette question est une de celles qui m'ont le plus occupé pendant mes quatre années de préfecture de police pendant lesquelles nous avons eu à supporter en fait de subsistance des embarras de toute nature. »

M. Pasquier discute ensuite fort au long la question de la liberté du commerce de boucherie. Il établit la différence de ce commerce avec celui de la boulangerie, et au bout de deux ou trois pages, il tourne court brusquement et s'écrie :

« Mille fois pardon de cette longue élucubration sur un sujet si éloigné de nos causeries habituelles, mais les vieux administrateurs rabâchent sur les vieilles affaires auxquelles ils ont pris part, comme les vieux militaires sur leurs batailles. »

« 3 juin 1858[1].

« Je me reprochais, monsieur, de n'avoir pas pensé, la dernière fois que nous nous sommes vus, à vous demander de me mettre, pendant l'absence que vous alliez faire, au nombre de vos correspondants. Ce reproche allait jusqu'à un véritable repentir ! et voilà que m'arrive votre lettre du 2 ! Vous pouvez juger combien il m'est agréable d'avoir à remplacer l'expression de mes regrets par de sincères remerciements.

« Je suis très-sensible au bon souvenir que veulent bien me garder MM. de la Rive et de Candolle. Je le suis d'autant plus, qu'avec mes quatre-vingt-onze années, je ne saurais plus avoir la prétention de tenir la moindre place dans la pensée des hommes qui sont, comme ces messieurs, dans la plénitude de leur existence. Veuillez donc leur dire combien je leur suis obligé de vouloir bien prendre la peine de savoir si je suis encore de ce monde.

« M. Eynard est une de mes plus anciennes connaissances, mais je ne sais pourquoi, depuis quelques années, les séjours qu'il fait à Paris ne me profitent plus ! Cela ne m'empêche pas d'avoir bonne mémoire

[1] M. de Circourt était à ce moment à Genève.

de l'aimable réception qu'il me fit en 1822 dans sa belle maison de campagne des bords du lac.

« Ce que vous me racontez sur le bon esprit qui se manifeste dans les élections de Genève me satisfait jusqu'au point de me pousser à envier ce bon esprit (sur lequel je n'ose compter) pour mon pays. Comment l'ordre public pourrait-il se continuer et s'affermir en France avec le régime du suffrage universel? Comment sortir de ce régime? Il faudrait avoir un œil bien perçant pour apercevoir la moindre lumière au travers de l'horizon brumeux qui enveloppe ma pauvre et chère patrie !... Un jour viendra, et il n'est peut-être pas éloigné, même en Angleterre, où on apprendra et d'une manière fort cruelle la somme des dangers que l'exubérance industrielle fait courir aux nations qui s'y abandonnent avec une folle confiance et font reposer sur elle l'avenir de leur grandeur et de leur bonheur.

« Le magnifique temple dont vous me parlez, et qu'élèvent les francs-maçons de Genève, déroute toutes mes pensées sur cette association ! ont-ils donc aussi la prétention de fonder un culte, de bâtir autel contre autel? et à quoi bon, je vous prie? n'avons-nous pas assez de ces autels se regardant avec humeur, avec envie, quand ce n'est pas avec colère?

« Les sages du dernier siècle, à force de pousser à l'indifférence religieuse, s'étaient flattés d'arriver, en tous pays, à une parfaite tolérance. S'il leur était donné de revivre, ils seraient bien étonnés du changement qui s'est produit dans nos mœurs ! On ne s'est jamais, en fait de religion, plus cordialement détesté ; on n'a jamais plus mal pensé les uns des autres ; on ne s'est jamais plus calomnié ! et, chose assez remarquable, il semble, depuis quelques années surtout, que le silence, forcément imposé pour l'expression des sentiments politiques, a engendré une guerre plus vive, plus animée, entre les sentiments religieux. Il fallait, apparemment, qu'un point fût toujours laissé sur lequel les hommes, ayant besoin de se quereller, trouveraient le moyen de se rencontrer. »

« 5 juillet 1858.

« Je vous remercie infiniment, monsieur, de tous les détails que vous m'avez donnés sur la véritable situation de la Suisse, sur l'esprit qui y domine, sur les conséquences de cet esprit. Comme partout aujourd'hui, le présent n'a plus aucune ressemblance avec le passé, entièrement effacé, remplacé, par des goûts, des habitudes, des sentiments, non-seulement différents, mais opposés à ce qui les a précédés. La Suisse n'est pas trop malheureuse, puisque le pouvoir y est tombé aux mains du parti libéral modéré et, par conséquent plus éclairé. Puisse-t-il le conserver longtemps ! Mais pour cela il faut, si je ne me trompe, qu'il sache résister à toutes les tentations qui lui seront offertes de participer aux mouvements belliqueux qui pourront se produire ; il faut surtout qu'il s'abstienne de prendre part aux intrigues révolutionnaires qui se nourrissent au sein de la jeune Italie. Le plus grand danger des guerres qui ne tarderont pas à survenir se trouvera dans la force que le parti révolutionnaire ne manquera pas d'y puiser et dans l'abus qu'il fera de cette force.

« Quant aux regrets que vous inspire, pour la ville de Genève, la fin très-prochaine de cette race d'érudits, intelligents, aimables, qui lui ont fait tant d'honneur depuis la moitié du dernier siècle, il faut que vous en preniez votre parti. Est-ce que la même situation ne se produit pas aujourd'hui partout ? est-ce que la société ne va pas déclinant de jour en jour, au point de vue de ces rapports sociaux qui en ont fait le charme pendant tant d'années, à Paris, surtout depuis le règne de Louis XIV, à Londres depuis celui de la reine Anne ? Il se peut que les connaissances positives plus répandues, les procédés des sciences plus généralement mis en pratique, offrent un dédommagement aux races à venir. Je le souhaite, mais pour moi je n'ai plus rien à voir dans cet avenir. »

« 27 août 1858.

« Parlons de la séance de l'Académie française : 'esprit de M. Saint-Marc Girardin s'est distingué à l'occasion de la distribution des prix de vertu, mais toute mon admiration a été, je le déclare, pour le discours de M. Villemain : je le crois un des meilleurs qu'il ait jamais fait entendre. La flexibilité de son talent s'est tout d'abord signalée, par la variété dans le tour et le sens de ses comptes rendus, sur chacun des ouvrages couronnés ; mais sa fin a emporté, on me l'a écrit, tous les suffrages, dans ce regard si à propos jeté, dans ces sentiments si noblement exprimés, sur ces belles contrées de l'Asie chaque jour plus menacées ; il y avait là un à propos qui ne pouvait manquer d'être saisi par l'auditoire.

« La classe des sciences morales aura bientôt le devoir d'entendre sur un triste, mais bien beau sujet, son rapporteur accoutumé, et je ne conçois aucun doute sur la manière dont M. Mignet s'acquittera de sa tâche. Bien des lettres m'ont été écrites depuis quinze jours sur le vide que va causer, dans le monde scientifique et magistral, la perte de M. Portalis. Il était du nombre des hommes dont la valeur n'est jamais mieux appréciée que lorsqu'on vient à en être privé. Votre suffrage ne lui a pas manqué, j'en trouve la preuve dans votre dernière lettre, et j'aime à vous en remercier, car il y a des sympathies dont on se fait un besoin. »

« 6 août 1859.

« . . . . Au train dont on y va, il se pourrait bien, cher monsieur, que la fin du siècle fût aussi étonnante que le commencement.

« Il m'arrive parfois, en regardant la carte des royaumes existants, de me demander si leurs souverains ne pourraient pas, dans un avenir peu éloigné peut-être, être remplacés par de belles républiques ayant à leur tête un président renouvelé tous les trois ans. C'était le rêve de M. de la Fayette, et il aurait son beau côté si on n'avait pas sous les yeux le spectacle de ce que devient aujourd'hui l'Amérique !

Qu'arrivera-t-il pour cette Amérique ? Je n'ai pas à m'en occuper ; mais, pour l'Europe, je tiens pour certain que ces républiques aboutiraient un peu plus tôt, un peu plus tard, au gouvernement le plus absolu, absolu même jusqu'au despotisme. Et ce despotisme serait pour un certain temps d'autant plus ferme, d'autant plus inattaquable qu'il reposerait sur la puissance et l'emploi de la force militaire. Et voilà comment le règne d'Auguste a fini par amener sur toute la surface de l'Europe celui des odieux tyrans dont le monde a supporté le joug et avec lequel elle est arrivée jusqu'à l'affreuse décadence du Bas-Empire !

« 6 septembre 1859.

« Sur le contenu de votre lettre d'aujourd'hui, il y aurait de quoi causer trois heures, et cependant, en l'écrivant, vous n'aviez pas encore connaissance de la belle réponse du roi de Sardaigne à la députation toscane, lui apportant l'offre de la réunion à son empire de cette belle contrée qui a Florence pour capitale. Il est vrai que l'acceptation très-bien articulée par le souverain piémontais n'est cependant qu'une sorte d'en-cas et suppose pour être définitive le consentement de l'Europe représentée dans un congrès. Sa Majesté sarde ne paraît guère douter de l'approbation qui sera donnée par ce congrès, mais j'aurais voulu qu'elle ne se fût pas laissée aller à comparer l'obligation de venir ainsi au secours de la Toscane, à celle que l'Europe a accomplie en rendant à la Grèce son antique liberté. Le rapprochement est pour le moins bizarre, quand on compare la conduite tenue en Toscane par les princes lorrains avec celle des Ottomans, dont l'irruption dans les provinces chrétiennes de la Grèce et de l'Asie Mineure a entraîné à sa suite de si terribles calamités.

« Quant au congrès dont on semble attendre de si beaux miracles, j'avoue que ma confiance en lui n'est pas complète.

« Autant que je puis me souvenir de mes petites

études historiques, les congrès ne sont jamais venus à propos qu'à la fin des grandes guerres, lorsque toutes les parties combattantes, également épuisées, avaient le même besoin de repos ; ou lorsqu'un certain nombre des figurants dans le congrès, parfaitement sûrs de leurs forces et s'entendant entre eux (passez-moi l'expression), comme larrons en foire, n'avaient plus d'autre désir que le partage des conquêtes, — tel, dans ce dernier cas, le congrès de Vienne en 1815 ; tel, dans le premier, à la fin de la guerre de succession, le congrès d'Utrecht.

« Mais j'ai beau chercher dans les situations présentes une analogie à celles que je viens de rappeler, je ne saurais rien trouver de semblable. Faute de ce congrès, et avant de l'avoir obtenu, j'ai grand'peur, au reste, que la scène des combats ne vienne à recommencer quelque part.

« Vous êtes trop expert en toutes matières politiques pour ne pas voir de suite de quel côté mes regards se portent en ce moment : rendre à la France ce qu'on est convenu d'appeler ses frontières naturelles, reprendre à la Prusse les provinces qui lui ont été si mal à propos concédées, par le congrès de Vienne, sur la rive gauche du Rhin[1], restituer ces provinces à la France en y joignant la Belgique, ne serait-ce pas un but plus attrayant que celui d'aller

---

[1] M. Pasquier revenait souvent et très-volontiers à l'hypothèse de cette guerre, qu'il appelait une *légitime revanche*.

créer et cimenter en Italie un empire au profit de la maison de Savoie? Est-ce qu'il n'y a pas là de quoi tenter l'ambition la plus difficile à satisfaire? On pourrait même, en partant de la nécessité des frontières naturelles, faire de la guerre, qui les doit rétablir, une guerre de principes, car cette expression est aujourd'hui assez en usage, et nos publicistes s'en sont fréquemment servis pour justifier la dernière campagne de la France en Italie. Cette guerre de principes, à la vérité, entraînera une rupture avec l'Angleterre et nous vaudra *les jouissances et l'honneur* d'une guerre maritime. On ne sera pas obligé, cependant, de faire à l'Angleterre aucune espèce de déclarations. A elle le droit, si c'est son bon plaisir, de venir nous chercher ; mais alors, aussi, nos canons rayés, nos frégates blindées, trouveront un digne emploi, et mettant nos côtes à l'abri des dangers que pourraient leur faire courir les efforts de la puissance britannique, la menaceront sur la partie la plus attaquable de ses côtes.

« Mais quel besoin ai-je de vous dire tout cela? c'est un bavardage bien inutile. Il faut que vous le pardonniez à mon oisiveté et à des préoccupations dont je ne puis me défendre. Fasse le ciel qu'elles soient aussi déjouées que je le désire, et que le printemps prochain se lève pour l'Europe dans un état de sérénité dont les révolutionnaires seuls auraient le droit de se plaindre! »

« 13 septembre 1859.

« . . . . Laissons de côté cette politique du moment, sur laquelle reposent les plus chers intérêts du monde civilisé, et plaçons-nous sous un point de vue plus idéal, peut-être, mais qui n'en est pas moins digne d'attention :

« Quoi ! depuis trente années, nous ne sommes occupés que des réclamations élevées en faveur des nationalités confisquées au profit des grandes puissances ; il n'y a rien qu'on n'ait dit, qu'on n'ait fait, pour les amener à reconquérir l'indépendance qui leur a été si odieusement ravie ; et c'est à la suite d'une telle préparation de l'opinion publique que nous allons voir le plus étrange spectacle qui puisse être, à mon sens, donné dans cet ordre d'idées !

« S'il existe dans le monde une nationalité qui ne puisse être contestée, n'est-ce pas celle de la Toscane ? Son origine remonte à ces temps antiques où l'Étrurie fournissait à la ville de Rome les premiers éléments de la civilisation ; elle a traversé l'empire romain, l'ère chrétienne ; et quand sonna l'heure de la renaissance, pour le monde moderne, la somme des lumières qui jaillirent alors de son sein ne saurait se mesurer tant elle fut grande. En paix comme en guerre, mais en paix surtout, la Toscane fut libératrice pour le monde, jusqu'alors si prosterné, si humilié ! Elle fut la patrie de Dante, de Machiavel et de Michel-Ange ; elle a été la terre chérie pour les lettres, les sciences et les arts. Le commerce lui-même y a reçu les plus beaux développements sous les Médicis, elle a eu l'honneur de donner deux reines à la France, d'élever sur le trône pontifical un de ses plus illustres papes, le fameux Léon X ! — Eh bien, voilà qu'il nous faut voir aujourd'hui, cette Toscane abjurant son passé, mendier en quelque sorte l'honneur de devenir une des provinces du royaume de Piémont, de ce royaume où la race est la moins italienne. — C'est une idée à laquelle je ne puis me résoudre ; je la repousse de toutes mes forces ! Que la Toscane ait la fantaisie de s'établir en république, à cela je n'ai rien à dire, rien à opposer ; mais qu'elle vienne, à la suite des États de Parme et de Modène, mendier la permission de se ranger sous le drapeau piémontais, voilà ce qu'on ne me fera jamais accepter !

« Tout vieux que je suis, vous avez le droit de me trouver bien jeune en me voyant me lancer aussi résolûment dans un débat où, pour bien figurer, il faudrait avoir les ardeurs du bel âge. Oui, du bel âge ! — Tenez, je me figure en ce moment un professeur de rhétorique donnant à traiter à ses élèves ce beau sujet de l'indépendance de la Toscane. Supposez MM. Villemain, Cousin, Guizot, traitant cette matière ! on se pâmerait en lisant tous les belles pensécs qui leur viendraient à l'esprit, toutes les belles choses qu'ils ne manqueraient pas d'écrire !

« J'ai commencé cette lettre en homme sérieux, et je la finis en écolier bien étourdi. Rien ne saurait mieux vous prouver à quel point je compte sur l'indulgence de votre jugement et sur votre patience à supporter mes écarts. Bien à vous. »

« 28 juillet 1860.

« Je vous remercie de m'avoir fait lire l'article de M. Saint-Marc Girardin sur la Syrie ; il est vrai sur le plus grand nombre de points. Quand on veut faire justice à tout le monde, même au gouvernement turc, il faut reconnaître, qu'en 1840, le remplacement dans le Liban de l'administration d'un émir maronite par un pacha turc n'a pas été demandé par ce gouvernement, mais prescrit par les Anglais, par lord Palmerston lui-même, dans le but d'anéantir, dans ses contrées, l'influence française qui y avait toujours existé et dont il ne pouvait supporter la pensée.

« J'ai eu sur cette affaire des documents certains. »

« 13 août 1860.

« Vous ne vous êtes pas trompé en m'envoyant votre notice sur l'histoire des États-Unis. Cette lecture a été pour moi d'un grand intérêt ; aussitôt que ma jeunesse a été en état de comprendre, elle a été assaillie par les noms que vous mettez en scène. L'œuvre que ces noms ont produite est le plus grand événement du siècle dernier et même, par ses conséquences, de celui que nous traversons. Le nom de Franklin revient souvent sous votre plume; eh bien, ce Franklin que vous n'avez jamais vu, moi je l'ai vu et un peu connu, et que n'ai-je pas entendu dire! quel rôle n'a-t-il pas joué à l'époque où il est venu en France ! Oserai-je vous le dire, d'après ce que j'ai bien su, il y avait dans la tenue de cet homme extraordinaire un fond de charlatanisme dont il a usé merveilleusement en France surtout[1], et par exemple son accoutrement d'un bourgeois, presque d'un artisan, ne croyez pas qu'il l'ait porté à l'ordinaire : en Angleterre, en Amérique il était habillé comme tout le monde, mais il avait voulu chez nous se montrer comme un paysan du Danube, plus avancé par exemple dans la civilisation que celui de la Fontaine. On peut se permettre de relever cette singularité assez étrange dans un homme d'aussi grande valeur, aussi capable de tout conduire, de tout faire dans les situations les plus épineuses et qui, dans les sciences, a été le précurseur des plus merveilleuses découvertes de nos jours.

---

[1] M. Sainte-Beuve partageait complétement cette opinion, et il possédait deux anecdotes venues de bonne source et qui en étaient la pleine confirmation.

« 17 juillet 1861

« Je suis parfaitement de l'avis de Viel-Castel et je trouve que les correspondances qu'il rapporte[1] ne peuvent laisser aucun doute sur la fidélité de la conduite du prince Eugène, jusqu'au moment où tout a été perdu.

« Le ressentiment de Marmont ne pouvant oublier qu'Eugène n'avait pas été favorable à son élévation au grade de maréchal, puis le mécontentement d'un ou deux généraux qui n'avaient pas recueilli les avantages sur lesquels ils comptaient, voilà la base des rigoureux jugements auxquels le prince Eugène a été exposé.

« Ajoutez qu'il avait parfaitement raison en s'opposant à l'élévation de Marmont, celui-ci n'ayant jamais commandé en chef, n'ayant même pas assisté aux grandes batailles.

« A l'époque où ont paru les Mémoires de Marmont, je me suis fort occupé de cette question et je crois même l'avoir assez approfondie. »

« Juillet 1861.

« Plus j'avance dans ce procès Mirès, plus mon opinion se confond avec la vôtre; la publicité sur

---

[1] Viel-Castel, *Histoire de la Restauration*.

cette matière est un événement plus grand que ne le supposent ceux qui l'ont provoquée ; c'est un coup de cloche qui retentira dans toute l'Europe ; non pas seulement aux oreilles des agioteurs et de leurs dupes, mais aussi à celles des gouvernements dont la conduite est littéralement calquée sur celle des grands spéculateurs qui tomberont tour à tour les uns sur les autres.

« Prenez-en donc votre parti ; vous en verrez un autre que je m'abstiens de nommer, faire un beau jour un saut pareil à M. Mirès.

« Il y en aurait long à dire sur ce système qui va détruisant toutes les industries personnelles pour les fondre dans ces grandes industries dont les actions se multiplient sans autre garantie que l'habileté et la bonne conduite des entrepreneurs, et qui sont placées journellement sous le coup d'une ruine, par la moindre secousse politique, par la moindre tentative de guerre.

« 1er août 1861.

« Vos lettres sont et seront toujours, monsieur, de celles que je verrai arriver chez moi avec le plus de plaisir ; elles me produisent l'effet d'une charmante causerie. Vous touchez, comme il faut, toutes les matières, toutes les questions, et il est rare que je ne sois pas d'accord avec vous.

« Cette heureuse conformité ne s'est jamais mieux

rencontrée que dans la manière dont vous vous exprimez sur ce volume du grand Jean-Jacques. La lecture de ce volume m'a presque fatigué ; elle m'a même impatienté et irrité. L'ensemble n'est qu'une suite de rabâchage, un recueil de bribes éparses, qui toutes, sous une forme ou sous une autre, avaient déjà été publiés.

« Toutefois, si quelque chose peut me plaire et m'attacher, au milieu de ces redites, c'est cette espèce d'édition première de la profession de foi du *Vicaire savoyard*. Au fond, cette profession de foi, malgré ce que le catholicisme et le christianisme lui peuvent reprocher, est cependant l'œuvre dont il faut savoir le plus de gré à Jean-Jacques. Son admiration pour l'Évangile vaudra toujours la peine d'être remarquée, étudiée, dans un homme si imbu des préjugés de son époque.

« Quant à la constitution pour la Corse, c'est un fatras, une série d'impossibilités plus évidentes les unes que les autres ; c'est un pillage sans bon sens de tout ce qui a été écrit sur ces matières ; et cependant il faut y faire une attention d'autant plus sérieuse, qu'on ne saurait oublier à quel point ce rêveur insensé a été salué et glorifié par la Convention ! »

« 23 septembre 1861.

« La brochure du duc d'Elchingen n'est pas seulement instructive sous le point de vue des torts injustement reprochés au maréchal Ney; elle révèle de la manière la plus frappante les aberrations dont l'esprit de Napoléon était devenu capable.

« Il commence sa campagne sur une fausse hypothèse : il suppose qu'il va surprendre les Anglais et les Prussiens. Sa confiance est telle, qu'il s'attend à coucher le 16 à Bruxelles, et, le 16, est livrée la terrible bataille de Ligny !

« Il termine, comme il avait commencé, encore sur une fatale hypothèse : il croit avoir mis les Prussiens en déroute à Ligny ; et, le 17, il envoie à leur poursuite un détachement de 30,000 hommes, sous les ordres de Grouchy. Ces 30,000 hommes ne pouvaient plus se trouver à ses côtés, et faute de leur secours, il est obligé de répondre au maréchal Ney lorsque celui-ci lui demande de l'infanterie pour soutenir les attaques qu'il fait contre Wellington, à la tête de la cavalerie : « Où voulez-vous que je prenne cette infanterie ? »

« Toute l'histoire de la bataille est dans ces mots. »

— Dans une lettre du 26 septembre 1861, M. Pasquier revient encore sur cette bataille de Waterloo, sur ses fatales conséquences, et il ajoute :

« Quand on veut tout dire, tout montrer à la postérité, il faut bien lui apprendre que la nouvelle de ce grand désastre, pour plus des quatre cinquièmes des habitants de la France, fut reçue comme celle d'un *dénoûment* qui allait mettre fin à la situation dont on gémissait universellement ; et on ne craint pas cependant dans certains livres de nous présenter cette situation comme ayant pu avoir pour issue, en cas de succès, le bonheur de la France ; on va même jusqu'à avancer qu'elle aurait amené pour l'Europe entière l'ère si précieuse d'une liberté générale dont le grand Napoléon aurait été le fondateur ! »

« 21 octobre 1861.

« Je ne puis m'empêcher de savoir beaucoup de gré à M. Guizot, dans son dernier volume, de sa fermeté à combattre le suffrage universel, mis en œuvre pour opérer ce qu'on appelle l'unité italienne. Je ne sais rien de plus absurde que l'emploi de ce puissant moyen pour obtenir ce fait parfaitement faux d'un *désir général*.

« Je lui sais encore gré de la juste sévérité avec laquelle il traite le royaume et le roi de Piémont. Là les fautes sont aussi nombreuses que capitales ; là, comme dans le royaume de Naples, l'indigne abus du vote d'annexion, la violation de tous les droits, et cela pour arriver à une impossibilité, car je ne crois pas à l'unité persistante de l'Italie sous le sceptre d'un roi de Piémont. Je tiens pour constant, à l'honneur de Cavour, qu'il a eu la main forcée pour le plus grand nombre des fautes que je viens de signaler. »

M. Pasquier poursuivit cette correspondance avec M. de Circourt jusqu'à la veille de sa mort. La dernière lettre est datée du 27 juin 1862, et il mourut le 5 juillet.

Nous n'avons pu, on le comprend, en relever que quelques points principaux ; ils seront suffisants cependant, nous l'espérons, pour bien montrer l'intérêt que pouvaient offrir des dissertations maintenues sur un ton si élevé.

Nous voulons maintenant, pour compléter cette partie de notre travail, transcrire quelques lettres adressées à M. le comte de Montalembert[1]. Elles sont d'autant plus curieuses que la divergence souvent assez marquée des principes politiques de M. de Montalembert et de M. Pasquier ne permettrait pas de supposer la cordialité de leurs rapports mutuels. Cette cordialité se produisait cependant de la part de M. Pasquier, sous la forme d'une amitié presque paternelle, et M. de Montalembert y répondait par les sentiments les plus affectionnés, les plus respectueux. Se rendant mutuellement justice pour la sincérité de leurs opinions, pour la droiture de leur ca-

[1] Ces lettres nous ont été communiquées, sur une demande fort obligeante de madame la duchesse de Galiera, par M. de Montalembert lui-même, et nous le prions de trouver ici la respectueuse expression de notre sincère gratitude.

ractère, leur amitié à tous deux était basée sur l'estime. M. Pasquier, déjà fort avancé en âge, avait vu débuter à la Chambre des pairs son très-jeune collègue ; il avait été témoin de son ardeur à se jeter dans la lutte, de son courage à soutenir ses convictions, de sa dignité constante au travers des phases de sa carrière publique ; il avait admiré ce talent oratoire dont M. de Montalembert a donné depuis tant de preuves. Il s'était complu à l'encourager. Quant à M. de Montalembert, les nombreuses lettres de sa main que nous avons pu parcourir de 1847 à 1862, nous permettent de dire que M. Pasquier resta pour lui jusqu'à la fin, le *chancelier* plein d'honneur, de justice, de modération, qu'il avait salué dès son entrée dans la Chambre des pairs. Quand il venait rue Royale, il avait une façon de saluer M. Pasquier, tout à la fois familière et pleine de déférence, qui montrait bien les sentiments vrais de son cœur. Aussi M. Pasquier, si bon juge des hommes, si perspicace à les deviner, était toujours sensible à ces visites, à ces témoignages d'affectueux souvenir.

Il éprouva une vive satisfaction le jour où M. de Montalembert lui fit la dédicace de ses volumes de discours, et nous retrouvons l'expression de cette satisfaction dans un billet du 19 mars 1861 adressé à Madame la duchesse de Galiera :

« La dédicace dont l'avertissement si gracieux m'est arrivé par vous, a paru avant-hier dans le journal *l'Ami de la religion*, et elle se trouve en tête de l'édition des œuvres de M. de Montalembert dont j'ai reçu hier un exemplaire en cinq volumes. L'effet que cette pièce a produit est, me dit-on, excellent; pour ma part j'en suis on ne saurait plus touché et j'en ai témoigné hier, par une lettre, ma reconnaissance à M. de Montalembert. Il me plaît infiniment que cet agréable incident de ma vie politique *me soit venu de lui!* C'est le premier de cette nature que je reçois, car j'ai été peu gâté par les écrivains de mon époque. »

Prenons maintenant les lettres adressées à M. de Montalembert lui-même.

« 22 janvier 1847.

« Je ne féliciterai pas M. de Montalembert sur le grand succès du discours [2] qu'il a prononcé hier. Assez d'autres en ont pris et en prendront encore le soin. Mais si, dans quelques années, la gravure que je lui envoie [1] tombait encore sous ses yeux, je le prie de se rappeler qu'elle représente un homme qui a reconnu, dès sa première apparition, la portée de son talent et préjugé la place que ce talent ne pourrait manquer de lui assigner.

« Tout à lui. »

[1] Discours sur l'incorporation de Cracovie.
[2] Le portrait de M. le chancelier, d'après H. Vernet, gravé par M. Ach. Martinet.

« 27 janvier 1847.

« Monsieur le comte et cher collègue,

« Je regrette beaucoup moins de ne pas m'être trouvé avant-hier soir chez moi au moment où vous y êtes venu, puisque cette circonstance m'a valu la très-aimable lettre que je viens de recevoir.

« Mon grand-père, qui n'était pas sans mérite, disait que l'épreuve la plus délicate dont la vieillesse eût à se tirer était celle de n'être pas trop désagréable à la jeunesse. Quand cette épreuve réussit auprès d'une jeunesse comme la vôtre, on peut dire que le succès est complet.

« Recevez donc mes remerciements de la grande satisfaction que vous me donnez sur ce point de vue qui, je l'espère et j'en ai la ferme confiance, ne s'affaiblira jamais entre nous.

« Tout à vous. »

« Paris, 1852.

« Mon bien cher confrère,

« Je n'ai que peu de mots à répondre à la très-aimable lettre que vous m'avez adressée au reçu de ma trop longue épître; mais ce peu de mots, je tiens à vous les faire entendre de suite.

« La résignation, que je vous demande, et que je m'impose, au pouvoir absolu que nous subissons, il faut la prendre comme une pénitence de nos fautes, de nos sottises, de nos folies mêmes pendant le cours de trente-six années, où toute liberté nous a été accordée pour arriver en matière de gouvernement au bien que nous n'avons jamais su faire, que nous avons même plus d'une fois repoussé.

« Je dis nous, quoique vous et moi, dans ce laps de temps, nous ayons bien moins péché que tant d'autres; mais enfin il faut savoir prendre sa part de tout, dans les misères comme dans les prospérités de son pays.

« Cette résignation a sans doute des côtés fort pénibles, mais si je vous faisais l'histoire de ma vie, vous verriez que celle à laquelle je me suis condamné en 1806, le jour où je suis entré dans le conseil d'Etat, où siégeaient des régicides, était pour le moins aussi douloureuse que celle qui vous est imposée aujourd'hui. Vous ne pouvez pas savoir combien de soucis m'ont assailli lorsque j'ai pris ce parti dont je ne me repens pas cependant! combien il m'a fallu rompre de liens, au sein de ma famille même, enfin les dégoûts de toute sorte dont j'ai été accablé. Je vais aller plus loin en prononçant le mot de remords! Oui, j'ai eu des remords à cette époque si mémorable de ma vie; et j'en devais avoir, car l'assassinat du duc d'Enghien avait eu lieu moins de deux ans auparavant! Eh bien, de la situation *si déplorable* que je me suis faite alors, est sortie cependant celle où je me trouve aujourd'hui et où j'ai la consolation de pouvoir me dire, dans mes derniers jours, que je n'ai pas traversé la vie sans rendre à mon pays quelques services qui ont bien eu leur importance.

« J'arrive maintenant à la pensée qui perce dans votre dernière lettre où vous regardez votre carrière comme à peu près terminée.

« Non, non, elle n'est point terminée cette belle carrière ! et pourquoi n'auriez-vous pas un peu de confiance dans les destinées qui vous sont encore réservées ? est-ce que l'avenir n'est pas gros d'événements de toutes sortes? vous avez quarante-deux ans, et j'en avais déjà quarante-huit, lorsque j'ai mis pour la première fois, en 1815, le pied dans une assemblée législative; et au travers de quelle crise ! lorsque dans le ministère d'où je sortais, j'avais eu en quelque sorte sur le dos, les 400,000 soldats étrangers qui occupaient la France, et qui n'étaient pas prêts d'en sortir. Allez, alors aussi il y avait de quoi désespérer !

« Quant au rôle de comparse dont vous ne voulez pas, soyez tranquille, il ne sera jamais le vôtre. Quand votre parole ne pourra pas éclater au dehors, votre plume vous donnera toujours le moyen de vous y faire entendre, et croyez-moi, cette qualité de membre de la Chambre des députés, malgré le peu de cas que vous semblez en faire, donnera encore plus d'importance aux écrits que vous aurez l'occasion de publier.

« Voilà, mon cher confrère, ma pensée tout entière ; je me suis fait un devoir de vous la faire connaître et je la confie à vos sages réflexions, telle qu'elle est sortie de ma conscience et de mon cœur.

« Tout à vous avec l'attachement bien sincère dont je vous donne, en ce moment, une preuve non douteuse. »

« 18 mars 1859.

« Très-cher,

« On m'avait flatté de votre venue à Paris pour la grande cérémonie qui a eu lieu hier avec un plein succès ; mais vous n'êtes point apparu, et je n'ai pas eu par conséquent, comme je le supposais, le plaisir de vous voir et de causer avec vous en cette occurrence. Il y a cependant bien à penser, bien à dire, sur tout ce qui se passe sous nos yeux, et nous avons grand besoin, pour que l'écheveau de nos tristes affaires se déroule un peu passablement, qu'il plaise au bon Dieu de nous venir en aide, car pour les hommes, de quelque côté qu'ils viennent, je n'en espère pas grand'chose, ou, pour mieux dire, toute ma pensée, je *n'en espère rien*.

« J'ai lu avec un véritable plaisir les quelques lignes que vous avez insérées à mon endroit dans votre article nécrologique sur notre défunt collègue M. de Tascher. Une favorable justice, rendue par qui que ce soit, fait toujours plaisir ; de votre part elle me va au cœur.

« Puisque vous ne venez pas, donnez-moi donc un peu de vos nouvelles.

« Tout à vous et de tout cœur, vous le savez. »

CHAPITRE VII

Comment écrivait M. Pasquier. — Ses promenades nocturnes. — Ses dictées. — Opinion de M. Cousin sur la dictée. — Sincérité et impartialité de M. Pasquier. — Ses lectures. — Ses jugements sur la poésie et les romans. — Son admiration pour Voltaire. — Activité laborieuse de M. Pasquier.

Le chapitre de la correspondance épuisé, il faut maintenant parler des écrits de M. Pasquier, et montrer comment, dans un âge fort avancé et malgré l'affaiblissement de sa vue, il put arriver, de 1849 à 1862, à composer plus de quinze volumes de notes ou de mémoires :

Les lettres parties, il entamait de suite cette partie de son travail journalier, et voici comment il procédait : il commençait par dicter une liste des documents qu'il désirait consulter; j'y prenais des notes d'après ses indications; j'en relevais des extraits; puis je les lui résumais dans une dernière lecture. Il m'écoutait avec une attention extrême, et préparait ensuite sa besogne avec l'aide de ses réflexions.

Ce travail de réflexion se faisait la nuit. Dès la préfecture de police, nous l'avons montré, il avait pris l'habitude de consacrer peu d'heures au sommeil. Cette habitude, il ne l'avait jamais abandonnée, et, en avançant en âge, il s'en était fait une véritable nécessité.

Tout était organisé dans son intérieur pour qu'il pût se lever, se promener, la nuit, sans faire appel à aucun soin de ses domestiques. Des veilleuses étaient allumées dans sa chambre à coucher, dans son cabinet de travail; son fauteuil était à une place bien connue; il trouvait sous sa main ses vêtements, sa canne, des couvertures pour s'envelopper lorsqu'il s'étendait dans son fauteuil. Grâce à ces précautions, commandées par la prudence, il pouvait en toute liberté se livrer à ses pérégrinations nocturnes.

Il se couchait rarement avant minuit; il dormait deux heures, puis il se levait et se promenait dans sa chambre, ruminant sa besogne du lendemain. On pouvait l'entendre alors déclamant, discutant, comme s'il avait eu un auditoire. Quand il était fatigué, il s'étendait quelques instants dans son fauteuil, reprenait ensuite sa promenade et ne regagnait son lit que vers quatre ou cinq heures. Il y trouvait encore habituellement une heure de bon sommeil, et après une nuit si agitée, il se levait parfaitement dispos, son discours tellement bien établi dans sa mémoire qu'il dictait pendant une partie de la matinée sans une redite. Sur ce point encore comme sur tant d'autres, il ressemblait à Estienne Pasquier, et les paroles que nous allons citer semblent avoir été écrites à son intention.

« On suppliait mon père d'apporter à son application quelque relâche, d'épargner sa précieuse santé, surtout de se ménager sur les veilles ; mais toutes nos exhortations étaient vaines[1]. »

Chose étrange, ce système qui aurait dû affaiblir, épuiser M. Pasquier, lui était au contraire très-favorable, la régularité des insomnies était chez lui un indice de bonne santé. Quand il avait une nuit calme, paisible, ce qu'on appelle ordinairement une bonne nuit, on pouvait pronostiquer, à coup sûr, un trouble prochain, une maladie grave, ou tout au moins une indisposition. Rien ne put arrêter cette habitude de veilles, ni la diminution des forces, ni l'affaiblissement progressif de la vue, ni le poids des années. Il avait une véritable horreur du lit ; tant qu'il avait la force de se tenir sur ses jambes, aucune autorité n'aurait été capable de l'empêcher de s'installer dans son cabinet, de recevoir des visites et de continuer ses travaux. On déplorait beaucoup autour de lui ce qu'on appelait ses obstinations peu raisonnables ; on lui citait tous les axiomes de la médecine, tous les exemples de guérison advenus à la

---

[1] *Lettres de Nicolas Pasquier.*

suite du repos et de la claustration ; médecins, amis, famille, y perdaient leur éloquence. Il se levait quand même, ne fût-ce qu'une heure ; il vaquait à sa toilette comme s'il avait dû recevoir le soir même à dîner ; il se cramponnait littéralement à son fauteuil et ne retournait à son lit que lorsqu'il était vaincu, terrassé par la maladie. Eh bien, son système tant combattu, avait évidemment du bon, sinon pour tous les humains, au moins pour lui, car il est arrivé presque au siècle, et avec une solidité physique et morale dont on trouverait peu d'exemples. Il raisonnait au reste parfaitement sa situation ; il n'agissait pas à la légère ! Il s'était observé, et il obéissait, disait-il, aux exigences méconnues de son tempérament.

Les pauvres sœurs[1] qui le soignaient durant ses indispositions étaient toutes déconcertées par les habitudes de cet étrange malade ; il les épouvantait ! Elles le poursuivaient avec des tisanes qu'il ne prenait jamais ; elles voulaient l'obliger à rester couché, et il se levait pour promener ; elles lui commandaient le repos, le silence, et il parlait, gesticulait toute la nuit. Le matin, on les trouvait bouleversées, croyant à une catastrophe imminente ; elles épiaient au pied du lit l'heure du premier réveil ; elles accouraient éperdues pour nous dire leurs craintes, leurs soucis,

---

[1] Les sœurs de Bon-Secours.

et quand M. Pasquier ouvrait les yeux, lorsqu'elles s'approchaient de lui avec une sollicitude pleine de commisération, elles seraient rentrées volontiers sous terre en entendant ces premières paroles : « Qu'est-ce qu'il y a de nouveau ce matin dans les journaux ? »

Il faut avouer que l'incident avait de quoi surprendre ceux qui n'y étaient pas habitués. Pour nous, nous y étions façonnés, et quand M. Pasquier était souffrant, si nous pouvions introduire auprès de lui un visiteur avec une bonne grosse nouvelle politique, nous étions certain de lui procurer le meilleur adoucissement à ses maux.

L'heure de la dictée venue, malade ou bien portant, il abordait sa besogne; étendu dans son fauteuil, la tête appuyée sur sa main, il dictait, d'abord d'une voix lente, s'efforçant de bien rassembler ses idées ; peu à peu la parole devenait plus pressée, et bientôt s'abandonnant au cours de ses pensées, poursuivant, fouillant son sujet, il parlait, dictait, pendant des heures, sans paraître éprouver la moindre lassitude. Le travail le surexcitait; plus il avançait dans sa tâche, plus sa voix devenait timbrée, son accent sonore; ses gestes eux-mêmes s'accentuaient plus fermes. Il quittait son fauteuil, il promenait dans sa chambre, il se campait debout devant la cheminée, haranguant un auditoire imaginaire. Le vieillard délicat disparaissait devant l'orateur de tribune !

Cet exercice, des plus agréables pour lui, fut

cependant pour nous, nous pouvons l'affirmer, d'une terrible difficulté dans les premiers mois d'apprentissage. M. Pasquier, en effet, oubliait ce qui se passait autour de lui ; pour ne pas interrompre le fil de son discours, nous ne *répétions* jamais, et il nous fallait des efforts de mémoire et des activités de plume incroyables pour nous maintenir à sa suite.

La machine humaine, fort heureusement, est d'une telle souplesse, qu'elle se façonne, avec l'aide de la volonté, aux exercices les plus scabreux. Au bout de peu de temps nous nous étions si bien identifiés avec le style de M. Pasquier, avec la tournure de ses phrases, que nous allions, pour ainsi dire, au-devant de sa pensée, conservant assez de liberté d'esprit pour glisser, en passant, une date oubliée, pour retrancher une expression répétée.

Nous avons entendu parfois quelques amis de M. Pasquier déplorer pour lui l'obligation, où il s'est trouvé réduit, de s'astreindre au travail de dictée, regretter qu'il n'ait pu seul, la plume à la main, poursuivre ses études historiques. Nous ne partageons en aucune façon cette opinion et ces regrets. Nous ne pensons pas que la dictée convienne à toutes les natures d'écrits et à toutes les intelligences ; pour quelques hommes, la pensée se trouve au bout de la plume... mais nous croyons que la dictée s'harmonisait à merveille avec les facultés, avec le talent de M. Pasquier. Il était, en effet, plus orateur qu'écrivain; ses œuvres de premier jet, les moins revues, étaient le plus souvent les meilleures; il trouvait dans la dictée un coloris, une chaleur qui, sans elle, lui auraient peut-être fait défaut. Son amour du fait l'aurait trop poussé à sacrifier la forme; ses écrits auraient pris l'allure d'un réquisitoire. En parlant, au contraire, il s'échauffait, et si on ne trouve pas dans ses phrases ce qu'on peut appeler la grâce, on y rencontre très-souvent l'ampleur de la période, le cachet de l'éloquence. Il lui a manqué une concision à laquelle malheureusement la force des choses, et nous allons le montrer, l'empêchait de prétendre.

Beaucoup d'hommes des plus éminents ont, au reste, adopté ce mode de labeur, et, pour citer un exemple, nous voulons rappeler ce que nous disait un jour, sur sa manière de composer et d'écrire, un grand écrivain, un orateur, un illustre professeur, qui avait fait du discours une étude approfondie, et obtint, dans les deux genres, des succès immenses, incontestés; nous voulons parler de M. Cousin.

Voici comment il résumait sa méthode; nous citons ses paroles presque textuelles :

« Je lis, je lis beaucoup; je prépare mes notes; et je vais me promener! c'est en marchant que je trouve le mieux le plan de mon livre. Ce plan bien arrêté, je le rumine, pendant des jours, pendant des semaines; puis un beau jour j'appelle mon secrétaire, il prend sa plume, et je commence : je dicte, en marchant, en m'agitant, en parcourant ma bibliothèque, en jetant les yeux sur tous ces volumes qui semblent descendre de leur rayon pour venir en aide à ma mémoire. Je dicte, comme si je prononçais un discours devant un nombreux auditoire; ma voix prend toutes les inflexions du discours; lente parfois, pressée dans d'autres moments, elle voyage des cordes basses aux tonalités les plus élevées, et les gestes accompagnent les paroles. Le lendemain, je lis ce que j'ai dicté; je fais le travail de révision, je coupe, je rogne, je supprime; et il ajoutait : *car il faut toujours supprimer;* puis je polis, je façonne, j'annote pour les preuves à l'appui, et le chapitre est accompli !

« La dictée, disait-il, donne un mouvement manifeste à la période ; le lecteur se trouve entraîné malgré lui par ce mouvement dont il ne soupçonne pas la cause. »

Puis, venant à ce qui concernait M. Pasquier, il ajoutait : « Ce qui manque à M. le chancelier, c'est de pouvoir se servir de ses yeux pour faire la besogne de révision et d'élagage. Obligé de se faire relire, *il n'embrasse pas sa page d'un coup d'œil ;* la crainte de n'être pas assez clair, assez compris, le jette parfois dans l'excès contraire, dans la diffusion. Si j'avais à revoir ses écrits, je ne voudrais pas me servir de la plume, mais du crayon, et seulement pour biffer. »

Cette opinion de M. Cousin était bien la nôtre et M. Pasquier la partageait complétement ; personne mieux que lui ne savait ce qui lui manquait ; malheureusement les infirmités de nature l'empêchaient de suivre la même marche que M. Cousin, et, faute de mieux, il s'efforçait de tirer bon parti des ressources qui restaient à sa disposition.

Si son style péchait au reste sur certains points, ses qualités d'écrivain offraient sur d'autres faces de grandes compensations. Quand il avançait un fait, une opinion, c'est que sa conscience lui avait montré la vérité de ce fait, de cette opinion. Il ne se prononçait jamais sur une impression première ; il se défiait au contraire de cette impression. Il avait besoin d'un arsenal de preuves, de témoignages ; même quand il avait vu, entendu, il consultait, il lisait, il étudiait, pour être bien assuré qu'il n'avait pas mal vu, mal entendu ; il procédait vis-à-vis de lui-même en vrai magistrat, et on reconnaissait à la rigidité de cette enquête le descendant des parlementaires ; il ne connaissait qu'un chemin le vrai, et nous pouvons dire que s'il s'en est parfois écarté, ce qui est toujours du ressort de la faillibilité humaine, la faute ne peut pas en être imputée à son manque de précautions.

Nous ne l'avons jamais vu passer par-dessus le doute, et, quand il avait tort, hésiter à se condamner lui même.

« *Son âme était ouverte à tous les nobles sentiments, jamais il n'eut à désavouer une de ses paroles; jamais il ne servit d'organe au parti de l'injustice*[1]. »

Il avait horreur du mensonge dans toutes les actions de la vie; et malgré sa tolérance habituelle, lorsqu'il avait surpris vis-à-vis de lui ou d'autrui un homme en crime de menterie, il ne lui pardonnait plus. Il ne repoussait pas cependant les contradictions; il les recherchait au contraire. Rien ne lui était plus insupportable que ces approbations ou ces louanges à jet continu, comme on en rencontre à chaque pas dans le monde; il aimait à voir son interlocuteur soulever une objection, avancer, soutenir une opinion. Il nous arrivait parfois, quand nous possédions une certitude contraire à celle de M. Pasquier de maintenir notre assertion même en face de ses impatiences; nous le poursuivions pour ainsi dire avec les preuves à l'appui; il se fâchait un peu dans le premier moment; mais bientôt, avec une franchise toute juvénile, il nous accordait raison; il souriait, et, loin de nous blâmer de notre persistance, il en faisait l'éloge. Cette indépendance, et ce qu'il appelait *ce courage de franchise*, fut pour nous le point de départ de son amitié.

On se tromperait étrangement, si on nous suppo-

---

[1] *Lettres de Nicolas Pasquier sur Estienne Pasquier.*

sait l'intention de dresser à M. Pasquier une statue de perfection. Tel n'est pas notre but. L'énumération à laquelle nous nous livrons de ses mérites, de ses qualités, a surtout pour motif de bien montrer ce que peut obtenir un esprit supérieur quand il a à son service une volonté assez puissante pour soumettre ses impressions, ses jugements, ses actes même au critérium de la raison. M. Pasquier était vif, impatient, très-irritable, mais, le premier mouvement passé, il redevenait plein de modération, de justice et de mansuétude.

Jamais, dans ses causeries, dans ses écrits, pas plus que dans sa vie publique, il n'adopta le système du *parti pris*, de l'opposition quand même. Une chose juste, étrangère à ses opinions, demeurait juste; et il admettait l'impartialité chez autrui comme pour lui-même.

Jamais il ne repoussa un contrôle à ses appréciations. Il en appelait au jugement, au souvenir de ses amis; il nous envoyait fouiller les archives et les bibliothèques; et s'il avait commis une erreur, il la rectifiait loyalement, *sans la moindre peine;* il est bien rare en effet qu'un homme parvenu à un âge avancé, conservant le prestige des hautes situations qu'il a occupées, consente à reconnaître *qu'il s'est trompé*. L'amour-propre se refuse à de tels aveux; on s'obstine à fermer les yeux pour ne pas voir; on s'aveugle sur sa propre cause; on garde son jugement, on l'écrit, on croit la dignité intéressée à ne pas y changer un mot.

M. Pasquier avait des impatiences, un juste orgueil, mais point de sottes vanités, et son impartialité sera un jour, nous le pensons, le plus glorieux titre des écrits auxquels son nom restera attaché.

Le travail des dictées ne lui faisait pas négliger les lectures. Ne perdant jamais une heure inutilement, il trouvait temps pour tout, et comme nous n'aurions pu suffire aux occupations multiples qui nous étaient imposées, il eut toujours auprès de lui, pour nous suppléer, une personne chargée spécialement de l'office de lecteur.

Ses préférences étaient pour les mémoires politiques contemporains. Lorsqu'il en tenait d'intéressants, il ne pouvait pas les quitter. Il oubliait les visites, les écrits, les promenades. Il s'enfermait volontiers dans son cabinet. Il se serait volontiers privé de prendre ses repas pour arriver plus vite à la fin de l'ouvrage. Un volume de ce genre était-il annoncé, M. Pasquier envoyait chaque jour chez le libraire pour voir si ledit volume était paru. Aussitôt qu'il le possédait, il en coupait activement une centaine de feuilles, puis s'asseyant dans son fauteuil, la tête penchée du côté du livre, son attention en éveil, il poussait un soupir de satisfaction et s'écriait, en s'adressant à son lecteur : « Voyons, monsieur, voyons vite !»

Quel plaisir lui causèrent les Mémoires du roi Joseph, ceux de M. Miot, ceux de M. Rœderer! avec quelle ardeur il dévora tous les volumes de l'*Histoire du Consulat* de M. Thiers! mais aussi quel désappointement il éprouvait, comme sa lèvre inférieure s'allongeait quand il rencontrait des pauvretés comme les Mémoires de M. Dupin!

En dehors des mémoires, il recherchait les ouvrages d'histoire ou de haute littérature : les œuvres de M. Villemain, celles de M. Cousin, dont l'enthousiasme pour madame de Longueville l'amusait fort, celles de M. Mignet, l'*Antonio Perez*, l'*Histoire de Marie-Stuart*, les écrits sur Charles-Quint. C'étaient encore les livres de M. de Montalembert, ceux de M. le prince de Broglie; les articles de M. Mérimée, ceux de M. Sainte-Beuve, qu'il attendait chaque lundi avec la plus vive impatience. Dans un autre genre, les voyages, les dissertations scientifiques, le compte rendu des découvertes nouvelles, la *Revue des Deux Mondes*, le *Journal des savants*. Il se montrait très-reconnaissant envers ceux qui lui indiquaient un livre qu'il aurait pu oublier, et ne manquait jamais, en leur adressant ses remercîments, de leur faire part de l'impression de sa lecture. Au mois de septembre 1858, par exemple, madame de Galiera lui signale la publication des Lettres de M. de Maistre, et il lui écrit presque aussitôt :

« Je suis rentré à Paris depuis lundi, très-chère

dame, et j'ai eu la douleur en quittant Trouville d'y laisser madame de Boigne cruellement souffrante. Quant à ce qui me concerne, vous me retrouverez amoindri de tous points, plus aveugle, plus sourd, plus terne ; cependant comme je suis toujours obéissant aux bonnes inspirations, je me suis encore trouvé capable d'entendre la lecture de ce livre de M. de Maistre que vous m'aviez signalé. Il y avait longtemps que je n'avais lu chose aussi curieuse ! Ce livre doit causer de grands désappointements à certains des anciens admirateurs de M. de Maistre. Je ne suis pas du nombre, et je le retrouve, dans ses lettres tel que je le connaissais : homme d'esprit, mais ayant un bien plus grand talent dans l'art d'écrire que dans celui de penser. Que d'inconséquences, bon Dieu, et au fond que d'orgueil ! Je ne suis plus surpris maintenant du peu d'accueil qu'il reçut à Turin ! et cependant il avait été *serviteur dévoué ;* mais non dévoué comme le voudraient encore de certaines gens. Nous avions déjà deux *de Maistre* : celui des *Soirées de Saint-Pétersbourg,* et celui de sa Correspondance avec sa famille ; voilà qu'on le produit comme un grand diplomate ! Tenez pour certain que vous en aurez un quatrième par la publication de ses Lettres avec madame Swetchine. »

Dans une autre lettre il parle de deux volumes de MM. Thiers et Villemain :

« Il y a si longtemps que je n'ai causé avec vous, et il y aurait tant à dire, que je ne sais vraiment par quel bout m'y prendre. Je voudrais savoir, cependant, si vous avez lu le douzième volume de M. Thiers? Je me suis *jeté* de suite, dans ce volume, sur ce qui concerne la Hollande et le roi Louis, et je l'ai trouvé très-vrai pour le fond des choses.

« Êtes-vous en train de lire le volume de Villemain? L'ensemble en est très-remarquable, et j'y ai trouvé des pages de la plus éminente beauté. Vous y trouverez deux ou trois souvenirs fort obligeants pour moi.

« Dans le long parcours qu'il fait avec M. de Chateaubriand, il y a bien quelques inexactitudes, mais elles ne sont jamais capitales; le fond des choses est vrai, les jugements sont toujours raisonnables et remarquablement impartiaux.

« Je vous donne là, au reste, mon petit jugement autant qu'il peut être formulé sans avoir achevé la lecture; mais, comme toujours, j'ai hâte de soumettre ma manière de voir à la vôtre.

« A bientôt, n'est-ce pas, par écrit ou par visite? »

Même dans les derniers mois de sa vie il conserve cette heureuse faculté de s'intéresser à tout; il oublie ses maux, la gravité de sa situation, pour ne songer qu'aux *lectures*. Il les appelle *choses plus sérieuses!*

« Je me croyais plus fort qu'hier[1], mais en me levant, mon espérance a disparu ; à mon sens, je n'avance ni ne recule. L'appétit, le *vrai*, ne veut pas revenir. *Mais voici qui est plus sérieux :* j'apprends que M. Guizot a fait lecture, chez madame Lenormant, du chapitre de ses Mémoires contenant son voyage à Gand. Vous devez connaître quelqu'un qui a assisté à cette lecture ; mettez-vous donc bien vite en état de me conter ce qu'on en pense. »

Puis, comme la politique fait toujours partie de ses préoccupations, il ajoute :

« On parle toujours du remplacement de MM. Magne et Walewski. Je ne sais pas ce que nous y gagnerons ; peut-être un uniforme de plus dans le conseil ! Je vous laisse sur cet aperçu. »

Le 28 septembre 1857, au moment où paraissaient les volumes de lettres de madame Swetchine, M. Pasquier lit dans le *Journal des Débats* un article de M. le prince de Broglie sur cet ouvrage, et vite il l'expédie à madame de Boigne, qui se trouvait alors à Trouville, en le faisant suivre des réflexions suivantes :

« Je ne puis résister à vous envoyer l'article ci-joint sur madame Swetchine ; je ne crois pas que M. de Broglie ait jamais rien publié de mieux écrit, mais à combien de réflexions cette lecture ne conduit-elle pas !...

[1] Lettre à madame de Galiera.

« L'exagération a toujours soulevé chez moi tout ce que je pouvais avoir de bon sens et d'esprit. Eh bien, je suis forcé de le dire, ce n'est pas la fin d'une vie qu'on célèbre, c'est celle d'un véritable règne, et le règne de la dévotion *mise en scène*, est un de ceux que j'aime le moins. Je ne puis accepter ce mélange de jouissances religieuses et de jouissances d'amour-propre.

« Je conçois, et je l'ai éprouvé pour madame Pasquier, la charitable complaisance d'un évêque permettant à une femme malade, ne pouvant sortir de chez elle, d'entendre la messe dans sa chambre; mais cela doit s'accomplir sans faste et sans bruit.

« Quant aux aumônes abondantes que faisait madame Swetchine, il est naturel de l'en louer, mais cependant il est aussi permis de dire qu'étant fort riche et n'ayant pas d'enfant, le mérite de ces charités devient un peu moins grand.

« J'ai passé ma vie entouré de femmes charitables, et les femmes de cette sorte abondent dans le monde; mais jamais pour celles que j'ai connues, qui étaient de ma famille, aucun bruit, aucun retentissement ne se sont faits autour de leurs bonnes actions. La récompense qu'elles espéraient n'était pas de ce monde!

« Je n'aime pas non plus cette recommandation de madame Swetchine, qui serait mieux placée dans un martyrologe, de ne demander à Dieu ni un jour de plus, ni une souffrance de moins. J'ai vu mourir, hélas! la personne à la sainteté de laquelle il me serait le plus permis de croire; cette personne était ma sœur. Et combien le langage de son dernier jour était plus simple! »

En poésie, M. Pasquier ne goûta jamais les modernes; il était resté fidèle au dix-huitième siècle, mais plutôt, je crois, par tradition que par penchant raisonné.

Selon l'usage établi dans sa jeunesse, il avait dû beaucoup s'occuper des poëtes; il s'était nourri de leurs œuvres, mais sans y mordre. Ses enthousiasmes étaient des enthousiasmes à froid. Ce qu'il aimait chez certains poëtes, c'étaient, nous le verrons, les souvenirs de sa jeunesse, bien plus que les poésies elles-mêmes. Il savait cependant par cœur des monologues de tragédies, des fables, des poésies légères (je me souviens de lui avoir entendu réciter des tirades de Gentil-Bernard), mais la poésie n'était pour lui qu'un prétexte à causerie; il le sacrifiait volontiers pour d'autres. Il acceptait mieux les romans, mais encore par concession plutôt que par goût. Son esprit sérieux, épris avant tout du fait, et du fait historique, avait de la peine à admettre la fiction; dans le récit le plus innocent, il cherchait toujours à découvrir le sous-entendu politique.

Il lut cependant avec beaucoup d'intérêt certaines œuvres pastorales de madame Sand : *le Champi, la*

Petite Fadette, *la Mare au diable*. Il trouvait dans ces pages des descriptions champêtres, des naïvetés de causeries, d'action, qui le faisaient songer à sa province du Maine, aux chemins creux, aux grandes haies, aux longues plaines de son cher Bocage.

Le succès de madame Sand n'avait été surpassé pour lui que par les œuvres de Walter Scott. Le premier volume lui en avait été apporté en 1821, alors qu'il était ministre des affaires étrangères, par M. Germau, et, en 1860, il aimait encore à remercier cet ami du beau cadeau qu'il lui avait fait; il songeait avec bonheur aux bonnes nuit qu'il avait passées en lisant les romans de l'illustre auteur anglais.

Après ces deux auteurs, sa prédilection était pour M. Mérimée; il se fit lire au moins dix fois *Colomba*, *la Prise de la redoute*; et la petite nouvelle de *l'Abbé Aubain* amenait sur ses lèvres un sourire moqueur qui ne finissait qu'à la dernière phrase de ce charmant récit.

Il retrouva un reste de passion pour *Mademoiselle de la Seiglière*, par M. Jules Sandeau, pour *le Gentilhomme pauvre* d'Henri Conscience, et pour certaines œuvres de M. Octave Feuillet; il admirait Alfred de Musset sans trop l'admettre. Quant à Balzac, exception faite d'*Eugénie Grandet*, M. Pasquier le trouvait *lourd et fatigant;* son amour de l'action ne pouvait s'accommoder de la description physiologique de caractères qu'il n'avait jamais vus de près, et qui lui paraissaient presque invraisemblables.

Au mois de juillet 1858, il se laissa persuader de lire le roman de M. Feydeau intitulé *Fanny*. Ce livre causait alors un certain émoi dans le monde; beaucoup de personnes en avaient parlé à M. Pasquier, mais il avait refusé de l'acheter. Un jour, un de ses amis le lui apporta; il le lut et, le lendemain, selon son usage, en renvoyant le volume, il écrivit la lettre assez curieuse que voici :

« 13 juillet 1858.

« Puisque vous m'avez fait connaître le livre intitulé *Fanny*, il me semble que je dois vous rendre compte de l'impression qu'il m'a produite : le talent n'y manque pas; on y rencontre une certaine richesse de mots et d'expressions; mais, malgré ses qualités, je tiens ce livre pour un des plus mauvais qui se puissent lire. J'y ai trouvé l'application du système adopté aujourd'hui par un grand nombre de romanciers, qui prétendent que le but est atteint, la morale parfaitement satisfaite, lorsque le dénouement est rigoureux, quand la punition se rencontre à la suite d'actes honteux ou coupables.

« Pour arriver à ce but, l'auteur a prodigué les peintures les plus voluptueuses; il n'a pas hésité à montrer au grand jour les beautés de son héroïne; or de telles peintures sont plus dangereuse que celles dont abondent certains livres des plus obscènes. De mon temps, les jeunes gens ne se refusaient pas ce genre de lecture ; je ne sais si ceux d'aujourd'hui sont plus raisonnables et de meilleur goût ; mais ces livres portaient, plus qu'on ne le pense, leur remède avec eux ; il était impossible à celui qui les lisait de ne pas en être bien vite rassasié et finalement révolté.

« Au fond, si vous voulez que je vous le dise, la vraie moralité du livre de *Fanny* se trouverait dans le conseil, indirectement donné aux femmes de trente-cinq ans, de ne pas prendre des amants de vingt-quatre.

« Quant à la donnée principale de l'œuvre, celle de la jalousie de l'amant envers le mari, elle n'a de nouveau que sa folle exagération.

« Si on veut un modèle exquis des sentiments, des sensations qu'une telle situation doit produire, il faut l'aller chercher dans *la Nouvelle Héloïse* de Jean-Jacques. On le trouvera dans les admirables pages où Saint-Preux raconte, avec une extrême délicatesse, les émotions qu'il éprouve en retrouvant Julie mariée, lorsqu'il est par elle présentée à son époux, lorsqu'il la voit entourée de ses enfants ! Là est le vrai, parce que là est le naturel. Il n'y a personne qui ne comprenne tout ce qui doit se passer en ce moment dans le cœur de Saint-Preux, tout ce que les souvenirs du passé, comparés à la situation présente, ont de triste, de poignant! et cependant comme ils sont mêlés aux sentiments les plus délicats, les plus nobles, les plus généreux!

« Le livre de *Fanny* ne laissera certainement pas dans la mémoire et dans le cœur de ceux qui le lisent les traces qui se retrouvent en moi, si vieux que je suis, en pensant à la première lecture que je fis de *la Nouvelle Héloïse*, il n'y a guère moins de *soixante seize ans!*

« Pour le coup en voilà long de mon bavardage et de l'effusion des causeries auxquelles je me laisse aller avec les personnes qui veulent bien me les passer dans toute leur naïveté; ma verve est à bout; la plume de mon secrétaire doit être fatiguée; je n'ai plus qu'à vous dire bien vite mes amitiés. »

Cette lettre témoigne du soin que M. Pasquier apportait à ses lectures, de la facilité avec laquelle il classait dans sa tête ses impressions, en apparence les plus fugitives; elle montre aussi le degré de perfection de cette mémoire qui lui faisait retrouver, après soixante-seize années d'une vie des plus occupées, les incidents de ce roman de *la Nouvelle Héloïse!* Eh bien, cette facilité, cette mémoire ne l'abandonnèrent jamais, et nous le verrons, jusqu'au bout, étonner ses amis par la fidélité de ses souvenirs.

Nous avons fait en raccourci le tableau des lectures de M. Pasquier pour ce qui concerne les temps modernes; dans le passé, et au point de vue historique, c'étaient encore les Mémoires qui avaient ses prédilections, Saint-Simon avant tous ; en littérature, la Fontaine, dont il savait beaucoup de fables par cœur, et qu'il appelait le meilleur des prédicateurs et le plus grand des moralistes; Boileau, dont il citait fréquemment des vers, et enfin Voltaire. M. Pasquier admirait l'esprit, l'universalité de connaissances de cet *homme extraordinaire,* sans se soucier de certaines théories du *Dictionnaire philosophique.* Dans les derniers mois de sa vie, alors que son esprit avait peine à rester longtemps attaché au même sujet, chaque fois qu'il voulait se délasser, se récréer, il se faisait lire un volume de la Correspondance de Voltaire ou un fragment de ses poésies, voire même de ses tragédies.

On s'étonnera moins de cette grande séduction qu'exerçait Voltaire sur l'esprit de M. Pasquier, si on veut bien se reporter aux premières années de son entrée dans le monde. A ce moment, Voltaire était une espèce de demi-dieu, vanté, prôné dans tous les salons; il avait été connu particulièrement par bon nombre de personnes que M. Pasquier rencontrait journellement. Le grand-père de M. Pasquier, le doyen de la grand'chambre, avait été, en rhétorique, le camarade de collége du poëte, et leurs relations, sans s'être amicalement poursuivies, n'avaient jamais complétement cessé; M. Pasquier aimait à montrer, à faire lire une lettre de Voltaire adressée à son grand-père, à l'occasion du procès de M. de Lally, et dont il possédait l'original.

Le vieux conseiller avait été chargé d'instruire cette affaire, et il avait cru devoir conclure contre M. de Lally. Il fut donc très-peiné en apprenant que M. de Voltaire prenait la défense du condamné, attaquait très-vivement l'arrêt du Parlement.

Il lui écrivit alors pour lui expliquer la cause, rectifier certaines de ses erreurs, pour justifier sa conduite et son jugement. Voltaire répondit aussitôt la lettre qu'on va lire :

« Ferney, 20 septembre 1776.

« Monsieur,

« Je reçois la lettre dont vous m'honorez ; mes yeux de quatre-vingts ans la lisent avec beaucoup de difficulté, mais mon cœur en est très-touché, et ma vieille raison me fait comprendre que j'aurais dû ne jamais écrire.

« Je vois évidemment que l'avarice de quelques libraires m'a imputé plusieurs ouvrages qui ne sont pas de moi, et a falsifié ceux dont j'ai eu le malheur d'être l'auteur. J'ai vu quatre éditions du même écrit dont vous voulez bien me parler, et ces quatre éditions sont absolument différentes. Si je pouvais raisonnablement espérer ou craindre de vivre encore quelques années, je ferais moi-même une édition correcte que j'avouerais, et assurément vous n'en seriez pas mécontent. Ma famille, monsieur, qui a eu l'honneur de jouir souvent de votre société, m'a appris ce qu'on doit à votre mérite personnel, à votre éloquence et à la bonté réelle de votre cœur. J'ai tant de confiance en cette bonté, que je vous avouerai la manière dont les choses dont vous me parlez se sont faites.

« C'est le fils du brave, du malheureux officier dont vous me parlez qui, dans le désespoir le plus juste, ou du moins le plus pardonnable, a écrit les mémoires dont on a fait usage, et vous excuserez sans doute un fils qui veut justifier son père.

« Puisque vous m'enhardissez, monsieur, à vous faire des aveux, dont je suis sûr qu'un homme de votre rang et de votre âge n'abusera pas, je vous dirai encore que le très-vertueux ami d'un jeune infortuné qui serait devenu un des meilleurs officiers de France, ayant échappé à la catastrophe épouvantable de ce jeune ami, a passé deux années entières chez moi entre la France et Genève. Ce jeune homme est devenu un des meilleurs ingénieurs de l'Europe. J'ai eu le bonheur de le placer auprès d'un grand roi, qui connaît et qui récompense le mérite. Je vous demande donc en grâce de lui pardonner aussi; en vérité, c'est tout ce que nous devons faire à l'âge où nous sommes parvenus vous et moi, monsieur, que de passer nos derniers jours à pardonner.

« Quand on regarde du bord de son tombeau, tout ce qu'on a vu pendant sa vie, on frissonne de tant d'horribles désastres. Heureux ceux à qui on peut dire avec Horace :

« Lenior et melior fis accedente senecta.

« Je vous souhaite, monsieur, une santé plus forte que la mienne, une longue jouissance de l'extrême considération où vous êtes, du repos après le travail, et toute l'indulgence si nécessaire pour les hommes dont vous connaissez la faiblesse et la misère.

« J'ai l'honneur d'être avec beaucoup de respect, de véritable estime et de vénération,

« Monsieur,

« Votre très-humble, etc., etc. »

M. Pasquier attachait une véritable importance à cette pièce. Il l'avait placée précieusement parmi ses documents de famille, et ce n'était pas, parmi les œuvres de Voltaire, celle qu'il prisait le moins. Le grand écrivain d'ailleurs, en dehors de son mérite incontesté, avait un titre précieux à la prédilection de M. Pasquier, celui de rajeunir sa mémoire, de le reporter aux impressions de ses vingt ans.

Presque toujours, après une lecture des poésies ou de la Correspondance, il me faisait appeler, et nous avions ensemble de longues causeries sur les usages, les habitudes de l'ancien régime, sur les hommes et les choses. Les anecdotes les plus intimes succédaient aux jugements politiques ; les confidences mystérieuses accompagnaient les dissertations philosophiques. C'était comme un chapelet de souvenirs qu'il égrenait le sourire sur les lèvres, une douce joie dans le cœur. Parfois une pensée amère venait traverser son esprit, une tristesse ridait son front, mais l'épanchement de la causerie pansait bien vite la blessure. Avec un mot je le plaçais sur un nouveau sentier, et il recommençait à courir en battant ses chers buissons.

Il me rappelait l'éclat de la Comédie-Française; il me citait les noms des acteurs, des actrices qu'il avait connus : Molé, Fleury, Lekain, Préville, mademoiselle Clairon, mademoiselle Raucourt. Il évoquait le nom de mademoiselle Contat, la plus grande actrice à ses yeux des âges passés, présents et futurs; un miracle d'esprit, de grâce, de beauté[2] !

« Le foyer de la Comédie-Française, me disait-il, était alors un véritable salon ; on y trouvait la meilleure compagnie. C'était un lieu de rendez-vous pour les hommes du monde. Je m'y rendais presque chaque jour, bien certain d'y apprendre toutes les nouvelles, d'y goûter le charme d'une causerie souvent sérieuse, toujours intéressante et instructive. »

Passant ensuite du théâtre à la société, il me par-

---

[1] Je demandais un jour à M. Pasquier comment avait fini mademoiselle Contat : *Elle finit*, me répondit-il, *avec l'ancien régime, mais survécut jusqu'en* 1813!

lait de Lavoisier et de ses découvertes scientifiques, de madame de Lavoisier et de son salon, de M. de Laborde, le fermier général, et de toute sa descendance, de M. de Lacépède, du baron d'Holbach, de Volney, l'auteur des *Ruines*, qu'il avait retrouvé sous l'empire, très-protégé par l'impératrice Joséphine et installé au pavillon Marsan; de la famille de M. de Lamoignon-Malesherbes. Il croyait voir encore mademoiselle Louise de Lamoignon, assise devant le grand clavecin aux pieds dorés, sur lequel elle jouait la musique de Gluck et celle de Piccini, sous la direction de l'organiste Balbâtre, le professeur à la mode de cette époque, celui qui, le premier, substitua le piano-forté au clavecin.

Le nom de Rousseau amenait des anecdotes sur madame d'Houdetot, sur madame d'Épinay, sur la famille de Girardin. « Ma mère, me disait M. Pasquier, s'était intéressée à Rousseau; elle l'avait visité plusieurs fois et lui avait fait copier de la musique. Un jour, croyant être agréable à son protégé, elle amena avec elle une de ses amies. Le philosophe génevois se montra très-contrarié en apercevant ce nouveau visage; il se figura que ma mère voulait le montrer comme une bête curieuse; il fut bourru, grognon, presque malhonnête; il reconduisit le plus vite possible ses deux visiteuses, et, dès ce moment, leur ferma pour toujours sa porte.

« Ma mère avait été fort blessée de ce manque

d'égard ; son excellent cœur ne lui suggéra cependant pas une plainte contre Rousseau. Elle continua à parler de lui avec intérêt, resta grande admiratrice de certaines de ses œuvres, de son livre d'*Émile* surtout ; elle voulut même mettre ce livre en pratique sur ma chétive personne. Chaque jour, par tous les temps, elle m'envoyait promener jambes nues, court vêtu, le long des boulevards ou dans le jardin des Tuileries ; je grelottais, j'étais transi de froid, je rentrais au logis maussade, mécontent, souvent les larmes dans les yeux. Rien n'y faisait, ma mère était inflexible ; il fallait recommencer le lendemain et les jours à la suite.

« Ah ! que de fois j'ai maudit l'*Émile* et son système ! C'est certainement à Rousseau que je suis redevable d'être aussi sensible au moindre refroidissement de la température ; c'est lui qui m'a valu tous mes catarrhes [1]. »

Les membres de l'ancien Parlement venaient se présenter à leur tour dans ce miroir magique de ses souvenirs ; il me montrait le président Bochard de Sarron, M. Lepelletier de Rosambo, Henrion de Pansey, Ferrand, l'avocat Linguet ; puis c'était le ban des médecins, Tronchin, Louis, Bouvard, dont

---

[1] L'assertion était peut-être exagérée ; mais il est certain que M. Pasquier avait horreur du moindre vent un peu âpre. Il lui fallait du feu dans sa chambre presque en toute saison ; même en été il se tenait emmaillotté dans son cabinet comme s'il avait été exposé au climat de la Norwége.

il avait été l'ami, et sur tous il avait des anecdotes sans fin, remplies d'intérêt, que je l'ai engagé cent fois à écrire. Je n'osais les prendre en note moi-même, craignant d'empiéter sur son patrimoine personnel, et je me reproche aujourd'hui de ne pas les avoir inscrites, conservées, dans l'intérêt de sa mémoire.

Si M. Pasquier avait voulu joindre à ses Mémoires deux volumes purement anecdotiques, il les aurait composés d'une façon charmante. J'ai vu peu de personnes causer aussi bien, aussi facilement; il possédait, d'ailleurs, le privilége assez rare d'une existence presque séculaire, durant laquelle il s'était toujours trouvé aux premières loges pour bien voir et pour bien entendre.

Mais il n'attachait aucune importance à l'anecdote; la politique avait dominé sa vie, et, du temps qu'il avait traversé, il croyait sincèrement que rien ne survivrait en dehors de la politique. J'avais beau lui objecter que les mœurs tiennent à la politique, que les sociétés sont le milieu où se meuvent les mœurs, et que peindre la société et les mœurs, c'était se rattacher à la politique elle-même, il me répondait : « C'est possible. » Et il rêvait à la discussion de l'adresse.

Telles étaient les occupations de M. Pasquier; il les reprenait chaque jour avec la même méthode, avec le même plaisir. Grâce à elles, il vécut sans pactiser avec le désœuvrement, sans jamais connaître l'ennui ; il y trouva, non pas seulement des satisfactions personnelles, le contentement de lui-même, mais aussi un moyen de vivre en bonne intelligence avec son prochain; de faire oublier les infirmités de son vieil âge et de marcher avec son siècle. Il avait, au reste, une véritable soif de connaître ; il voulait n'être étranger à rien ; ce qu'il ne pouvait pas lire, je le lui résumais à la fin de chaque journée. Je parcourais rapidement les montagnes de brochures qui lui arrivaient, les articles des revues, les livres nouveaux, cornant les pages dignes de son attention, pointant les mots, les phrases, les noms propres ; puis, en une demi-heure, je lui résumais mon travail.

Il m'écoutait avec un profond recueillement, il faisait ses observations, ses rectifications personnelles, et quand venait l'heure de gagner sa salle à manger pour y rejoindre ses convives, ou de sortir pour se rendre à quelque invitation, il pouvait se dire que pas un incident des affaires de la journée ne lui avait échappé. Il était en état, au grand ébahissement de ses amis, de disserter sur des publications parues depuis deux heures, que les plus empressés avaient eu à peine le temps de feuilleter. Il goûtait alors des satisfactions que rien n'aurait pu compenser, et ces satisfactions, il faut le dire, étaient la juste récompense de la peine qu'il se donnait pour les obtenir.

Nous ne nous souvenons pas de lui avoir jamais entendu dire : Je vais me reposer! Si une occupation le fatiguait, il courait à une autre. Quand nous le quittions, il prenait son lecteur; sa lecture finie, il nous appelait. Il se reposait du travail par le travail, et cette vie active se poursuivait depuis le 1er janvier jusqu'au 31 décembre.

CHAPITRE VIII

Prédilection de M. Pasquier pour le séjour de Paris. — Ses voyages d'été. — Incidents de route. — Opinion de M. Pasquier sur les chemins de fer. — Le château de Coulans. — M. Jules Pasquier. — Émotion de M. Pasquier en revoyant le château de ses pères. — Son opinion sur la grande propriété. — Le château de Sassy.

Nous venons d'exquisser l'existence laborieuse de M. Pasquier pendant les mois d'hiver; suivons-le maintenant dans ses voyages d'été. Là encore nous retrouverons des souvenirs qui méritent d'être conservés.

Il était, nous l'avons dit, Parisien par excellence, et pas une ville au monde ne valait pour lui la cité qui l'avait vu naître. Elle était comme un point lumineux vers lequel ses regards se dirigeaient sans cesse. Rien n'était plus beau que Paris, rien n'était meilleur! pas une contrée n'offrait autant de ressources, autant de sécurité hygiénique! Il se serait donc très-volontiers accommodé de ne jamais quitter son logis de la rue Royale; mais l'heure de la belle saison venue, ses amis regagnaient leurs habitations de campagne; les Chambres terminaient leurs sessions, les tribunaux prenaient leurs vacances; ses enfants, ses plus intimes allaient s'établir dans leurs châteaux. S'il s'était obstiné à demeurer fidèle à la grande ville, il y serait resté seul ou à peu près, et la solitude ne lui convenait pas. Chacun, au reste, autour de lui, le pressait de se mettre en route; on lui disait que le changement d'air lui serait favorable; que le voyage lui donnerait de nouvelles forces; on lui promettait un échange assidu de correspondances. Comment aurait-il pu résister à tant d'amicales instances? Il se soumettait donc, mais pressé et impatient dans les moindres actes de sa vie, à peine décidé à partir, il aurait voulu être arrivé. Le jour où il quittait Paris, il était sur pied dès cinq heures du matin; il déjeunait en toute hâte, et ne recouvrait un peu de tranquillité qu'au moment où il franchissait le marchepied de la voiture. Au premier tour de roue, par exemple, son impatience tombait, son humeur redevenait gaie. Nous entamions une causerie, et tantôt en poste, tantôt en chemin de fer, nous voyagions sans trop compter les bornes kilométriques de la route.

Pendant les dix-huit années de sa présidence de la Chambre des pairs, les voyages de M. Pasquier s'étaient bornés à des visites rendues à quelques-uns de ses amis, habitant à deux ou trois lieues de la ville, et notamment à madame de Boigne, installée pour la saison d'été dans sa villa de Chatenay. Ces déplacements étaient donc pour lui de simples promenades. Il les accomplissait avec rapidité, suivant son gré ou sa fantaisie, à l'aide de sa voiture. Avant 1830, il avait parcouru la Suisse, l'Italie, le midi de la France; il était retourné plusieurs fois dans sa terre de Coulans; mais comme à cette époque les chemins de fer n'existaient pas encore, c'était toujours en poste qu'il avait couru le monde. Nous avons donc assisté, nous le croyons, à un de ses premiers essais de locomotion par chemin de fer, et il ne s'y lança pas sans un certain sentiment de crainte. Il en redoutait l'influence sur sa santé; il craignait de ne plus être assez ingambe pour monter en wagon, circuler sur les quais de garage et pour éviter les dangers. Cette frayeur cependant ne dura pas, mais il éprouva longtemps de vives impatiences en se trouvant contraint à ne pouvoir presser ou retarder la marche à son gré, et surtout, une fois fermé dans le wagon, à être traité, disait-il, comme un véritable colis. J'étais obligé de déployer des trésors d'éloquence pour calmer sa mauvaise humeur, pour l'obliger à accepter le droit commun. Je finis par y arriver non sans peine, mais je ne pus jamais empêcher les éclats de sa colère contre les minutes d'arrêt perdues à chaque station, et, malgré la rapidité de la locomotive, il reprenait toujours sa voiture avec satisfaction. Quand le postillon criait, claquait, fouettait, quand la voiture s'agitait, se ballottait, sur les pavés ou dans les ornières de la route, le mouvement lui semblait plus accéléré que celui du chemin de fer. Les trajets en voiture avaient cependant aussi leurs inconvénients ; les relais en 1850 étaient déjà fort mal servis ; il nous arriva plusieurs fois, au grand déplaisir de M. Pasquier, de stationner deux ou trois heures sur la grande route.

Comme nos voyages étaient toujours les mêmes, comme notre itinéraire était invariablement tracé, il imagina, pour ne pas être exposé aux retards et aux mécomptes, de s'adresser à M. le général de la Rue, inspecteur général de la gendarmerie, et il le pria de demander à tous les officiers chargés d'un commandement sur les routes que nous parcourions, de vouloir bien veiller à ce que les chevaux fussent présents à la poste au jour et à l'heure indiqués par une note jointe à sa missive.

M. le général de la Rue, très-sincèrement attaché à M. Pasquier, acquiesça à son désir avec l'obligeance la plus aimable. Il écrivit à ses capitaines, en leur envoyant la note. Des capitaines l'ordre passa aux lieutenants ; des lieutenants il vint aux maréchaux des logis, aux brigadiers, prenant une forme de plus en plus impérative, et pour cette fois, notre voyage se fit sans accident. Chevaux et postillons nous étaient amenés entre deux gendarmes, à la grande surprise des bonnes gens, qui se demandaient sérieusement si nous représentions de hauts fonctionnaires en voyage ou des personnages reconduits avec précaution à la prison du chef-lieu de préfecture. Le doute ne cessait que lorsqu'on voyait le sous-officier de gendarmerie mettre son chapeau à la main devant M. Pasquier, et celui-ci d'une façon très-polie exprimer à cet utile fonctionnaire son meilleur remerciement.

Bientôt aussi le nom de M. Pasquier, précédé de son titre de chancelier, se répandait dans le village, dans le bourg, dans la petite ville ; le maître de poste l'avait confié à son voisin, et de bouche en bouche, de boutique en boutique, il avait fait le tour du pays ; alors c'était un vrai flot de population qui entourait la voiture ; on voyait arriver à la file tous les oisifs. Sans dire un mot, ils regardaient ébahis, la bouche ouverte, la voiture, les gendarmes et le grand vieillard encapuchonné dans le fond de sa voiture, qui, sans se soucier de leur empressement, méditait l'article du journal du matin. Le postillon lui-même devenait un objet de surprise, ce dont il ne laissait pas d'être fier ; et je suis persuadé que, dans ces petites cités où la vie s'écoule si calme, si peu fertile en incidents, celui de notre passage de dix minutes devait rester à l'état de légende et occuper pendant bien des jours les entretiens.

S'il arrivait que M. Pasquier descendît de voiture,

la curiosité n'avait plus de borne ; on ne le perdait plus de vue ; on suivait tous ses mouvements ; on épiait tous ses pas, ce qui était même parfois fort embarrassant. Un jour, par exemple, il nous en souvient, un de ces arrêts donna naissance à une petite scène assez curieuse.

En arrivant à la poste, on s'aperçut que les roues s'étaient échauffées et avaient besoin d'être graissées. Il fallut que M. Pasquier descendît de voiture ; mais où aller pendant qu'on réparait l'avarie? La petite ville que nous traversions était une cité demi morte ; l'herbe poussait dans les rues. En face de nous, se dressaient dans une boutique quatre ou cinq flacons verts et bleus annonçant une officine pharmaceutique ; nous nous dirigeâmes de ce côté. En nous voyant franchir le seuil de sa demeure, le maître du logis, qui nous lorgnait depuis longtemps à travers ses vitres, faillit étouffer d'étonnement ; il courait d'une chaise à un fauteuil, d'un fauteuil à une chaise, ne sachant qu'offrir à son illustre visiteur.

M. Pasquier, très-bienveillant et fort ennemi du cérémonial, le mit bien vite à son aise ; il lui acheta des jujubes, qu'il paya plusieurs fois leur valeur, puis, selon son usage, il engagea la conversation, questionnant le commerçant sur les habitudes, les occupations des résidants, sur les industries de la ville, sur les distractions qu'on y rencontrait, sur la société qu'on y pouvait trouver, sur ce qu'on pensait, dans la localité. « La ville, lui répondit le pharmacien, vous la voyez, monsieur ; il ne passe pas six personnes par jour devant ma porte ; les habitudes, on n'en a qu'une, rester chez soi ; les industries importantes sont nulles ; le plus grand commerçant est un marchand de bois ; les distractions, on n'en connaît d'autres qu'une fête patronale tous les ans et le jeu de cartes en famille. Il n'y a point de société ; on ne dit rien, on ne pense rien, et il ajouta : J'ai fait mes études à Paris ; j'ai été élève sept ans dans une pharmacie de la rue des Petits-Champs : je vous laisse à penser si je dois trouver du changement ! Je suis né dans ce pays et j'avais bien compté n'y rentrer jamais ; mais mes parents m'ont persuadé de me marier ; ils m'ont acheté ce magasin et m'y voilà jusqu'à la fin de mes jours ! »

M. Pasquier fut abasourdi par une semblable révélation. « Et vous vivez ! dit-il avec commisération à son interlocuteur. — Il le faut bien, répondit celui-ci. » Il y eut alors silence des deux parts. M. Pasquier considérait le pauvre pharmacien avec des regards de profonde pitié. Heureusement on annonça la voiture et cette diversion rompit la glace. M. Pasquier consola l'honnête industriel, lui fit entrevoir une ville plus vivante à l'époque où elle serait traversée par le chemin de fer, puis, après des remerciements sur l'hospitalité qui lui avait été accordée, il salua et nous sortîmes. Mais quand nous fûmes réinstallés dans la voiture, jetant une dernière fois les yeux sur l'officine qu'il venait de quitter, il s'écria en levant les bras au ciel : « Ah ! le pauvre homme ! le malheureux homme ! comment n'est-il pas mort cent fois ! »

Il est certain que cette existence et la sienne étaient logées aux deux antipodes. Reste à savoir si le pharmacien, placé dans la fournaise du mouvement, n'aurait pas été plus malheureux que derrière ses flacons de couleur et dans l'oisiveté dolente de son pays.

Ces nonchalances d'habitudes, cette apathie presque inconsciente, qu'on retrouve encore en province, et dans certains coins de la Normandie plus qu'ailleurs peut-être, jetaient au reste M. Pasquier dans des étonnements toujours nouveaux ; et quand il considérait ces populations marquées par une expression presque identique, mues en apparence par un même ressort, il en arrivait à se demander si ce n'était pas folie de rêver pour elles un gouvernement auquel elles auraient une part directe. « Voilà pourtant, disait-il, les gouvernants que peut donner le suffrage universel ! qu'espérer, qu'attendre d'une majorité bien intentionnée, très-honnête, mais qu'un entraînement, une idée fausse, peut jeter dans les écarts les plus funestes ? » Puis, songeant aux changements qu'il avait vus déjà s'opérer à la suite de l'organisation des chemins de fer, à ces villes qu'il avait connues frappées de somnolence, sans mouvement, et auxquelles la voie ferrée avait communiqué une vie nouvelle, il s'écriait : « Cette invention est la plus grande des temps modernes ; elle a bouleversé le monde ; elle entraîne après elle un changement complet dans les habitudes sociales et politiques. Le chemin de fer, il est vrai, détruit le pittoresque du voyage ; il dérange l'harmonie des lignes du paysage ; la diligence, la chaise de poste avec le mouvement des chevaux, les repos au relais, les marches à pied pour gravir les montagnes, les traversées de villages, de villes, offraient des distractions parfois charmantes ; mais n'a-t-on pas trop souvent jugé des inconvénients des uns, des agréments des autres, du fond d'une chambre bien confortable, bien à l'abri des intempéries des saisons ? A quelles souffrances n'exposait pas le régime des voitures lorsqu'on était obligé de voyager en hiver ! quels ennuis n'éprouvait-on pas avec cette locomotion si lente, lorsque, pour la vingt ou trentième fois, on parcourait la même route ! » Et, en se plaçant à un point de vue plus élevé : « Quelle vie, quel mouvement ont portés dans les coins les plus ignorés, cette locomotive et son panache de fumée ! »

« Ces transformations, je le dis à regret, font perdre le respect du clocher, amoindrissent l'union des familles, poussent les hommes à une fièvre de cosmopolitisme qui engendre souvent des ambitions difficiles à satisfaire ; mais, d'autre part, que de compensations ! quelles conquêtes que l'élévation de l'homme vis-à-vis de lui-même! que l'extinction des haines de races, des préjugés de pays! Les chemins de fer sont le grand levier de toute civilisation. Ils franchissent les fleuves et les montagnes; ils renversent les frontières ; ils mêlent les provinces et les pays, fusionnent tous les sangs ! Leur action se montre enfin si grande, que lorsque je viens à y songer, mon esprit se perd dans l'infini! Les chemins de fer remettent tout en question, ils sont presque l'anéantissement de l'expérience et du passé, mais ils sont le point de départ d'un nouvel ordre de choses devant la grandeur duquel il est impossible de ne pas s'incliner ! »

On le comprend cependant, M. Pasquier avait trop vécu avant leur établissement pour accepter, sans un peu se plaindre, cette école de locomotion à laquelle dans un âge bien avancé il était obligé de se soumettre. Mais ses répugnances personnelles, cette fois encore, ne lui faisaient pas fermer les yeux sur l'intérêt commun, et il le montra en appuyant de son crédit l'obtention de certains embranchements vivement réclamés par des groupes de populations.

En quittant Paris, notre première visite était chaque année pour le château de Coulans, terre patrimoniale de la famille Pasquier. Confisquée en 1793, mise en vente comme tous les autres biens dits nationaux, elle avait été conservée à ses légitimes propriétaires par le dévouement des tenanciers.

En l'absence des maîtres morts ou poursuivis, ils s'étaient constitués les gardiens du domaine, avaient fait circuler de tels projets de menace contre quiconque oserait s'en rendre acquéreur, qu'une bonne partie fut sauvée; et M. Pasquier, après le 9 thermidor, ainsi que nous l'avons montré, avait été assez heureux pour obtenir d'en être remis en possession [1].

Le château de Coulans est situé à quatre lieues de la ville du Mans; le pays qui l'avoisine est bien planté, les cultures y sont variées, la végétation luxuriante, et les grandes haies qui bordent et encaissent les chemins justifient pleinement le nom de bocage qui a été donné à la contrée.

En quittant la grande route, on traverse, pour y arriver, de hautes futaies coupées par des avenues royales; au bout des futaies se trouvent des prairies, et au milieu de ces prairies l'habitation.

L'édifice n'a aucun style; c'est un lourd bâtiment à un seul étage, surmonté de mansardes, flanqué

---

[1] De tels actes témoignent clairement comment, à cette époque, certaines familles comprenaient, mettaient en pratique ce principe de solidarité dont quelques écrivains voudraient faire une invention toute moderne.

Ces actes furent, au reste, à l'époque de la révolution, beaucoup plus fréquents qu'on ne le suppose généralement. La persécution, en France surtout, amène toujours après elle les abnégations et les dévouements.

de pavillons, dans lesquels sont placées les écuries et les remises.

En face du château est bâtie la chapelle, qu'on prendrait de l'extérieur pour une orangerie. La disposition des cours, des bâtiments de service, révèle une organisation plus bourgeoise que seigneuriale. Dès l'arrivée, on reconnaît l'habitation rurale d'une famille de magistrats. La nature est du reste en complète harmonie avec la vie studieuse. On n'aperçoit ni collines abruptes, ni rochers, ni torrent, ni précipices. Aussi loin que la vue peut s'étendre, de tous côtés, c'est un calme océan de verdure, bordé à l'horizon par des forêts.

Nous n'oublierons jamais le premier voyage que nous fîmes à Coulans, en 1853 ou 1854, et les incidents dont nous fûmes alors témoin.

Depuis trente années pour le moins, les grandes occupations de sa vie politique, les travaux incessants de la Chambre des pairs avaient empêché M. Pasquier d'aller visiter ce lieu, où il avait si longtemps vécu ; ce fut donc avec une véritable joie qu'il prit la résolution d'aller le revoir.

Le château avait été d'abord la propriété commune des trois frères et de la sœur, aucun partage n'ayant été fait entre eux des biens provenant de la succession de leur père. Mais, plus tard, M. le chancelier avait successivement racheté l'héritage de son frère Auguste et celui de sa sœur.

A l'époque où nous sommes parvenus, il était donc possesseur de trois parts de propriété. La dernière restait acquise à son frère Jules. L'existence de ce frère, dont nous n'avons pas encore parlé, parce qu'il ne mourut que dans un âge fort avancé, et peu d'années avant M. le chancelier, n'avait pas été exempte de tribulations.

Pendant la révolution, à peine âgé de seize ans, il s'était enrôlé dans un régiment de cavalerie et avait été envoyé sur la frontière d'Espagne.

Cette situation le sauva de la suspicion et le mit à l'abri des poursuites. Ses camarades, ses chefs n'ignoraient pas son origine, la situation de sa famille ; mais le sentiment de l'honneur les aurait poussés à se faire ses défenseurs plutôt que ses dénonciateurs.

Une fois pourtant, M. Jules Pasquier courut un assez grand danger : un commissaire extraordinaire avait été envoyé de Paris pour inspecter le corps d'armée qui campait aux pieds des Pyrénées. Selon l'usage, il y eut grand luxe de revues, de parades, de carrousels, de fêtes de toute espèce. Par ordre du commissaire, on organisa même une représentation dramatique ; de jeunes soldats, de jeunes sous-officiers, furent désignés pour remplir les rôles de femmes ; les pères nobles furent triés avec soin parmi les vieux maréchaux des logis. Il ne resta plus qu'à décider les pièces qui devaient être jouées. Les préférences de la majorité étaient pour les comédies gaies, pour de petites pièces comiques mêlées d'ariettes, et dans lesquels acteurs et spectateurs auraient trouvé leur compte, les uns en y prodiguant leur entrain, les autres en y répondant par leurs rires et leurs applaudissements; mais le commissaire en décida autrement, et, se drapant dans son manteau civique, il ordonna de jouer *le Jugement dernier des rois*, du citoyen Sylvain Maréchal, une turpitude absurde, un non-sens, une de ces pièces phénoménales comme il en éclôt toujours dans les premières heures de licence qui suivent les crises politiques.

Un rôle échut précisément à M. Jules Pasquier. Son indignation fut extrême en le recevant, et, sans calculer les conséquences que pouvait avoir sa conduite, il refusa de paraître dans une pièce qui parodiait les actes sanglants dont son père, ses amis, sa famille avaient été les victimes.

L'entourage du commissaire fronçait le sourcil; déjà on avait ordonné une enquête, et de l'enquête au jugement, du jugement à l'exécution, le passage était rapide. Heureusement, le régiment tout entier prit fait et cause pour un des siens; les têtes grises se chargèrent de calmer M. Jules Pasquier; on lui fit comprendre le peu d'importance de l'acte qu'on lui demandait; on lui montra que sa résistance le perdait sans sauver personne, pouvait même entraîner d'autres suspicions. Cette dernière considération fit taire ses scrupules; il consentit à cacher son indignation méprisante sous le masque d'un visage riant; il joua le rôle et l'affaire n'eut pas d'autres suites. Peu après, le commissaire quittait l'armée, mais non sans faire un beau discours sur le patriotisme et les productions dramatiques dont il avait été l'origine.

Dans les premières années du Directoire, M. Jules Pasquier, qui n'avait pas un goût très-prononcé pour l'état militaire, quitta l'armée et il revint à Paris rejoindre son frère aîné. La situation de celui-ci commençait à être bonne; il avait déjà quelque influence. Il engagea M. Jules à rester auprès de lui, à embrasser la carrière administrative et, la proposition ayant été acceptée, il le fit nommer sous-préfet. M. Jules Pasquier devint ensuite préfet du Mans. En 1818, il fut appelé à la direction générale de la Caisse d'amortissement; il conserva cette situation jusqu'au 28 février 1848. A ce moment, il crut devoir donner sa démission et, obéissant à un désir qu'il nourrissait depuis longtemps, il prit le parti de quitter Paris et d'aller finir ses jours au château de Coulans.

C'est là que nous le trouvâmes installé avec toute sa famille, au moment de notre première visite avec M. le chancelier.

Jusqu'à cette époque, nous avions peu vu M. Jules

Pasquier. Ses séjours à Paris étaient rares et fort abrégés; nous le connaissions à peine.

Il nous apparut comme un vrai patriarche; il marchait toujours la tête nue, laissant flotter sur ses épaules ses longs cheveux blancs; la bonté, la douceur de sa physionomie étaient rehaussées par les mèches imposantes de sa grande barbe couleur de neige; le timbre de sa voix était agréable; il avait une façon de prononcer certains noms, celui de son frère, par exemple, qui révélait toute la chaleur de ses sentiments affectueux; sa démarche cadencée, un peu chancelante, imposait le respect; il offrait bien l'image du grand-père, dans la plus belle acception du mot; il était le modèle accompli de ces vieillards qui ne vivent plus que par le cœur, dont les derniers pas en ce monde sont marqués par la trace de leurs bienfaits.

Plein de tendresse pour les siens, il avait voulu aussi être l'ami, le conseil des paysans de son voisinage; il vivait sans faste; il accueillait chacun sans hauteur; il avait fini par être si bien gardé par le respect public que, depuis longtemps, les portes de son habitation n'étaient jamais closes.

Entre les deux frères il existait des différences marquées; M. Jules inclinait aux opinions légitimistes représentées par M. de Villèle; M. le chancelier, au contraire, nous l'avons montré, se rattachait à la politique de M. le duc de Richelieu; mais ces différences n'influaient pas sur leur amitié réciproque ; tant de sentiments communs les rapprochaient ! ils se ressemblaient par la bienveillance, la droiture, par la profonde honnêteté. M. Jules Pasquier d'ailleurs professait pour son frère un dévouement sans bornes ; il aurait tout concédé pour lui éviter la moindre peine ; sa déférence était complète, sans restriction.

Ces qualités aimables, attachantes, lui avaient mérité, à Coulans et dans les environs, une popularité bien naturelle ; mais cette popularité était en quelque sorte subordonnée à la somme de respect, de haute considération concentrée autour du nom de M. le chancelier. M. Pasquier, en effet, était l'aîné, le chef de famille ; aux yeux de la foule, il avait conservé tout le prestige des hautes dignités dont il avait été revêtu. Je me souviens d'avoir entendu des paysans du Maine parler de lui comme d'un héros de légende.

La nouvelle de son arrivée s'était donc bien vite répandue dans les villages des environs de Coulans ; on savait le jour, l'heure, qui devaient marquer son passage ; tout le pays était en émoi.

A trois lieues de l'habitation, nous pouvions déjà constater les témoignages de la curiosité et de l'empressement publics ; des groupes stationnaient le long des chemins ; des familles étaient massées devant les portes, et plus nous approchions, plus les groupes, les familles devenaient nombreuses ; derrière les taillis, sur le seuil des demeures, les paysans se tenaient chapeau bas pour saluer M. Pasquier, et ces témoignages n'avaient rien de servile, nul ne les avait commandés : ils étaient le résultat d'un élan tout spontané.

En arrivant au château, l'accueil fut bien plus chaleureux encore : M. Jules, sautait au cou de son frère en versant des larmes de joie ; M. Louis Pasquier, fils de M. Jules, saluait son oncle par le serrement de mains le plus affectueux ; puis venaient les membres de la famille ; à leur suite, les anciens serviteurs restés aux invalides dans quelque coin du château ; un vieux cuisinier, dont les services dataient de quarante ou cinquante années ; un vieux valet de chambre, qui avait besoin lui-même d'un aide pour le soutenir ; un vieux garde, cassé par l'âge, à la tête tremblante, et qui arrivait encore le carnier sur le dos, le fusil sur l'épaule, comme au bon temps de jeunesse. C'était enfin un bruit confus de baisers, de paroles, de serrements de mains, de saluts, de félicitations, de voix de vieillards, et de voix d'enfants, une admirable aubade pour saluer une bienvenue.

Nous pûmes franchir la porte à grand'peine, et peu après notre arrivée on servait le dîner. Le soir, au salon, on parla des absents, beaucoup du passé, et M. Pasquier monta enfin dans sa chambre à coucher pour s'y reposer des fatigues du voyage.

Nous avions gravi l'escalier à sa suite, notre appartement étant dans son voisinage; nous le vîmes entrer avec une véritable joie dans cette chambre qui avait été la sienne, qu'il n'avait peut-être jamais cru revoir. Il la retrouvait telle qu'il l'avait laissée : le même papier au mur, les mêmes meubles, le même fauteuil avancé devant le feu ; il la parcourait en tous sens, touchant à chaque objet; il s'approchait de la fenêtre, regardait en souriant la grande prairie et le massif des tilleuls séculaires; son visage rayonnant témoignait que son esprit était tout entier aux souvenirs des bonheurs passés.

Le lendemain, les fermiers voulurent lui être présentés. Ils arrivèrent au nombre de soixante pour le moins, gens de tous âges et de tous sexes, un poulet ou un canard à la main. On les fit ranger en ligne de bataille autour de la salle à manger, et M. Pasquier fut prévenu. Avant son entrée, le verbiage, le piétinement allaient bon train ; quand il parut, le plus profond silence s'établit; tous les yeux se dirigèrent sur lui. Il traversa la pièce, souriant à chacun, distribuant des paroles de remercîments; puis, trouvant sans doute cet accueil insuffisant, il appela son frère, le prit par le bras, le pria de lui nommer tous ces braves gens les uns après les autres, de lui dire à quelle ferme ils appartenaient. Ce fut alors vraiment un touchant spectacle de voir ces deux vieillards serrés l'un contre l'autre, se soutenant mutuellement, s'approcher ensemble de chaque groupe, l'un rappelant les noms, les services, les mérites des présentés, l'autre tendant affectueusement sa main aux chefs des familles, les remerciant d'être venus à ce rendez-vous. Avec quel bonheur M. Pasquier retrouva les fils de ces courageux fermiers qui lui avaient apporté du blé au péril de leur vie, dans ce village de Croissy où il s'était réfugié! avec quelle effusion il rappela cet acte de dévouement! il avait des larmes dans les yeux. Personne, au reste, ne fut oublié dans cette sympathique revue : il adressa des félicitations aux ménagères, de douces paroles aux enfants, des encouragements aux jeunes gens, et à tous il disait avec l'accent du cœur : « N'oubliez pas l'exemple de vos pères! »

L'inspection terminée, il se retourna, et voyant que ces honnêtes visages ne bougeaient pas, attendaient encore, il chercha quelques paroles à leur adresser ; mais pour la première fois de sa vie, ses lèvres se refusèrent à transmettre ses pensées. Il s'était cru aguerri à toutes les émotions ; il avait bravé sans pâlir les orages parlementaires ; il avait su en toutes occasions dominer ses impressions ; et devant ces bons paysans, il resta muet, atterré sous la violence des battements de son cœur. Son œil devint fixe, vitreux, sa respiration haletante, puis tout à coup se tournant brusquement : « Adieu, mes amis, s'écria-t-il, adieu et merci ! » Puis venant à moi et me prenant par la main : « Remerciez-les, mon cher ami; voyez mon frère, faites tout pour le mieux; je me retire, je n'en puis plus! »

M. Jules pendant ce temps, avait fait apporter du vin ; on mit un verre entre les mains de chacun des assistants, et quand M. le chancelier ouvrit la porte pour sortir, le noble vieillard découvrit sa tête blanche, puis levant au ciel ses deux mains, il s'écria : « A la santé de mon frère, mes amis! que Dieu nous le conserve ! »

Un hourra formidable lui répondit. Chacun ensuite se retira.

M. Pasquier, plus ému encore qu'il n'avait voulu le paraître, avait regagné sa chambre. Il y demeura longtemps silencieux et pensif, la tête appuyée sur sa main, les yeux obstinément fixés sur l'énorme tronc de pommier qui flambait dans l'âtre de la cheminée.

Que cherchait-il à lire dans ces tisons ardents, dans la capricieuse lumière de ce foyer ? Son passé, son enfance, ses vingt ans, son âge mûr, l'avenir, peut-être, tout, jusqu'à l'émotion qu'il venait de ressentir ! et quand je m'approchai pour essayer de le distraire avec un peu de causerie : « Ah! mon cher ami, s'écria-t-il, vous avez vu, vous avez été témoin : eh bien, dites-le-moi, n'est-ce pas là, sur ce sol de mes pères, que j'aurais dû fixer mes pas, chercher le bonheur? je ne m'y serais heurté ni aux envies, ni aux déceptions; j'y aurais vécu plus heureux[1] ! » Telle était son impression de l'heure présente ; je la vis si sincère, si émue, que je n'essayai pas de la combattre ; mais comme elle était loin de ses véritables sentiments ! Sa voie en effet était sur une ligne plus haute. Elle était dans le mouvement, dans l'action. Un bonheur uniforme l'aurait tué. Il n'y aurait jamais trouvé le développement de ses facultés ; il ne serait jamais parvenu au grand âge qu'il a si noblement porté. Chaque homme en ce monde est dominé par des nécessités de nature, par des aspirations nettes et marquées : les rêveurs, les pensifs, les hommes absorbés dans les études contemplatives ou scientifiques, peuvent se confiner dans une retraite ignorée; les esprits ardents au contraire ont besoin du tourbillon et de la lutte. Il leur faut l'anxiété de chaque heure, la préoccupation de l'attente, les périls de la bataille, les amertumes de la défaite, les émotions du triomphe, les jouissances d'un grand service rendu.

Quand ils peuvent supporter les premiers chocs, quand ils ne sont pas dévorés par la première fièvre, une longue existence leur est assurée. Ils puisent leurs

---

[1] Nous retrouvons la trace de l'émotion que M. Pasquier éprouva à la suite de cette scène dans le fragment de lettre qui va suivre et qu'il adressa peu de jours après à un de ses amis :

« J'ai eu une bien grande jouissance en arrivant à ce Coulans, pour lequel je me suis toujours senti tant de goût. Partout c'était une fête pour saluer mon arrivée ; le lendemain, une cinquantaine de fermiers, hommes, femmes et enfants, sont venus au château donner

forces dans les émotions qui renversent leurs contemporains !

Ainsi était M. Pasquier ; ainsi sont organisés certains personnages que nous avons vus passer devant nos yeux, qui vivent encore, et dont le talent, la verdeur, le jugement, semblent grandir chaque jour et porter pour ainsi dire un défi à cette loi humaine qui veut que tout décline en approchant de la fin.

L'entourage de M. Pasquier craignit d'abord pour lui une trop vive secousse après la scène que nous venons de dire. Rien de fâcheux ne survint, fort heureusement. L'expansion des causeries du soir avec son frère, avec son neveu, calma sa surexcitation et ramena la sérénité.

Le lendemain il se réveilla parfaitement dispos. Il n'avait plus qu'un désir, celui de tout voir, ou plutôt de tout revoir ; il se faisait une fête d'être mon cicerone dans ce lieu dont il m'avait si souvent entretenu. Il me fit donc appeler, et, son bras sur mon bras, nous commençâmes un petit voyage à la recherche des souvenirs.

Il fallut visiter toutes les pièces du logis : le salon, la salle à manger, la vieille cuisine et sa cheminée

---

un témoignage de leur attachement au rejeton le plus vieux d'une famille au service de laquelle ils vivent depuis si longtemps.

« Même scène s'était passée, en ma présence, il y a au moins quatre-vingts ans, entre leurs pères et grands-pères venant dire adieu à mon grand-père. Son émotion en cette occurrence m'est encore présente. Cela vous dit assez celle que j'ai dû ressentir ! »

monumentale; monter ensuite dans la bibliothèque située à l'entre-sol et dont les fenêtres ouvraient sur la prairie; il me montra, à côté de cette bibliothèque, la petite chambre où était logé son grand-père, le fauteuil sur lequel s'asseyait cet excellent vieillard, le coin où il faisait sa sieste, la fenêtre devant laquelle il aimait à se placer pour surveiller les jeux de ses petits-enfants. « C'est là, me disait M. Pasquier, devant cette table, que je subissais les interrogatoires sur les progrès de mon instruction; c'est là que mon grand-père tirait l'horoscope de mon avenir. »

Il inspecta les rayons de la bibliothèque, très-riche en documents historiques, en ouvrages ayant trait aux questions religieuses; il y retrouva des livres de sa jeunesse, des ratures, des témoignages de ses espiègleries; la trace d'une larme versée, une feuille déchirée dans un mouvement d'impatience; il baissait ses yeux vers le sol; il y cherchait en quelque sorte jusqu'à l'empreinte des pas de ceux qu'il avait aimés, qui avaient vécu alors autour de lui et qui dormaient depuis si longtemps du dernier sommeil.

Il me fit gravir ensuite le vieil escalier de pierre aux angles arrondis, aux marches usées; il me conduisit dans la chambre de sa mère, dans celle de son père, dans les logements destinés aux parents, aux amis, aux collègues, qui, à l'automne, dans la saison des vacances, venaient à Coulans pour y goûter les douceurs de la vie de campagne. Puis il redescendit, traversa la cour, se dirigea vers les écuries, me rappelant l'histoire de tous les chevaux qui y avaient été attachés ; d'un cheval arabe qui était sans rival pour franchir les distances ; de deux grands carrossiers noirs appartenant à une race que les guerres de l'empire avaient fait disparaître ; d'un cheval alezan, dont le hennissement, disait-il en souriant, avait failli un jour le mettre en grand embarras, en trahissant fort inutilement sa présence. Notre dernière visite fut pour la chapelle ; elle était simple, les murs avaient pour toute ornementation une longue suite de feuilles de marbre, sur lesquelles était inscrite la généalogie de la famille. Les noms de ceux qui avaient quitté ce monde ; des feuilles blanches attendaient la triste série de l'avenir.

Cette chapelle avait été bâtie sous Louis XV et dans des circonstances que M. Pasquier me rappela.

Son grand-père avait été chargé de l'instruction qui avait précédé le jugement et l'exécution de Damiens. Le roi, selon l'usage de l'époque, voulant récompenser le magistrat du zèle qu'il avait déployé dans cette triste affaire, lui avait fait offrir une somme de trente mille francs ; mais celui-ci, considérant cet argent comme le prix du sang répandu, mû par un sentiment qu'on ne saurait trop louer, avait refusé de le recevoir. Il fallut toute l'influence du premier président pour lui démontrer combien ce refus pouvait être blessant pour la majesté royale et pour arriver à le faire revenir sur cette décision.

Le conseiller au parlement fut obligé de se soumettre et d'accepter ; mais, ne voulant en rien profiter de cette somme, il la consacra à une œuvre pieuse et fit bâtir la chapelle dont je viens de parler.

Ces confiantes causeries, ces montées, ces descentes, ces allées et venues, loin de fatiguer M. Pasquier, l'avaient pour ainsi dire réconforté et rajeuni; et comme j'insistais, en quittant la chapelle, pour l'engager à rentrer chez lui, il refusa et voulut, dès ce premier jour, me promener dans les environs, dans les bois qui entourent le château. Nous en parcourûmes tous les sentiers, tantôt à pied, tantôt en voiture; nous allions fureter les moindres recoins, visiter les fermes, saluer jusqu'aux arbres du chemin. Là c'était un cèdre qu'il avait planté, et dont le brin avait été remis à son grand-père par M. de Buffon ; ce large fossé, il l'avait sauté en poursuivant un lièvre ; cette haie touffue, il l'avait fait franchir à son cheval ! Ces grands hêtres lui rappelaient une belle rencontre qu'il avait faite sous leurs ombrages ; ce chemin conduisait à un château appartenant à des amis de la famille; cet autre menait au village. Il me disait les noms des manoirs que nous apercevions dans le lointain; il me contait leurs légendes, l'histoire de ceux qui les avaient habités; il revoyait dans le mirage de sa pensée de gracieuses et impalpables figures;

il me soufflait à l'oreille de discrètes confidences, des mots charmants, qui, après soixante-dix années, faisaient encore battre son cœur. Il me chantait enfin cet hymne de la jeunesse, si précieux à retrouver, au bout d'une longue carrière, quand on peut se rendre la justice, en regardant derrière soi, de n'avoir jamais eu à rougir ni devant autrui, ni devant sa conscience!

Et moi, je l'écoutais, encourageant son expansion, cherchant à graver dans ma mémoire toutes ses paroles, bien persuadé que, dans nos tête-à-tête nous reviendrions souvent sur ce doux chapitre.

Ce premier séjour à Coulans se prolongea au delà de trois semaines; le temps s'écoula rapidement, grâce aux distractions incessantes et aux nombreuses visites. Nous vîmes arriver successivement le préfet du département, les sous-préfets, les présidents de tribunaux, le procureur général, le général commandant le département, l'évêque et les hauts dignitaires de son clergé. En constatant cet empressement, on n'aurait jamais pu croire que celui qui en était l'objet n'appartenait en aucune façon au gouvernement actuel de la France; qu'il était un des grands fonctionnaires d'une monarchie déchue, revêtu d'un titre purement honorifique. C'est qu'au-dessus des luttes de parti, au-dessus de tous les titres, il y a cette haute et légitime considération, le bien le plus précieux de ce monde, et celle-là ne s'achète pas, elle se donne; elle n'appartient qu'à ceux qui ont marché droit dans la vie en se montrant sévère gardien de leur honneur.

M. Pasquier ne tirait pas cependant le moindre orgueil, ni de sa situation, ni des hommages qui lui étaient rendus. Habitué à la vie de Paris, il y voyait plutôt un échange tout simple de politesse dont il s'accommodait à merveille; il recevait chacun avec cordialité; il n'oubliait jamais, en passant, de confesser son interlocuteur, tirant de lui tous les renseignements possibles sur les affaires publiques, agricoles, judiciaires, de la contrée.

Le défilé des autorités supérieures terminé, c'était le tour des autorités locales : les curés, les maires des villages environnants, le maire de Coulans surtout, un vieux médecin que M. Pasquier avait installé lui-même dans le pays à la suite d'une aventure assez bizarre. C'était, nous le croyons, en 1803 ou 1804; des détachements de troupes traversaient la France en tous sens, regagnant les quartiers généraux, les dépôts de corps; un jeune médecin militaire, sans fortune, sans situation, venu nous ne savons plus d'où, se rendait à Paris pour y solliciter son incorporation. Arrêté dans le village de Coulans, pour s'y reposer un jour, il apprit qu'il y avait fête dans le château voisin, que toute la population y était conviée pour y danser sous la futaie. Il suivit la foule, il vint au lieu de réunion, et se livra à la danse avec une frénésie si joyeuse, que M. Pasquier le remarqua, s'approcha de lui, le fit causer sur le hasard de sa visite, sur son existence, sur ses projets. Le jeune homme n'avait rien à cacher, il répondit avec franchise à toutes les questions : il allait devant lui sans savoir où, confiant dans les chances du destin pour assurer son avenir. Son intelligence, sa conversation plurent à M. Pasquier, et sans autre préambule, comme le pays manquait de médecin, il engagea le jeune docteur à se fixer dans le bourg de Coulans, lui proposant de l'attacher spécialement au château, avec certains avantages pécuniaires. La proposition fut acceptée avec enthousiasme, et en 1851, nous retrouvions le médecin militaire de 1805 encore installé dans le bourg et s'y étant créé une bonne situation. M. Pasquier ne manqua pas de lui rappeler les entrechats à la Vestris, origine de sa fortune, et le vieillard souriait si bien à ce souvenir, que nous crûmes un instant qu'il allait se lancer dans une pirouette pour montrer encore son savoir-faire. Heureusement cette velléité tourna court; elle n'aboutit qu'à une dissertation sur les richesses géologiques de la contrée, science dont il s'occupait alors beaucoup.

Le bourg de Coulans était au reste, pour une bonne partie, peuplé par les anciens serviteurs du château, qui y avaient fait souche de petits propriétaires et d'honnêtes gens. Chacun s'était bâti sur ce sol une maisonnette pour son chez-soi ; et cette majorité contribuait beaucoup à entretenir les rapports les plus respectueux, les plus dévoués entre le bourg et le château. Comme au temps jadis, les maîtres y avaient charge des pauvres, des nécessiteux, des vieillards et des infirmes. Chaque hiver, M. le chancelier et son frère Jules faisaient donner des travaux à ceux qui en manquaient, des secours aux malheureux, et, chose remarquable, cette charité ne dégénérait pas en abus, ne devenait jamais de l'obséquiosité mendiante.

Cette tradition, nous pouvons le dire, n'a pas été interrompue. Le propriétaire actuel de Coulans, M. Louis Pasquier, l'a continuée avec le plus noble désintéressement. Comme son père et comme son oncle, il est adoré dans le pays; son influence, nous le savons, y est toute-puissante, et si la modestie ne l'obligeait pas à se réfugier dans une existence un peu ignorée, il arriverait très-facilement au conseil général, à la députation, à ces situations que sa valeur personnelle lui permettrait si bien de remplir.

On a discuté souvent sur les avantages ou les inconvénients de la grande propriété et, suivant l'usage établi, pendant que quelques écrivains se faisaient les défenseurs absolus d'un système, d'autres l'attaquaient, le dénigraient avec la même énergie. M. Pasquier avait étudié cette question de près, dans toutes ses conséquences, et il en arrivait toujours à conclure que cette fois comme toujours, la vérité n'était pas dans le système absolu. Nous allons résumer son opinion sur cette matière.

« Je suis trop de mon époque, disait-il, pour ne pas être partisan du morcellement de la propriété, comme rémunération du travail individuel de chacun; je pense que de ce côté se trouve le plus puissant moyen de moralisation pour les masses. Avec l'intérêt de propriété grandit l'intérêt de famille, et en même temps que l'intérêt de famille surgit la sollicitude pour l'intérêt commun. Mais ceci bien posé, je crois aussi que cet intérêt commun peut être envisagé de bien des façons, et souvent d'une manière très-funeste par la classe si nombreuse des petits propriétaires, beaucoup trop portée à la parcimonie et à l'égoïsme. Le suffrage universel qui, dans les heures d'élection, donne une puissance à l'homme le plus borné, le livre par ce fait même, pieds et poings liés, à toutes les influences qui veulent agir sur lui. Si ces influences sont bonnes, tout est sauvé; mais si elles sont mauvaises, à quel bouleversement ne peut pas être entraînée la société ! Eh bien, le seul frein à opposer aux incitations dangereuses, le seul moyen d'éclairer le suffrage universel se trouve dans les influences locales, dans le patronage de la grande propriété ou de la grande industrie. Entre les mains de gens intelligents, généreux, dévoués au bien public, ce patronage peut arriver à tout. Intermédiaire naturel entre les aspirations populaires et l'autorité des gouvernants, lui seul serait assez fort pour empêcher l'éclosion d'utopies capables de conduire à un cataclysme; lui seul aussi peut arrêter un gouvernement enclin à l'adoption de mesures désastreuses.

« Mais en France, notre éducation politique n'est pas faite à ce point de vue, nous sommes essentiellement égalitaires, et toujours disposés à répudier le patronage, même de la supériorité la plus honnête, la mieux acquise. Il y a parmi nous un fond, je ne dirai pas d'orgueil, car l'orgueil a son bon côté, mais de puérile vanité, qui a été la principale cause de toutes nos reculades, de toutes nos folies. L'idée de l'obligatoire, même quand il s'agit d'un devoir, nous est insupportable; et on nous a vus cent fois réclamer à grands cris l'exercice d'un droit et ne plus vouloir de ce droit aussitôt que nous étions condamnés à l'exercer.

« La société démocratique américaine qu'on nous oppose sans cesse, et souvent avec justice, est bien différente de la nôtre sous ce point de vue : de l'autre côté de l'Atlantique, on admet, on prône, on vante toutes les supériorités, même celles qui reposent parfois sur une origine assez douteuse. Un homme arrivé est un homme admiré.

« En France au contraire, nous sommes tellement imbus de l'esprit d'envie, que les supériorités parvenues à la juste récompense de leurs travaux nous offusquent. Qu'un savant, un lettré, un homme politique, meurent entourés de considération, léguant une fortune honorablement acquise : le dénigrement s'empare de leur mémoire, s'efforce de la mettre en lambeaux. On réservera toutes les louanges au contraire pour la pauvreté, même amenée par le désordre. Et que de noms je pourrais citer à l'appui de mon assertion !

« Et pourtant aucune société monarchique ou républicaine ne peut exister sans hiérarchie; les hommes peuvent être égaux devant la loi, ils ne le seront jamais devant la raison et devant l'intelligence. Dans toute société comme dans toute famille, il se rencontrera des faibles et des forts. Le véritable but est donc de tendre à ce que les uns trouvent auprès des autres une protection naturelle, à ce que cette protection s'exerce dans un sens favorable à l'intérêt général.

« Tel est le rôle réservé à la grande propriété, à la grande industrie. J'ai constaté plus d'une fois les heureux résultats qu'il peut produire, et tous les faits que j'ai pu recueillir sont venus à l'appui de mon opinion. »

Dans ce pays de Coulans, dont nous venons de parler, à Sassy, où nous nous rendrons bientôt, quels bienfaits n'entraînait pas en effet, pour le pays, le voisinage du château : secours aux nécessiteux, protection aux faibles, même en face du zèle exagéré des fonctionnaires départementaux, exemple de perfectionnements agricoles, conseils dans tous les actes importants de la vie. Le château enfin constituait le véritable trait d'union entre l'isolement et la civilisation, entre la commune et le chef-lieu de préfecture et surtout entre la province et Paris, le point de centralisation qu'on n'arrivera jamais à détruire.

« Je sais, ajoutait M. Pasquier, que malheureusement la grande propriété, la grande industrie méconnaissent souvent leur mission ; si ceux qui les représentent ne sont coupables que d'ignorance, je les plains ; s'ils pèchent au contraire avec connaissance de cause, s'ils sont guidés par le froid égoïsme, je leur dis : Prenez garde, car à la première alerte vous serez victimes, et la réaction vous traitera sans pitié. »

Il aurait été difficile de lui adresser un semblable reproche : il faisait le bien comme une chose naturelle, presque sans y songer. J'entends encore les causeries qu'il avait avec son neveu, M. Louis Pasquier, à l'époque où celui-ci venait lui apporter les revenus de la terre de Coulans :

« Mon oncle, disait l'un, l'hiver a été très-dur cette année ; les pauvres gens auraient pu beaucoup souffrir. — Eh bien, mon ami, répondait M. Pasquier, tu as fait, je le suppose, distribuer des secours, tu as employé au service du château tous ceux qui manquaient de travaux ? — Oui, mon oncle, et j'ai donné de plus telle somme au bureau de bienfaisance, telle somme à une famille qui avait été incendiée. — Tu as parfaitement bien fait. Que m'apportes-tu alors? — Seulement cette somme. — Eh bien, c'est à merveille; nous serons peut-être mieux traités l'année prochaine. » Et tout était dit, on ne parlait plus d'affaires, le compte était réglé.

Et quelle délicatesse il employait pour obliger ! avec quelle urbanité il accueillait ceux qui faisaient appel à son crédit !

Ces qualités étaient chez lui un héritage de famille; dans sa jeunesse il les avait vu pratiquer à autrui, il en continuait l'exercice. Pour faire un bon usage de l'argent, il faut avoir été de bonne heure habitué à s'en servir, a dit un personnage célèbre; cet aphorisme est plus vrai qu'on ne pense, et l'âpreté de certains parvenus a le plus souvent pour origine les privations qu'ils ont dû s'imposer avant d'arriver au bien-être. Heureusement ces parvenus égoïstes constituent des exceptions, et ce serait faire injure à une société de la juger sur des types exceptionnels.

Telles sont les réflexions que nous suggéraient notre séjour à Coulans, nos causeries avec M. Pasquier, et qui viennent après tant d'années se présenter au bout de notre plume.

Le jour fixé pour le départ arriva plus vite peut-être que M. Pasquier ne l'aurait voulu ; mais il ne pouvait le différer, nous avions un itinéraire tracé, d'autres lieux où nous étions attendus, et la belle saison poursuivant sa marche nous mesurait le temps et l'espace. Il fallut donc dire adieu à ce beau pays.

Un matin, la calèche fut attelée ; on emballa les paquets ; les chevaux de poste firent entendre leurs grelots argentins, et après les serrements de main les plus affectueux, les promesses de se revoir, les derniers saluts furent échangés, le postillon fouetta et nous partîmes.

Tant que la voiture roula dans les bois, sur les terres appartenant à Coulans, M. Pasquier eut sans cesse la tête à la portière pour suivre jusqu'au bout ce défilé si rapide. Un sentiment de tristesse fort naturelle l'oppressait ; il ne pouvait se dissimuler, en raison de son âge, que cette visite pouvait être la dernière. Mais lorsque nous approchâmes de la ville du Mans, il avait banni la mélancolie ; son esprit très-mobile s'était jeté sur une autre voie ; il aimait déjà à songer que s'il laissait à Coulans les regrets du passé, il trouverait à Sassy, le but de notre nouveau voyage, les espérances de l'avenir.

Huit heures de route séparaient ces deux pôles extrêmes de son existence.

A Sassy, le décor changeait complétement ; nous

trouvions un autre pays, un autre aspect, une autre vie, une autre génération.

Le château est à trois kilomètres de la route de Séez à Argentan, il a de loin un aspect monumental, presque imposant. Sans type bien tranché d'architecture, sa masse de pierres et de briques, perchée au sommet de trois terrasses, domine le pays d'alentour et se découpe très-élégamment sur un fond de futaies.

A ses pieds commence une vaste plaine, pauvre d'aspect, d'apparence rachitique, et dont la vue serait monotone sans les clochers qui se montrent de tous côtés à l'horizon. Le paysage de prime abord n'est pas séduisant; quand l'œil s'y est un peu habitué, on trouve dans la tristesse même de son immensité une certaine poésie : on se complaît surtout dans l'heureux contraste qu'il oppose au pays placé derrière le château.

A la porte même de l'habitation commence, en effet, une suite de grands bois qui vont rejoindre à plusieurs lieues de distance la forêt d'Alençon et ses collines d'une âpreté si sauvage. Au milieu de ces bois on rencontre des étangs qu'on pourrait appeler des lacs, des landes, des cultures, quelques chaumes. C'est la vraie campagne dans toute sa naïveté rustique.

Sassy n'est pas une riante demeure; mais pour une habitation prolongée, il serait impossible de rencontrer plus de variétés et de ressources. Chaque année d'ailleurs amène de nouvelles et heureuses modifications à ce premier plan que nous avons connu si sévère. Les murs blancs, les haies rabougries cèdent la place aux vertes prairies, et la terre offre partout un aspect de richesse et de santé qui n'existait pas avant la possession de M. le duc d'Audiffret-Pasquier.

M. le chancelier ne pouvait rencontrer à Sassy les vives émotions de Coulans; mais il y trouvait d'autres distractions, d'autres joies : la vie remuante de la jeunesse, le train d'une grande existence, tout un monde affairé de valets, de palefreniers, de garçons de labour; une ferme modèle en plein rapport; des poulinières de race, des vaches laitières primées, des bergeries, des porcheries, un chenil où aboyaient une centaine de chiens de toutes races; une fourmilière, enfin, de poules, de canards, de dindons qui gloussaient, caquetaient, picotaient, donnaient chacun leur note dans ce grand concert de toute vie rurale. Ce mouvement, cette agitation, intéressaient M. Pasquier. Il était heureux de voir ses enfants s'attacher à ce domaine, délaisser les distractions de Paris pour se créer dans la province une existence utile, occupée, destinée à servir de base au rôle qu'ils pouvaient jouer un jour dans le monde politique; il entrevoyait dans l'avenir son petit-fils, le jeune Denis Pasquier, profitant des expériences tentées, des travaux accomplis, et établissant à Sassy la nouvelle souche de la descendance des Pasquier.

Déjà il avait ressenti une vive satisfaction en voyant son fils, M. le marquis d'Audiffret-Pasquier, prendre place dans le conseil général de son département, s'y distinguer par la facilité de sa parole, par la justesse et le bon sens de sa controverse.

Marcher sur cette voie, c'était mériter ses suffrages, ses encouragements; aussi ne les épargnait-il pas, et les questions posées au conseil général étaient souvent longuement discutées en sa présence dans le salon de Sassy. M. d'Audiffret-Pasquier, au reste, ne prêchait pas seulement de parole, il prêchait d'exemple. En agriculture, il n'admettait pas inconsidérément les théories de perfectionnements; mais quand il avait reconnu une invention, utile, profitable, il l'installait immédiatement chez lui, pour servir de modèle à ses voisins, et il en faisait bénéficier le pays d'alentour. M. Pasquier approuvait beaucoup cette marche; il ne manquait pas de se tenir au courant des inventions, des améliorations nouvelles; chaque fois que nous revenions à Sassy, le lendemain de son arrivée était inévitablement consacré à visiter, en compagnie de son fils et de sa belle-fille, les cultures transformées, les perfectionnements de la ferme. Il donnait alors son avis sur les travaux à faire; il les provoquait même, offrant la coopération de ses deniers. Que de fois nous avons vu les enfants de M. Pasquier faire naître sous ses pas l'occasion discrète de ces initiatives qui faisaient son bonheur ! avec quelle attention ils se faisaient un devoir de ne jamais y apporter la moindre contradiction !

M. Pasquier s'était beaucoup occupé, notamment, du projet de construction d'une nouvelle église pour la commune, sur un point plus central, mieux à la portée des habitants; et il avait désiré qu'on réservât, dans le cimetière du village, un emplacement où serait construit le tombeau de la famille. « C'est là, disait-il, que je veux reposer un jour entre ma femme et ma sœur, au milieu de tous les miens. »

Sa volonté a été ponctuellement exécutée : c'est là qu'il repose depuis l'heure de sa mort, depuis 1862. Je revois dans ma pensée, en traçant ces lignes, le mausolée de granit qui se dresse en face de l'église; je revois les arbres verts qui l'entourent, les cultures sur lesquelles il projette sa grande ombre.

Quelle émotion ce fut pour moi après 1862, la première fois que je revins seul dans ce château de Sassy !

Toutes nos causeries avec les enfants de M. Pasquier roulaient sur ce glorieux trépassé; nous n'en finissions pas de parler de ce qu'il avait aimé. Le lendemain, dès le matin, je voulus faire ma visite au cimetière et, la clef du monument dans la main, je me mis en route pour ce triste pèlerinage. C'était en automne, par un temps brumeux de Normandie, glacial comme les pensées qui m'agitaient, âpre comme la douleur que je ressentais au fond de mon cœur. Je m'en allais au travers de la plaine, sans prêter attention à ce qui se rencontrait sur mon chemin, ne voyant, ne regardant que cette croix de pierre qui dominait la campagne. Les souvenirs des longues années que j'avais passées dans l'intimité de ce vieillard qui m'avait témoigné une affection si paternelle se représentaient à ma mémoire, et je me demandais s'il était bien vrai que sa dépouille mortelle fût placée au milieu de ce grand horizon silencieux. Je traversai le cimetière; le monument se dressait devant moi; je touchai la grille de fer qui en fermait l'entrée; je mis en tremblant la clef dans la serrure, la porte roula sur ses gonds. Pendant quelques secondes, je demeurai hésitant, le pied posé sur le seuil; il me semblait que j'allais retrouver encore, debout, prêt à parler, celui que j'avais si sincèrement regretté; je me figurais sa main prête à saisir la mienne! Hélas! mon rêve ne fut pas long; il fallut bien ouvrir les yeux à la réalité. J'étais seul, bien seul, et de cet homme que j'avais connu si brillant, de cette intelligence si vive, de cette activité si ardente, il ne restait qu'un nom, qu'une date, gravés sur le marbre!

Je pliai le genou devant cette triste pierre, je la saluai d'une larme et je sortis.

Depuis cette époque, je suis retourné souvent dans

le château de Sassy, où me conviaient de doux souvenirs, l'attache d'une amitié sincèrement dévouée pour tous les membres de la famille qui l'habite; je n'ai jamais manqué de faire un pèlerinage au travers de la plaine pour aller saluer la nouvelle église, le champ du repos et la croix de granit, mais jamais je n'ai eu le courage de toucher du doigt la porte du monument.

A Sassy comme à Coulans, les visiteurs ne faisaient pas défaut. M. le chancelier y recevait les hommages des habitants des châteaux du voisinage : c'étaient M. le marquis de Champagne, M. de Corcelle, ancien ambassadeur de France à Rome, M. le comte Rœderer, neveu de l'ancien ministre du roi Joseph, d'autres dont le nom m'échappe; puis les parents, les amis venus de Paris, M. Casimir Périer, M. Fontenillat, M. le général de Courson, l'excellent M. d'Hautezerves, dont le dévouement pour M. le chancelier était vraiment sans limite. Malheur par exemple à qui arrivait sans apporter une collection de journaux, de brochures curieuses à connaître et un bon paquet de nouvelles! Les arrivants étaient confessés au débotté; et si leur sac était vide M. Pasquier ne manquait pas de leur reprocher leur indifférence, leur paresse; il les menaçait d'une prochaine décrépitude morale, juste punition de leur négligence. Ses colères au reste ne duraient pas; la rancune n'entra jamais dans son esprit; un mot, un sourire, ramenaient le beau temps, et si le visiteur glissait dans la soirée une bonne dissertation sur la guerre, sur les finances, sur la justice, sur l'instruction publique, il reprenait son rang parmi les intelligents et était relevé de la déchéance.

Il nous est arrivé parfois de trouver un peu lourde cette vie toujours sérieuse qu'on menait autour de M. Pasquier. Aujourd'hui en regardant plus froidement derrière nous, nous nous félicitons de la contrainte qui nous était imposée. Elle nous a formé à la réflexion, elle nous a appris à nous intéresser activement aux œuvres de l'intelligence, c'est à elle enfin que nous devons de pouvoir tracer les pages que nous livrons aujourd'hui à la publicité.

Combien de fois, depuis cette époque, nous avons repassé dans notre mémoire tout ce que nous avions vu ou entendu! combien de fois nous avons comparé cette génération de puissants esprits que nous avions vue passer sous nos yeux avec celle du temps présent!

Le séjour à Sassy ne se prolongeait, comme celui de Coulans, jamais au delà d'une douzaine de jours; ce temps écoulé, il fallait se remettre en route. Cette fois la séparation était moins pénible; on se quittait en se disant : A bientôt! M. et madame d'Audiffret-Pasquier et leurs enfants venaient toujours passer quelques semaines à Trouville.

On le comprend cependant, à l'âge de M. Pasquier,

on ne vit pas impunément sous ce régime constant de bonjours et surtout d'adieux, et on a beau s'attendre à tout, être cuirassé contre toute faiblesse, il n'est jamais gai de serrer une main en disant : C'est probablement pour la dernière fois. Il aspirait donc fort naturellement au séjour de Trouville, où il ne vivait plus en voyageur, mais en citadin, où il retrouvait les habitudes de Paris.

Une journée de poste nous y amenait.

CHAPITRE IX

Trouville. — Madame la comtesse de Boigne. — Son salon. — Son esprit. — Sa correspondance.

La maison où M. Pasquier venait s'installer n'était pas sa propriété. L'hospitalité lui était accordée par madame la comtesse de Boigne, avec laquelle il était lié par la plus sincère et la plus confiante amitié. Une certaine communauté de vues politiques, la similitude de goûts résultant de leur âge à tous deux, les souvenirs de la société qui leur avait été commune, dans laquelle l'un et l'autre avaient vécu, avaient établi vers 1830, entre M. Pasquier et madame de Boigne, des rapports d'amitié que le temps avait chaque jour rendus plus précieux.

On l'a dit souvent, plus on s'écrit, plus on a à s'écrire ; ce qui est vrai de la correspondance l'est encore plus de la causerie : plus elle est fréquente, plus elle offre de l'intérêt.

Ces quelques mots expliquent les relations amicales de M. Pasquier et de madame de Boigne. Il avait trouvé auprès d'elle une oreille toujours prête à l'écouter, une intelligence toujours disposée à le suivre dans ses dissertations; un jugement assez droit, assez net, assez indépendant, pour savoir, à l'occasion, risquer un conseil, redresser une opinion; peu à peu la confiance était devenue plus absolue d'un côté, l'esprit de dévouement plus entier de l'autre; et s'entr'aidant ainsi au travers des écueils du vieil âge, ils étaient arrivés mutuellement à rendre leur vie plus agréable, plus complète, sans y établir d'autre communauté que celle de l'intelligence.

Madame de Boigne avait, après 1848, dit adieu à sa villa de Chatenay, dont le voisinage de Sceaux et les émigrations dominicales des Parisiens lui avaient rendu le séjour insupportable. Un hasard, je ne sais lequel, lui avait fait alors choisir la plage de Trouville pour y fixer sa résidence d'été. Elle y avait acquis une petite maisonnette plantée sur une dune, au bord même de la mer. Le logis était plus que modeste, mais la situation était charmante. Madame de Boigne en fut éprise. Sans y rien changer elle voulut l'embellir. Sous sa direction, avec l'aide d'un habile jardinier, la pauvre maison devint une jolie habitation tapissée de lierre et de plantes grimpantes, et la dune brûlée du soleil fut convertie en un ravissant jardin tout fleuri. Du salon, des chambres, du jardin, on avait la vue du vaste horizon de la pleine mer; on apercevait au loin passer, comme de grandes ombres, les navires qui se rendaient vers un autre continent ; plus près les barques de pêche et les chalands gagnant leurs ports de débarquement ; au pied même du jardin, le sable fin et uni, sur lequel venaient mourir les vagues, et sur ce sable enfin la foule élégante qui chaque été s'y donne rendez-vous. C'est un coin de cet ermitage qu'elle mettait tous les ans à la disposition de M. Pasquier. Il y habitait un petit appartement donnant de plain-pied sur le jardin. En laissant sa porte entr'ouverte il pouvait respirer un air vif et salin favorable à sa santé ; il avait la ressource d'une bonne bibliothèque placée dans son cabinet de travail. Il pouvait, à chaque heure du jour, faire des promenades bien mesurées à la force de ses jambes, à l'affaiblissement de sa vue : arpenter sans danger le jardin dans tous les sens, se risquer, appuyé sur un bras ami, jusque sur la plage, ou s'étendre dans un fauteuil sous les rayons bienfaisants du soleil. A Sassy, à Coulans, la vie était trop exubérante pour son grand âge. Malgré la délicatesse la plus attentive de ses hôtes, il se heurtait à chaque pas à des déceptions inévitables. Il entendait parler de longues excursions qui lui étaient interdites, de chasses auxquelles il ne pouvait plus prendre part, de chevaux qu'il ne pouvait plus monter. Aucune de ces contrariétés ne se présentait à Trouville ; la vie y était calme, paisible ; M. Pasquier y reprenait ses lectures, ses dictées ; il avait la jouissance journalière d'une société convenant à merveille à ses goûts, à ses opinions.

Quant à madame de Boigne, elle s'était fait un devoir de placer sous les pas de M. Pasquier tout ce qui pouvait réjouir sa vie. C'était, on peut le dire, sa sollicitude de toutes les heures.

Esprit charmant, ouvert à tout, d'une délicatesse et d'une distinction sans égales, elle aussi était un type, et un type accompli dans sa sphère.

Jeune, elle avait joui de tous les avantages que peuvent offrir le nom, le rang, la beauté, le talent même, car elle avait été excellente musicienne, douée d'une très-belle voix. Citée parmi les plus gracieuses, les plus spirituelles, elle avait recueilli l'encens des plus brillants hommages; parvenue à un âge plus avancé, elle avait eu le courage de savoir vieillir, et dans son salon de la rue d'Anjou comme à Trouville, elle était encore entourée par la société la plus distinguée. Sa vie pouvait paraître un peu personnelle à ceux qui ne la connaissaient pas intimement; mais, en l'étudiant de près, on arrivait à se convaincre qu'elle avait été au contraire constamment dominée, et jusqu'à la dernière heure, par le sentiment exclusif du dévouement.

Il y avait chez elle deux passions dominantes, qu'il est important de ne pas confondre, pour bien la comprendre : le culte de son père, M. le marquis d'Osmond ; l'amour de son nom ; — et la seconde n'était qu'une conséquence de la première.

La révolution de 1793 avait ruiné la famille d'Osmond. Condamnée à l'émigration, privée de ses revenus, elle s'était trouvée dans une situation difficile. Fixée en Angleterre, après un court séjour en Italie, elle y vivait, comme beaucoup de familles émigrées, environnée d'égards, de respect, reçue, admise dans le plus grand monde, mais obligée de s'astreindre à des privations, en proie aux anxiétés les plus pénibles pour l'avenir.

Mademoiselle d'Osmond devina, comprit de bonne heure les tourments que devait éprouver son père; elle en souffrit. Déjà sérieuse à cet heureux âge où les jeunes filles ne songent qu'aux joies du présent, elle prit intimement la résolution, — on en trouve la preuve dans sa correspondance de cette époque, — de vouer sa vie, ses forces, son intelligence, à rendre au nom d'Osmond son prestige de fortune et de position. Le sentiment de dévouement s'empara exclusivement de son âme. Aussi, lorsque M. le comte de Boigne, déjà âgé de cinquante-huit ans, revenu depuis peu de temps de l'Inde, n'ayant aucun de ses goûts, aucune de ses habitudes, lui demanda sa main, elle accepta sans hésiter ce mariage; mais elle voulut elle-même en rédiger, en dicter les clauses, et la première de ces clauses fut un douaire assuré à sa famille.

Elle ne dissimula rien à celui dont elle acceptait le nom. Le contrat fut loyal et librement consenti, si loyal, que M. de Boigne conserva toujours pour elle, et jusqu'à sa mort, les sentiments d'affection et de respect, et qu'elle-même ne parlait de son mari que dans les termes les plus dignes.

Tel fut le premier acte de la vie de dévouement de madame de Boigne. Si un reproche peut lui être adressé en cette circonstance, c'est bien celui, nous le pensons, de n'avoir pas assez songé à elle, d'avoir cédé à un mouvement de générosité, dont l'isolement de son âge mûr et celui de sa vieillesse devaient lui faire porter la peine. Qu'on y songe bien, madame de Boigne avait à peine dix-sept ans, de grands partis sans doute s'offraient à elle ; elle aurait pu y trouver des satisfactions de cœur et de convenance, et pourtant elle n'hésitait pas. Ne songeant qu'aux siens, elle marchait vers l'avenir avec la joie du sacrifice accompli !

Revenus en France, en 1802, M. et madame de Boigne ne vécurent pas longtemps unis. L'incompatibilité d'âge, de goûts, d'habitudes, rendait la vie commune impossible. Ils se séparèrent d'un commun accord. M. de Boigne alla habiter Chambéry, sa ville natale, où il a laissé de nombreux et authentiques témoignages de sa munificence, de sa générosité ; madame de Boigne resta à Paris auprès de son père, reportant sur lui tous les trésors de sa tendresse.[1]

---

[1] Nous trouvons une preuve irrécusable de son affection filiale

Pendant la restauration elle le suivit dans ses deux ambassades de Turin et de Londres, elle y développa ses facultés politiques et joua même un rôle assez important quoique fort discret.

Rentrée en France, elle se consacra plus que jamais à son père, à son frère, elle leur voua une affection pleine de sollicitude; elle était heureuse de leurs joies, triste de leurs peines. Ne désirant rien pour elle-même, elle se fit ambitieuse pour eux. Elle aurait voulu voir ce vieux nom d'Osmond monter au premier rang, s'attacher aux plus hautes situations.

dans l'extrait qui va suivre des *Mémoires du comte de Seufft*, ancien ministre de Saxe. (Leipzig, 1863. 1 vol. in-8., p. 101 et 102.)

M. de Seufft avait résidé à Paris depuis la fin d'avril 1806 jusqu'à l'année 1810 ; il parle de lui-même à la troisième personne.

« M. et madame de Seufft eurent à regretter, en France, des amis dont plusieurs ont déjà été nommés dans ces Mémoires. Mais la première place, dans leur cœur comme dans leur souvenir, appartient à la tendresse maternelle de madame d'Osmond pour madame de Seufft, et aux rapports qui en résultèrent avec sa famille. Le marquis d'Osmond, si respectable dans la noble simplicité de sa retraite, où, pur de toute souillure, il conserva le droit de dire de l'empereur Napoléon avec tant de vérité : « Quiconque y touche se salit; » le marquis d'Osmond était en même temps le consolateur de tous les affligés, le conseil de tous ses amis. Son grand sens, la constance et la loyauté de ses principes, le calme de son esprit, l'élévation et la délicatesse de ses sentiments en feront toujours aux yeux de M. de Seufft le type de la vertu dans un gentilhomme français. Sa fille, madame de Boigne, élevée par lui, joignait à une rare pénétration et à un goût exquis, la vivacité et le piquant qui font le charme de l'esprit d'une femme. Douée en même temps de tous les talents et de toutes les grâces, il ne restait à désirer pour elle que le bonheur dont le ciel n'a pas voulu récompenser le dévouement filial le plus héroïque. »

« Mon frère, disait-elle un jour devant nous à M. Pasquier, est un noble cœur, un vrai gentilhomme ; je ne lui connais qu'un défaut, celui d'une défiance de lui-même qui l'empêche d'être apprécié à sa véritable valeur. J'ai été, je l'avoue, très-ambitieuse pour lui ; j'aurais voulu lui voir jouer un rôle et il était parfaitement capable de le tenir. Mais en dehors de sa modestie, j'avais compté sans les coteries et les partis. Pour les uns j'étais entachée de libéralisme, pour les autres de légitimisme rétrograde. Enfin, ajoutait-elle en riant, malgré mes plus belles grâces, je n'ai réussi à rien, pas même à plaire ! »

L'affection, les sollicitudes de madame de Boigne pour son frère se reportèrent fort naturellement du père aux enfants. Elle eut une joie très-vive en assistant au mariage de sa nièce avec l'héritier d'une des plus anciennes et plus honorables familles de l'aristocratie française. Elle fut heureuse et fière en voyant son neveu, M. le comte d'Osmond, s'avancer dans la vie en y recueillant les succès que peuvent donner le nom, la fortune, la situation et tous les avantages personnels de la distinction et de l'intelligence la mieux douée

Plus tard, après le mariage de son neveu, elle concentra sur l'enfant issu de ce mariage toutes ses préoccupations, tous ses rêves.

Elle aurait voulu redevenir jeune pour surveiller l'éducation de ce jeune garçon. Elle regrettait de ne pouvoir l'instruire, le guider, le former suivant ses désirs. Rien ne lui allait plus au cœur qu'un compliment sur la grâce et l'esprit précoce de cet héritier du nom d'Osmond. Elle montrait bien le fond de ses vieux attachements au passé quand elle disait doucement avec une inflexion de voix que j'entends encore : « Il est de race! »

Ce petit-neveu fut désormais, demeura le point fixe de ses inquiétudes, de ses projets d'avenir. C'est sous l'impression des sentiments trop absolus, trop exclusifs peut-être, qu'elle lui avait voués, que furent tracées ses volontés dernières.

En dehors de sa famille, le dévouement demeura encore le mobile des amitiés de madame de Boigne. Il était, on peut le dire, le grand intérêt de sa liaison avec M. Pasquier.

Elle me disait un jour : « Je me suis sacrifiée toute ma vie pour les autres et je ne sais si quelqu'un l'a jamais compris ; mais j'aurais voulu agir autrement que je ne l'aurais pas pu ; le dévouement pour autrui était pour moi plus qu'un entraînement, c'était une fatalité ! »

Nul ne fut plus qu'elle fidèle à ses amis ; elle ne les abandonnait dans aucune situation, les défendait toujours, ne laissait échapper aucune occasion de les faire valoir.

Un jour, je ne sais à propos de quoi, on parlait devant elle des amitiés, on faisait allusion à ses goûts personnels : voici comment elle résumait certaines de ses affections :

« Marmier, disait-elle, est mon ami, j'aime beaucoup M. Dumon; mais M. Mérimée, *c'est mon bijou.* Quant à Sainte Beuve, je ne le vois plus, je le lis ; il m'a si bien délaissée qu'il mériterait d'être sevré de mes amitiés ; mais je ne puis me résoudre à un parti si extrême, et je l'aime toujours malgré lui ! »

Elle conserva en effet jusqu'à la fin un goût très-vif pour M. Sainte-Beuve. Quand elle recevait une de ses lettres, elle l'envoyait vite à M. Pasquier ; elle la montrait avec bonheur ; mais elle la redemandait aussitôt, elle tenait à la conserver. Si les lectures lui faisaient défaut, lorsqu'elle était, suivant son expression, fatiguée par les volumes à la mode, elle écrivait bien vite à M. Pasquier : « Envoyez-moi du Sainte-Beuve, trois ou quatre volumes des *Causeries du lundi.* C'est le meilleur compagnon pour un vieil esprit comme le mien ; c'est le bréviaire de ma solitude. »

Au fond, malgré son succès et le côté brillant de son existence, on peut dire que madame de Boigne n'a jamais été heureuse. Il lui arrivait souvent de faire de tristes retours vers le passé, de se laisser aller aux idées de mélancolie. Une fois, par exemple, il nous en souvient, nous étions assis auprès de son lit ; nous lui rappelions cette société anglaise dont elle avait gardé si bon souvenir, au milieu de laquelle elle

avait paru avec tout le prestige de sa jeunesse et de
sa beauté ; nous lui citions les salons de l'empire,
ceux de la restauration, où elle avait tenu une si
belle place. Elle nous écoutait, en souriant d'abord,
puis son visage s'assombrit, et, tout à coup, elle nous
dit avec tristesse: « Ah ! mon cher ami, une femme
n'a pas besoin de tant de mérites pour être heureuse. Être bonne et savoir se faire aimer, voilà tout
le grand mystère ! »

Elle était froide et peu expansive ; mais cette froideur était la conséquence de sa situation bien plus
que son penchant naturel. Nous avons lu en effet
des lettres d'elle, datées de la fin du dernier siècle,
et qui sont écrites avec une chaleur de cœur, une
sorte de coquetterie d'affection témoignant de l'âme
la plus aimante. Au moment de la mort de M. le
chancelier, et près de sa fin à elle-même, elle nous
adressait les lettres les plus affectueuses, les plus
simples, les plus touchantes. Dans sa jeunesse,
elle avait dû s'imposer l'obligation de porter, pour
jouer son rôle dans le monde, une sorte de masque de convention ; plus tard, malgré les amitiés
sincères qu'elle avait rencontrées dans sa famille,
dans le monde, elle s'était encore trouvée isolée, et
elle avait continué à le garder. Mais tous les amis
de madame de Boigne, tous ceux qui ont vécu auprès
d'elle dans une confiante intimité, ne nous démentiront pas quand nous dirons que, sous le voile

de cette apparente froideur, se cachait une âme pétrie de trésors de dévouement, tout cœur, toute affection.

On ne fait pas, hélas! sa vie en ce monde, on la subit; et l'existence de madame de Boigne a été une confirmation de ce dire.

Son esprit s'était façonné de bonne heure avec les idées sérieuses, et les préoccupations politiques avaient toujours eu un grand attrait pour elle.

Revenue en France, sous le consulat, elle avait assisté à l'avénement si brillant de l'empire, et, sans abandonner ses traditions, ses principes, elle s'était mêlée de fort bonne grâce à la société nouvelle; elle y avait établi des relations. Son esprit, tout à la fois indépendant et modéré, fort impressionné par les souvenirs de son séjour en Angleterre, lui avait montré pourtant, dès ce moment, les dissemblances qui devaient exister entre cette société et celle de l'ancien régime.

A la rentrée de Louis XVIII, elle salua avec bonheur ce retour à une monarchie qui avait toutes ses sympathies; mais elle resta constamment séparée de ceux qu'on appelait les ultras et ne se gêna jamais dans ses causeries, dans ses correspondances, pour bien caractériser les fautes où ils poussaient le gouvernement. Pour elle, comme pour M. Pasquier, le duc de Richelieu représenta alors l'idéal de la bonne politique.

Le salon de madame de Boigne n'était pas cependant un salon d'opposition ; il était un salon indépendant, et, surtout, un salon de conciliation.

Elle avait renoué de prime abord avec madame la duchesse d'Orléans, avec celle qui fut plus tard la plus digne des reines, les liens d'une amitié fort intime contractée à Naples dans ses jeunes années. Aucun calcul, aucune idée politique ne se mêlaient à cette relation ; elle ne désirait en aucune façon le renversement de la branche aînée de la maison de Bourbon, à laquelle l'unissaient toutes ses sympathies. Elle craignait seulement les conséquences que pouvaient entraîner des fautes qu'elle jugea toujours avec la plus grande perspicacité.

La révolution de 1830, dont elle avait bien connu tous les incidents, et sur laquelle elle a écrit quelques pages très-curieuses, l'affligea sans trop la surprendre. Elle se rallia de suite au gouvernement du roi Louis-Philippe, qui lui offrait des garanties d'ordre et de stabilité, et, de 1830 à 1835, son salon eut sa période la plus brillante. Elle n'en fit pas cependant le rendez-vous exclusif des hommes qui représentaient les opinions du nouveau régime ; elle résista aux entraînements, resta fidèle à la politique de prudence.

L'instinct de faiblesse et d'indécision de la femme se réveillait à chaque instant chez elle. Elle craignait qu'on n'allât trop loin, et elle aurait blâmé si on était resté en arrière. Plus tard, après la révolution de 1848 et jusqu'à l'heure de sa fin, le sentiment qui la domina fut celui de la crainte. Elle se sentait seule, isolée, elle voyait chaque jour s'éteindre ses anciennes amitiés, et elle ne trouvait plus en elle-même assez d'énergie pour braver de nouveaux orages. Depuis quelques années, la mort avait fait de cruels vides autour d'elle : elle avait perdu d'abord sa belle-sœur madame la marquise d'Osmond, un esprit charmant, une vive intelligence ; après elle son frère le marquis d'Osmond ; puis enfin la comtesse de Chastenay, une amie des premiers jours ; et combien d'autres !... Ces chagrins, ces incertitudes, la jetaient dans une défiance de tout et d'elle-même ; elle bâtissait des projets pour l'avenir et elle croyait à peine au lendemain ; elle vivait au jour le jour, conservant son aménité pour ses amis, sa bonté vis-à-vis des personnes de son entourage, son incessante sollicitude pour son petit-neveu d'Osmond.

Dans son salon, toujours très-suivi, elle continuait à recevoir ses amis du temps passé ; elle en ouvrait volontiers les portes à quelques hommes distingués du gouvernement impérial, à M. Vuitry, à M. Drouyn de Lhuys, à M. Dumas, le membre illustre de l'Académie des sciences, qu'elle connaissait de longue date.

Dans les dernières années de sa vie, elle fit de constants efforts pour se désintéresser de tout ; mais elle ne put jamais y parvenir. Elle avait beau faire, elle était obligée de poursuivre ce que j'appellerai sa vie intelligente : recevoir des visites, correspondre avec ses amis, lire les livres nouveaux, tracer même parfois ses réflexions sur le passé.

Il nous est arrivé bien des fois, même durant ses maladies, de la surprendre dans ces heures de lassitude et de découragement. Autour d'elle, pourtant, tout témoignait de ses occupations actives. La broderie était jetée sur une chaise, les journaux étaient épars sur son lit ; des livres, des revues, se trouvaient sur une table à portée de sa main. Quant à elle, enfoncée dans la soie et dans la dentelle, perdue dans la plume de ses oreillers, c'est à peine si on l'apercevait. Elle vous saluait d'une petite voix flûtée qui semblait n'avoir que le souffle, vous tendait une main très-affaiblie, puis elle se taisait ou faisait allusion à ses souffrances.

Si on entrait à sa suite, dans cet ordre d'idées, la visite n'était jamais longue. Si, au contraire, sans trop s'en émouvoir, on entamait une dissertation sur la politique, sur un point historique controversé, si on pouvait surtout conter une nouvelle fraîche éclose, on voyait les dentelles s'agiter, une petite tête fine et intelligente se dressait sur les oreillers, et cette voix, qui semblait prête à s'éteindre, se mettait à discuter avec une verve, un entrain, une érudition, un bon sens, qui auraient fait honneur à une personne valide de trente années moins âgée que madame de Boigne.

Le moral était chez elle une pile électrique à l'état latent; tant qu'on n'avait pas trouvé le point précis de contact, la machine humaine restait muette ; mais, au premier choc, à la première étincelle, la vie reparaissait, plus animée même qu'elle n'était en réalité.

Elle avait eu dans sa jeunesse le goût, assez répandu alors, de composer et d'écrire deux romans qui ont été publiés après sa mort, par madame Lenormant et d'après sa volonté écrite très-formelle. Nous n'avons jamais compris comment elle était arrivée à prendre cette décision. Son intention était tout opposée du vivant de M. le chancelier Pasquier. Elle attachait même si peu d'importance à ces deux ouvrages, elle les jugeait si sévèrement, que les manuscrits étaient enfouis parmi les papiers de M. Pasquier; elle les avait destinés à être envoyés plus tard dans les archives du château de Sassy[1]. M. Pasquier se les fit lire pour la première fois, en 1860, je crois, et malgré les remontrances de madame de Boigne. Elle

---

[1] Voici ce qu'elle écrivait à M. Pasquier peu de jours après celui où il fit lecture de ces deux romans : « J'ai bien envie de vous faire une querelle? Pourquoi avez-vous dit à M.... que vous aviez entre vos mains des barbouillages de moi? Il me persécute pour les lire et je ne veux les montrer à personne. Il y a vingt-cinq ans que je n'ai lu une ligne de tout cela. Je ne sais plus ce qui s'y trouve, probablement des choses qui ne plairaient pas ou qui plairaient trop. Tirez-moi de ce mauvais pas, il *le faut*, et surtout ne prêtez rien. »

lui assurait en effet que ce verbiage, composé pour son amusement, ne valait pas la lecture. M. Pasquier ne tint pas compte de l'avertissement ; il poursuivit sa lecture, mais ne fit pas à l'auteur, il nous en souvient, force compliments. Il se serait opposé de toute sa force à l'idée de publication.

Après sa mort les deux manuscrits furent reportés rue d'Anjou. Que se passa-t-il alors dans l'esprit de madame de Boigne ? Nous pensons que privée des grandes affections de sa vie, isolée du monde par la maladie, dominée un peu par l'ennui, elle voulut s'offrir la distraction de surveiller elle-même l'impression de ces volumes. Sans y attacher trop d'importance, elle présumait que cette lecture pourrait offrir quelque intérêt à la société au milieu de laquelle elle avait vécu.

On aurait grand tort au reste de juger de son esprit, de son style par ces deux ouvrages qu'elle n'avait peut-être jamais relus depuis le jour de leur composition. Les personnes qui l'ont bien connue la retrouveront dans certaines pages de ces livres ; mais quelle différence de style, d'intérêt, entre ces romans et les mémoires qu'elle a tracés, et même avec sa correspondance habituelle !

M. Pasquier et elle s'écrivaient chaque matin, nous l'avons dit, et un dîner qu'ils devaient faire en commun le même soir, une visite où ils pouvaient se rencontrer, n'arrêtaient jamais ce commerce épistolaire.

Des lettres aussi fréquentes ne pouvaient, on le comprend, rouler éternellement sur des banalités polies. A vrai dire, ni l'un ni l'autre des interlocuteurs ne s'en seraient souciés.

Ils étaient arrivés, tous deux, à cette époque de la vie où la flèche la mieux lancée, le compliment le mieux tourné, glisse sur l'épiderme sans l'effleurer. Ils s'écrivaient donc, et j'en parle *ex professo*, puisque tout passait sous mes yeux, leurs impressions de la veille, leurs réflexions sur leurs lectures, sur les visites qu'ils avaient reçues, sur les événements contemporains, sur les discusions des Chambres. Un accord parfait n'existait pas toujours dans leurs opinions ; il y avait quelquefois conflit. L'un attaquait, l'autre défendait. Mais on finissait toujours par s'entendre, en se faisant des concessions mutuelles ; et ces concessions, il faut le dire, étaient presque toujours accordées par madame de Boigne.

Quelle chronique on aurait pu tirer de cette correspondance si on en avait conservé les feuilles journalières ! que de révélations piquantes on y aurait trouvées consignées : toutes les incertitudes qui précèdent la réalisation des événements importants ; les bruits de la cour et de la ville ; l'impression du moment sur les livres nouveaux, sur les hommes du jour ; les anecdotes qui courent le monde ; la louange et la pointe de satire ; la confidence des regrets et des espérances !

Malheureusement, de toutes ces feuilles il n'existe que de rares fragments ; ni M. Pasquier, ni madame de Boigne n'y attachaient la moindre importance, et aussitôt la lettre lue et répondue, ils en jetaient les débris dans le foyer.

Ainsi souvent on attache, dans le présent, un certain prix à des choses qui plus tard n'offriront aucun intérêt, et on sacrifie, on jette au vent de l'oubli ce qui devrait être conservé comme reliques.

M. le duc d'Audiffret-Pasquier a eu la bonté de remettre entre nos mains les feuilles détachées de cette correspondance qui nous était si connue ; avec sa permission, nous en avons tiré une suite de jugements, de pensées, de nouvelles à la main, que nous allons transcrire. Ces extraits témoigneront de la hauteur à laquelle se maintenait cette correspondance ; on pourra juger par ces lignes tracées par madame de Boigne de ce que devaient être les lettres de M. le chancelier.

Nous n'essayerons pas de leur assigner une date précise ; toutes ont été écrites de 1858 à 1862.

« En parcourant le volume des lettres de madame Swetchin, je suis arrivée aux lettres de madame de Duras ; elles m'ont amusée parce que je voyais jouer la pièce elle-même, sous mes yeux. C'était le moment où M. de Chateaubriand, voulant rompre avec son ingrate patrie, prétendait établir en Angleterre un journal d'opposition pour mitrailler plus à son aise les souverains de son choix, auxquels il a toujours été si fidèle. Madame de Duras dit dans une de ces lettres : Madame de Boigne est revenue d'Angleterre... Cela n'a l'air de rien, et pourtant j'avais été appelée au conseil sous prétexte de renseignements, mais en réalité pour me faire sonner le tocsin ; aussi on avait été bien mécontent de moi et de la niaiserie avec laquelle j'avais dit la vérité. »

« — J'espère que vous avez été aussi indignée que moi de l'article de ce journal qui menace de persécutions les sociétés de bienfaisance si elles s'avisent de pousser un soupir pour le pape. Je ne crois pas que la Convention ait rien fait de plus édifiant ! A force de vouloir amuser la France, vous verrez qu'on lui mettra en tête de s'ennuyer un peu !

« — Gardez votre livre, je n'en veux pas ; je ne m'en soucie pas plus que de son vilain auteur, que vous me vantez. Ah ! mon Dieu, comme la marée rouge monde à grand flots !

« — Je crois que la possession de la Savoie doit faire plaisir dans notre pays. Cependant depuis que j'ai été témoin, dans un village obscur de Normandie, de la joie excessive que manisfestaient pour le gain de la bataille de Solferino des paysans auxquels cela devait être parfaitement indifférent, je ne sais plus calculer les impressions que la France peut éprouver !

« — J'ai lu l'article de M. de B., et j'avoue ne

pouvoir partager sa joie à voir tomber un à un les derniers débris de l'ancienne société. C'est peut-être parce que j'y tiens par une longue suite d'années ! et puis, je n'ai encore rien vu d'utile pousser parmi les décombres ; et ce ne sont pas les caravansérails à sept étages qui me consoleront de la perte des palais et des hôtels, soit au positif, soit au figuré.

« Il me semble qu'il aurait été possible d'amender le système de priviléges qu'il décrit assez bien, de l'étendre à un plus grand nombre sans dissoudre une société qui marchait depuis si longtemps et dont j'aurais beaucoup aimé à conserver les petits restes que la révolution avait laissé échapper. Mais je suis au fond une vieille aristocrate, aussi usée que la monarchie, et qui ne trouve d'écho nulle part, car je suis loin d'en aller chercher où on pousse des soupirs si ridicules et des regrets si absurdes !

« — Je lis M. Thiers avec le plus grand plaisir ; je suis sa très-humble servante, mais je ne saurais admettre ses regrets de ce que la ville de Paris n'a pas été mise à même de jouer le rôle d'une nouvelle Saragosse. Je puis lui protester que peu d'habitants désiraient ce sort. C'est bien assez que les pauvres villages soient saccagés et les villes dites de guerre exposées à ces horreurs ! Je proteste aussi que toutes les belles dames qui se promenaient sur le boulevard pendant la bataille de Paris, au risque de recevoir quelque éclat d'obus, n'avaient aucunement l'idée de rentrer chez elles pour jeter de la poix bouillante sur la tête des assaillants.

« — Permettez-moi de relever une erreur de M. Thiers. Ce n'est pas à Fontainebleau, mais au quartier général du maréchal Marmont que la conversation entre l'empereur et lui a eu lieu. L'empereur était venu visiter les postes le surlendemain de la bataille de Paris, et c'est alors qu'en indiquant les plans à Marmont, il lui dit qu'il fallait aller la nuit suivante reprendre de vive force les hauteurs de Romainville. Marmont lui répondit : « Mais, Sire, où passerai-je la Marne? — Ah! oui, c'est vrai, la Marne est là! » Et quittant brusquement Marmont, l'empereur monta à cheval en lui disant : « Attendez de nouveaux ordres. » Le maréchal m'a souvent conté que c'était cette conversation et le trouble, la fureur, qu'il avait remarqués dans l'esprit de l'empereur qui, plus que toute autre chose, l'avaient disposé à écouter les conseils qui, dans la matinée, lui étaient arrivés de Paris. Cette scène, se passant à Essonne, explique encore mieux l'arrivée des aides de camp du maréchal que vous signalez[1]. Vous peignez la situation de Paris et l'emportement de ses habitants tels que je me les rappelle. Quant à l'extravagance de notre parti, je vous prie de croire cependant que nous ne la partagions pas entièrement. Je me rappelle avoir vu mon père

---

[1] Allusion à un écrit de M. Pasquier sur l'ouvrage de M. Thiers.

revenir consterné de cette assemblée dont les députés furent expédiés rue Saint-Florentin. La seule chose dont mon père se soit accupé activement avait été de réunir cette petite escouade de jeunes gens à panaches blancs, envoyés à Livry pour que M. le comte d'Artois n'entrât pas dans Paris avec l'escorte d'uniformes étrangers.

« Mon père était patriote à votre façon, et l'aspect des étrangers dans Paris lui était aussi pénible qu'aux officiers de l'armée. Je lui ai vu aussi une bien grande tristesse lorsque, comme ambassadeur, il reçut l'ordre de rendre la Savoie au beau-frère de Louis XVIII.

« — Je poursuis l'ouvrage de M. Thiers. Je n'ai aucune donnée de ce qui s'est passé à Vienne et ne suis pas compétente pour émettre un avis sur ce sujet. Mais ce que je ne trouve pas et ce que Pozzo m'a raconté, c'est que l'empereur Alexandre avait la fantaisie de jouer à la constitution dans le royaume qu'il se proposait d'établir en Pologne, et que cette circonstance effrayait son ministère russe encore plus que les autres plénipotentiaires. Il est certain qu'il aurait été difficile d'être roi constitutionnel de Pologne et empereur autocrate de toutes les Russies, ce à quoi il ne prétendait nullement renoncer.

« — J'ai fini le premier volume de M. de Maistre. Il y a beaucoup plus d'esprit que de raison dans cette publication; mais les traits charmants dont elle fourmille en font poursuivre la lecture avec un grand agrément.

« — Me voilà aux quatre cinquièmes du volume de Marmier [1]. Je le lis avec un grand intérêt et je retrouve à chaque page le témoignage de son esprit et de la bonté de son cœur, mais je n'ai pas encore rencontré le loup qui doit dévorer les brebis qu'il met en scène ; le roman aurait gagné cependant à l'adjonction d'un bon gros coquin.

« — J'ai passé une assez mauvaise nuit et je suis bien soucieuse de tout ce qu'on nous annonce. Ah! mon Dieu, comme il me prend envie souvent d'être sénateur pour voir tout en beau et dormir en pleine sécurité!

« — Rien ne porte plus à faux que les relations faites par les oppositions, qui se croient toutes impartiales. J'ai appris cela en visitant tant de camps divers où les circonstances m'ont poussée, et j'en ai fait mon profit pour me défier beaucoup du langage des gens décidés à tout blâmer. Ils sont cependant plus sincères dans leurs absurdités qu'on n'est disposé à le croire.

« — Les hirondelles sont arrivées hier dans ma cour, j'en ai été bien aise ; c'est une petite bonne fortune, et j'aime mieux qu'elles aient choisi ce jour [2] qu'un

---

[1] *Le Roman d'une héritière*, je crois!
[2] Anniversaire, je crois, de la naissance de madame de Boigne.

autre, quoique je ne sois jamais en train de fêter le triste enregistrement que les années apportent avec elles à nos âges, et je déteste les sots compliments dont on a la niaiserie de l'accompagner.

« — Voilà donc ces pauvres princes espagnols arrêtés ! Je craignais toujours ce résultat. Il est si difficile d'échapper au zèle des uns et à la poltronnerie des autres !

« — Décidément, si on ne peut plus dire la vérité, je finirai par être de l'avis de ce monsieur qui disait à l'occasion du procès fait par madame Rousseau[1] : « Il est heureux que Judas n'ait pas laissé de nièce, « sans cela on n'aurait pas pu publier l'Évangile. »

« — J'ai vu hier madame X... Elle a vraiment l'air d'un siècle endimanché. Elle part encore pour A... elle ne trouve plus ici de salons à son gré. La pauvre femme sent tout le poids de la vie vagabonde, isolée, qu'elle s'est faite à un âge où la dignité consiste à accueillir et non pas à courir après le monde. Si elle s'était installée quelque part, et surtout dans son pays, elle serait aujourd'hui plus considérée et, je crois, plus heureuse. Mais ces étrangères, avec leur grande fortune qui leur permet toutes les fantaisies, courent toujours après un plaisir qu'elles ne rencontrent nulle part, et finissent par mourir dans une auberge et dans l'isolement.

[1] Nièce de Mgr Rousseau, ancien évêque d'Orléans.

« — Tout ce que vous dites de Rossi est bien exact. Il était éminemment d'Italie, témoin sa somnolence inévitable pendant tout le temps qu'a duré la coalition ; mais il avait beaucoup de bon sens, infiniment d'esprit, et il était très-aimable quand il le voulait.

« — Dites-moi si les bonnes intentions de M. de Mezy pour votre vieille femme ont pu se réaliser[1]. Mon Dieu, qu'il est cruel de penser qu'il faille tant de protection pour aller mourir à l'hôpital ! Cela devrait réconcilier de se trouver dans un bon lit, entouré de tous les soins que le zèle et le dévouement peuvent procurer. Mais, hélas ! on pense bien plus à ce qu'on souffre qu'à ce qu'on pourrait souffrir !

« Oui certainement, j'ai connu le professeur R., auquel vous avez donné à dîner ; c'est un des hommes les plus ennuyeux que j'aie jamais rencontrés ! Il est venu deux fois à Chatenay pendant que madame Récamier y était à demeure. Il arrivait de bonne heure et partait tard. La dernière fois, ne sachant qu'en faire, madame Récamier l'envoya, par une pluie battante, se promener dans les bois de Verrière, pendant trois heures, sous le parapluie d'Ampère. Ils revinrent l'un et l'autre si trempés qu'il fallut allumer du feu pour les faire sécher avant dîner. Et madame Récamier disait en riant : « Cette bonne conclusion nous

[1] Une pauvre dame, fort âgée, tombée dans la misère et que M. Pasquier essayait de faire placer dans une maison de retraite.

« sauve encore quelques moments de l'ennui du cher
« professeur ! »

« Quant à lui, il vint se prosterner à nos pieds, jurant une reconnaissance éternelle pour notre amical accueil. Il est incroyable à combien de petites scènes de cette nature on assistait avec elle !

« L'épithète de coquette ne sied pas du tout à madame Récamier, elle exerçait la coquetterie trop en grand pour être qualifiée de coquette.

« — Il y a longtemps que vous ne m'avez parlé de M. X...? ses rapports avec M. de Cavour vous auraient-ils refroidi pour lui? Vous auriez tort, mon ami ; à nos âges il ne faut pas être absolutiste. Il faut frayer avec tout le monde, et, loin de restreindre ses relations, chercher à les élargir. Hélas! trop d'événements imprévus, inévitables, les brisent et les écartent. Je sais bien que plus on vit dans la solitude, plus on devient intolérant ; mais il faut combattre cette disposition, et vous qui êtes entouré de tant de personnes intelligentes, si en mesure d'apprécier le pour et le contre, vous devez vous maintenir plus impartial qu'un autre.

« — Les Mémoires du duc de Luynes ne sont pas pour moi dénués d'intérêt. Cela m'amuse de voir l'importance que des gens sérieux mettaient à ce qu'on portât la queue de leur manteau jusqu'au milieu ou jusqu'au tiers de la chambre et qu'ensuite on passât ensemble par la porte, le prince *prenant l'épaule* sur le duc. Tout cela paraît assurément pitoyable dans le siècle de progrès où nous vivons ; et pourtant les gens qui s'occupaient de ces vétilles valaient tout autant que les gros messieurs du temps présent. Eux-mêmes tiennent probablement beaucoup à de fort petits détails. La différence en faveur du passé est que les gens qui maintenaient leurs droits pour des niaiseries étaient des courtisans qui savaient à l'occasion résister aux volontés du maître, et non pas des serviteurs toujours prêts à tout faire. Enfin je découvre qu'après avoir passé pour abominablement libérale toute ma vie, je ne suis au fond qu'une vieille aristocrate.

« — Je partage votre avis sur la place que l'histoire fera à nos maréchaux. J'ai été moi-même étonnée de leur médiocrité, lorsqu'à la chute de l'empire je les ai vus de plus près. Mais ils étaient poussés par cette ardeur belliqueuse de la race qu'ils commandaient, dont ils faisaient partie. Nous avons vu la même chose dans la dernière guerre d'Italie, nous la verrions encore le cas échéant. Le sang gaulois aime la guerre et il sait la faire !

« — J'ai lu pour vous obéir le premier article sur M. de Stein. J'ai connu M. de Stein un peu personnellement et beaucoup par relation. C'était un grand seigneur jacobin. Sa haine pour Napoléon, pour les envahisseurs de son pays, n'était que trop naturelle ; mais il était au fond socialiste ; cela s'appelait alors niveleur. Je me rappelle une vive discussion entre lui et Pozzo sur les inconvénients de l'esprit qu'il avait soulevé en Allemagne, et que Pozzo aurait voulu étouffer et calmer. M. de Stein n'était pas de cet avis, c'était un vrai Cavour. Il voulait employer les idées révolutionnaires à faire, en Allemagne, un grand souverain unitaire dont lui, Stein, serait le premier ministre. C'est M. de Stein qui a semé outre Rhin les passions révolutionnaires que nous voyons se développer aujourd'hui. Voilà pourquoi je ne l'ai jamais aimé !

« — En m'envoyant le volume sur Louvois, vous m'arrêtez dans ma lecture d'Ampère. Je venais avec lui d'en arriver au déluge! Ne croyez pas que je plaisante, il commence l'histoire de la ville de Rome avant la formation des montagnes! Voilà comment une idée fausse peut pousser un homme d'esprit et de talent vers l'absurde. Après tout il se trouvera peut-être des gens pour établir que c'est là le beau et le vrai.

« — Je poursuis mon Ampère et toujours avec le même sentiment. Je n'ai jamais pu attacher une grande importance à ce qu'un vieux mur fût placé à droite ou à gauche du chemin que suivait Pompée pour se rendre au mont Aventin. Le premier volume paraît destiné tout entier à raconter l'état dans lequel se trouvaient les sept collines avant Romulus et à établir l'influence que leur plus ou moins de hauteur a dû exercer sur le peuple romain. Tout cela est trop habile pour moi et pourra bien paraître ennuyeux à beaucoup d'autres.

« — Vous avez bien raison de faire fête à l'excellent Ampère ; quant à moi je l'aime beaucoup et je le reçois toujours avec le plus grand plaisir ; il a des souliers crottés, mais c'est un causeur charmant et dont l'esprit est plein de variété. Il faut le prendre pour sa valeur vraie avec tout son cœur et avec tout son esprit.

« — J'en suis désolée, mais je regrette le bombardement de cette charmante ville de Catane. La destruction des pierres laisse de plus longues traces dans l'esprit des peuples que celle des hommes, et le souvenir du sang versé s'oublie plus facilement que celui des monuments détruits!

« — Je ne vous réponds pas de lire les œuvres de Viennet ! j'avais cru qu'il allait nous donner une édition de luxe facile à déchiffrer, et au lieu de cela je trouve un petit format Charpentier d'une impression très-fine et qui s'accorde mieux avec la jeunesse de l'auteur qu'avec mes infirmités. J'en essayerai pourtant pour vous être agréable ; mais les vers un peu médiocres gagnent tellement à être récités par les auteurs, qu'on ne les reconnaît plus quand ils en sont réduits à faire leur chemin tout seuls.

« — Je continue M. de Vieil-Castel[1]. Je m'accuse

---

[1] *Histoire de la Restauration.*

d'avoir été plus libérale qu'il n'était peut-être raisonnable en 1814, et peut-être toujours un peu plus sévère qu'il ne fallait pour la Restauration ; mais cependant je me suis bien vite retirée de toute coterie. Hélas! cette pauvre grande maison de Bourbon se perdra en dépit de tous ses précédents et de tous nos efforts ; et en vérité on ose à peine s'avouer à soi-même combien elle exerce encore de prestige sur nous autres vieux.

« — Quant aux fautes faites dans les premiers moments, je ne trouve pas que M. Vieil-Castel les exagère. En me reportant au temps, il me semble bien avoir envisagé les choses telles à peu près qu'il les représente. N'était-ce pas une erreur dont tous les maux pouvaient découler que de faire rédiger la constitution par des hommes qui disaient hautement n'y attacher aucune importance? M... disait quelques mois plus tard à mon père, qui regrettait que la loi d'élection et sur la presse n'eussent pas été faites en même temps : « Mais, mon cher marquis, cette charte n'a été faite que pour satisfaire aux exigences de l'empereur Alexandre et sans l'idée qu'elle pût marcher. Au fond, ce n'est qu'une transition pour arriver à un état de choses raisonnable. » Vous qui étiez dans des idées plus pratiques, vous avez dû voir les événements sous un tout autre jour ; mais je vous avoue que les impressions relatées par M. de Vieil-Castel sont assez celles que je me rappelle.

« — Je n'ai pas grand'chose à vous dire sur le compte de madame la comtesse d'Albani. Le cardinal d'York, qui lui avait pardonné tant de choses, était brouillé avec elle et ne lui pardonnait pas sa présentation à Saint-James. L'auteur du livre n'explique pas les motifs de cette présentation. La vérité est que madame d'Albani sollicitait une pension de l'Angleterre, et que la présentation en était le prix. Elle était liée avec la comtesse de Sutherland, dont le mari, ambassadeur d'Angleterre, avait négocié cette affaire. Le pauvre cardinal exhalait des colères très-royales à ce sujet, sans prévoir que bien peu d'années plus tard, chassé de son palais, expulsé de Rome, et sans ressources lui-même, il aurait recours à la munificence de la maison de Hanovre ! mais alors on ne pouvait pas prononcer devant lui le nom de la comtesse d'Albani, et monseigneur Consalvi, qu'il avait élevé, qu'il aimait comme son fils, et dont il ne pouvait se passer un moment, avait soin d'en prévenir les personnes qu'il recevait.

« J'ai entendu faire de grandes lamentations sur le successeur qu'elle avait donné à Alfieri, bien des années plus tard. Sa liaison avec Alfieri ne m'avait jamais inspiré grand intérêt ; mais je me rappelle très-bien que beaucoup de personnes, entre autres le cardinal Consalvi, levaient les yeux au ciel en parlant des rapports de madame d'Albani avec cet artiste[1]. Il

[1] Fabre de Montpellier.

n'est pas impossible que, jeune, beau et joyeux, il ait reposé madame d'Albani de l'absolutisme d'Alfieri, et qu'il ait obtenu de sa faiblesse un mariage. Ce qu'il y a de sûr, c'est que son attitude chez la comtesse d'Albani déplaisait à tout le monde.

« Au surplus, vous êtes dans l'erreur en croyant Florence le centre de la bonne compagnie ! De l'amusante et de la gracieuse, oui ; mais aussi de la très-dissolue. Les ménages à la façon de ceux d'Alfieri et de madame d'Albani y affluaient et s'y fixaient de toutes les parties de l'Europe.

« — J'ai abandonné Alfieri pour entreprendre la lecture de cette triste histoire du voyage de Varennes. je ne sais pas plus que vous qui pouvait être cette dame, mais les Anglaises sont si étranges dans leurs passions exaltées, qu'il est bien possible que ce soit une très-grande dame ; cependant je douterais fort que ce fût une véritable Anglaise et seulement parce qu'elle qualifie de lord Dorset le duc de Dorset. Jamais une Anglaise n'aurait commis cette faute d'étiquette. Quant à la baronne de Korf, vous savez que c'est un mythe, qu'elle n'a jamais existé. C'est madame Sullivan qui a joué ce rôle, sous les instructions de M. de Fersen. N'est-il pas bien extraordinaire qu'au milieu des insultes dont on abreuvait cette pauvre reine, et M. de Fersen ayant été l'âme et l'agent si actif de ce vertueux complot, son nom dans le temps n'ait pas été prononcé, qu'il n'ait été ni compromis, ni poursuivi? Des pistolets à ses armes avaient été saisis, liés sur le siége de cette voiture ramenée aux Tuileries, et on ne les a pas retrouvés le lendemain. Mon père a toujours cru que M. de la Fayette les avait fait disparaître. (Cet homme au fond avait en lui du gentilhomme.) Et puis, pour achever l'étrangeté de toutes ces aventures, ce comte de Fersen, si admirablement dévoué, s'exposant à tous les dangers, a fini par être massacré dix années plus tard dans une émeute populaire, à Stockholm. Tout cela donne bien à rêver. Quant à toutes les bêtises faites sur la route, elles ne m'étonnent guère, ayant tant connu depuis les gens qu'on y avait employés et qui étaient les moins propres à un pareil service. Mais ce qu'on ne peut assez déplorer, c'est qu'on ait eu la folie de vouloir exécuter une pareille fuite avec tant d'apparat et d'étalage, dans un moment surtout où si peu de gens voyageaient. *Monsieur* et *Madame*, partis sans étalage, sont arrivés sans difficulté.

« — Je ne saurais vous dire combien je suis intimement persuadée de la fausseté de l'invention de M.... au sujet de ce prétendu mariage de M. le duc de Berry! Personne plus que moi n'aurait été dans le cas d'en être informé, s'il avait eu lieu, et j'affirme n'en avoir jamais entendu parler. Mon long séjour en Angleterre, mes rapports directs avec l'émigration, les bontés que M. le duc de Berry m'a toujours témoignées depuis notre mutuelle enfance, la sincère affection que je lui portais, ma constante et grande intimité avec les personnes de son entourage, tout cela m'a tenue constamment en mesure de savoir tout ce qui le concernait, soit à Londres, soit à Paris.

« Mon père était ambassadeur à Londres ; j'étais auprès de lui lors du mariage de M. le duc de Berry. La chapelle catholique de Georgestreet dépendait de l'ambassade, et les chapelains qui la desservaient étaient en grandes relations avec nous. Il est donc bien difficile de croire que s'il y avait eu un mariage précédent dans cette chapelle, quelques mots de blâme ne leur fussent pas échappés. J'ai assisté à cette occasion à une messe d'actions de grâces qu'ils semblaient célébrer de tout leur cœur. Un pareil événement au reste aurait-il pu avoir lieu sans que ni M. le comte d'Artois, ni madame la duchesse d'Angoulême en eussent eu révélation? Pour qui les a connus, il y a certitude positive qu'aucune considération politique ne les aurait décidés à consentir à la violation d'un sacrement. Je ne savais rien de madame Brown à Paris ; je crois que M. le duc de Berry ne la voyait plus que pour les enfants. M. de la Ferronnays se tenait toujours très en dehors de ces sortes de relations que le pauvre prince multipliait beaucoup trop. J'ai su que c'était M. de N... qui avait amené madame Brown de Londres et servait de protecteur à elle et à ses petites filles. Je crois même, mais sans oser l'affirmer, que c'est lui qui a été les chercher à la demande de leur père dans la fatale soirée du 13 février[1]. J'ai entendu, dans le temps, faire l'éloge de la simplicité de la vie de madame Brown et de la modestie avec laquelle elle élevait ses enfants. Par une erreur de jugement, dont on ne saurait pourtant lui savoir mauvais gré, madame la duchesse de Berry avait voulu les traiter tout autrement et en faire presque des princesses, malgré l'opposition très-prononcée de madame la dauphine. J'ai donc la ferme conviction que jamais M. le duc de Berry ne s'est présenté à l'autel avec une autre femme que la princesse Caroline de Naples.

« — J'ai bien peur que cette brochure si violente ne me ramène à aimer l'Angleterre. C'est toujours là l'effet que me font les diatribes un peu trop exagérées.

« — Je serai très-curieuse que vous me racontiez votre conversation avec lord Chelsea ; mais je suis persuadée que vous le trouverez tout aussi britannique que lord Palmerston.

« Ce cabinet a pris l'habitude de se croire trahi toutes les fois qu'on n'obéit pas implicitement aux ordres qu'il transmet. Vous vous souvenez que, lors de l'expédition d'Alger, le duc de Wellington lui-même, quoique moins étroit dans les idées anglaises, criait à la perfidie de M. de Polignac, qui semblait se

---

[1] Assassinat de M. le duc de Berry.

préoccuper des intérêts français plus que des intérêts anglais. Ils sont tous de même ; — on ne gagnerait rien à un ministère tory. — L'esprit révolutionnaire a tellement débordé, en Angleterre comme dans le reste du monde, qu'il faudra bien lui obéir. Seulement les tories le feront par force, et les wighs le feront par goût.

« — Je me rappelle avoir vu entre les mains de mon père un vieux bouquin italien intitulé : *les Trente-sept révolutions de la fidèle ville de Naples.* Celle-ci fera la cinquantième[1], car il y en a bien eu une quinzaine depuis. Au reste, je me persuade que l'Europe, d'ici à un certain nombre d'années, sera dans le même état que l'Amérique du Sud. Les pays se morcelleront ; il y aura de temps en temps des manifestations ; on s'égorgera un petit peu en changeant de maître ; mais cela n'empêchera pas de se marier, d'avoir des enfants, de donner des bals, de porter des pierreries, de s'amuser tant qu'on sera jeune et de souffrir de l'abandon et de l'ingratitude quand on sera vieux.

« — Nous sommes véritablement dans une phase de mortalité incroyable, et je commence à croire qu'il faut être très-vieux et très-malade pour pouvoir vivre

« — Je vous trouve bien généreux de prendre la

---

[1] Entrée de Garibaldi à Naples.

défense des discours écrits, car vous avez été certainement l'orateur le plus improvisateur de votre temps. Toutes les fois qu'il s'agira d'électriser, de persuader, d'enlever une assemblée, l'improvisateur aura toujours un énorme avantage. Aussi vous vous rappelez peut-être que Mirabeau disait à l'abbé Maury en sortant de l'assemblée : « Eh bien, l'abbé, nous avons chacun ce que nous voulions : vous raison et moi le décret. » A propos de cela est-ce que ledit Maury n'improvisait pas? Vous ne le citez pas parmi les orateurs de ce temps-là. L'improvisation est un talent que je désirerais toujours dans la vie publique, mais il est quelquefois impossible de l'acquérir. Voyez lord Elgin! c'est de l'aveu de tout le monde l'homme le plus distingué et le plus capable de l'Angleterre; mais ne pouvant pas parler, il lui est impossible d'arriver à une situation tout à fait prépondérante.

« — Je crois que vous ne donnez pas assez d'attention au mot gentleman : c'est tout, et ce n'est rien. Milord Keith disait à un ministre qui lui offrait une pairie irlandaise : « Vous oubliez, monsieur, que je suis gentleman ! » Il n'y a pas un grand seigneur anglais, quelque arrogant qu'il puisse être, qui ne soit extrêmement flatté d'être qualifié de *complet gentleman*. Mais, dans les deux tiers de l'échelle sociale, l'appellation de gentleman ne signifie rien du tout et serait plus exactement rendue dans notre langue française par celle de *monsieur*.

« — Je l'avoue bien franchement, tous ces princes d'Orléans me sont chers et je tremble toujours à l'appréhension des fautes qu'on peut les pousser à commettre. Ce sont les enfants d'une personne que j'aime, que je vénère presque autant qu'elle le mérite.

« Puis, je n'oublie pas que cette famille a donné à la France dix-huit années de tranquillité, de calme, de prospérité, et même autant de gloire qu'en peut supporter un peuple heureux. Si on comparait cette famille où, comme l'a dit M. Dufaure, toutes les filles sont chastes, tous les hommes sont braves, à beaucoup d'autres, on n'y trouverait pas tant à redire. Leur malheur est de vivre dans un temps où les rois et les princes s'en vont, et d'en être trop convaincus peut-être. »

« — L'esprit a tué le dix-huitième siècle, le talent tuera le dix-neuvième ; on lui sacrifie tout !

« — J'ai mangé dans mon enfance de la bouillie légitimiste et j'y trouve encore de temps en temps un goût assez agréable. Je ne dis pas que ce principe ne puisse un jour revenir ; mais j'ai peur que ce ne soit à travers des mers de boue et de sang et des révolutions qu'il ne faut pas désirer à notre malheureux pays.

« — Je ne sais pas si autrefois les vieux comme nous étaient aussi séparés de ce qui les avait entourés au commencement de leur vie ; je ne le crois pas. Cela tient sans doute aux révolutions, aux passions d'opinion qui ont si souvent brisé les liens et bouleversé les rapports. Il me semble que les générations paraissent et disparaissent d'un train inconcevable : elles se suffisent à elles-mêmes, professent leur indépendance, et cela explique l'ignorance où elles sont des hommes et des choses qui les ont précédées. Le goût de l'indépendance morale et physique est une des calamités du siècle et qui le ramènera peut-être à une grande médiocrité, excepté dans les sciences, où il faut bien suivre le cours des connaissances acquises. Les gens de loisir ne daignent pas se laisser enseigner, et ceux qui sont forcés d'apprendre n'ont pas de loisir pour réfléchir.

« L'éponge révolutionnaire de 89, toute gonflée qu'elle était d'idées britanniques, a oublié d'y puiser le respect pour le passé et pour les précédents. C'est que les Anglais ont plus d'orgueil et nous plus de vanité ! Il n'y a plus en France ni esprit de corps, ni esprit de caste ; on ne sait plus ce qu'ont été les ancêtres ! L'égoïsme individuel a rompu la chaîne des temps et mis le monde entier en combustion ; il faudrait un chimiste bien habile pour deviner ce qui sortira de tout cela !

« — La mort de M. de Nesselrode me cause un véritable chagrin. Mes relations avec lui dataient de 1804. Elles ont été souvent fort intimes et fort amicales. Nos longues séparations ne les avaient jamais brisées ; jamais ses enfants ne venaient en France sans être chargés de me parler de lui et vous pouvez vous souvenir avec quelle bonne amitié il nous est venu chercher à Trouville! Ses derniers moments ont été admirables : quatre heures avant sa mort, il a écrit à sa fille, madame de Swebach, un adieu aussi simple que tendre. La famille impériale lui a rendu les soins les plus constants. L'empereur venait le voir deux ou trois fois par jour; il a eu une longue conversation avec lui la veille de sa mort. Le jour même, il a revu l'empereur, puis il a fait appeler le grand-duc Constantin et s'est enfermé longtemps avec lui. En le quittant et en lui serrant la main, il lui a dit: « N'oubliez pas votre serment, monseigneur. Vous avez promis d'aider l'empereur à tirer l'empire de la crise où il se trouve ; que ma bénédiction et celle du peuple russe soient sur votre tête à cette condition! » Le grand-duc est tombé à genoux, a baisé cette main qui tenait la sienne, et est sorti tout en larmes. Celles de l'empereur avaient coulé plus d'une fois.

« Ce petit homme sera une grande figure dans l'histoire et sa mort cause une immense perte à sa famille. Le petit-fils, sur lequel reposent toutes les espérances, n'a que douze ans et c'est bien jeune pour se passer d'un si puissant appui! »

Après ces lettres à M. Pasquier, pour bien faire connaître le ton de la correspondance de madame de Boigne, nous en transcrirons une écrite de Trouville à M. X. Marmier, qui se préparait alors à faire un voyage en Suède, et deux autres adressées à madame de Galiéra :

« Trouville 6 août.

« Un bruit assez étrange est venu jusqu'à moi ;
« Je l'ai jugé, seigneur, trop peu digne de foi.

« Quoi, mon cher Marmier, vous iriez en Suède au lieu de venir à Trouville ? quoi ! vous partiriez sans dire gare à vos amis ? Je ne saurais le croire ! Et pourtant cela m'arrive d'un lieu où l'on doit être au courant de vos actions. Si vous ne cherchez que du nouveau et de l'imprévu, il n'est pas besoin pourtant d'aller jusqu'en Scandinavie. Venez ici, notre plage est peuplée d'animaux *non descript* qui peuvent donner prise aux imaginations les plus bizarres. Vous verrez de plus une ville de palais sortir du sable avec la plus belle chance d'y rentrer incessamment, et préparer ainsi aux archéologues futurs des conjectures sur son ensevelissement. Si vous refusez de venir faire les études que ce lieu-ci pourrait vous inspirer, écrivez au moins ce que vous faites, où vous allez, combien durera votre absence. Comme tout chemin mène à Rome, je ne veux pas désespérer que de Reikiavik [1] vous n'arriviez à Trouville ; et si ce n'est que de la guerre à travers les *Belt* qu'il vous

---

[1] Capitale de l'Islande.

faut, l'animosité me paraît assez bien établie d'une rive à l'autre de la Touques pour que, dans le désir de vous plaire, on ne puisse trouver encore des motifs pour la fomenter.

« Si je daignais m'impatienter, il y en aurait peut-être lieu, avec les compliments qu'on me fait sur les joies, les fêtes qui m'entourent et qui doivent m'apporter tant de distractions! Je suis au contraire parfaitement solitaire. Madame Lenormant et moi passons nos soirées et nos matinées à peu près tête à tête. Toutefois avec l'aide de quelques lectures, en ressassant d'anciens souvenirs, nous nous tirons assez bien d'affaire. Le temps est au reste délicieux dans notre Normandie, sans orage, sans vent, mais hélas! aussi sans pluie. Il en résulte une sécheresse qui étonne le Normand et désole mon jardinier. Les petits bouts de gazon sont pourtant encore verts; mais à quel prix, et avec quelles fatigues? lui seul et ma bourse le savent!

« Bonjour, mon cher Marmier; écrivez-moi. Dites-moi ce que je dois croire des mauvais propos répandus sur votre compte.

« On prétend que vous avez publié un livre que vous ne m'avez pas envoyé; je ne veux pas le croire. Si le fait est vrai, il est causé, je suppose, par quelque oubli de la maison de M. Hachette, dont la mort vous a été certainement fort sensible.

« En quelque lieu que vous soyez, vous devez compter sur mon amitié, et, en revanche, je m'appuie sur la vôtre, en dépit de l'abandon où vous me laissez. »

« Avril 1855.

« Vous devez être parvenue au milieu de votre séjour à Ischel, ma chère duchesse? je calcule que vous savez maintenant comment vous vous y plaisez, aussi bien que la route que vous devez prendre en en sortant, et je viens vous demander de me dire l'un et l'autre. L'absence de l'empereur aura rendu le séjour d'Ischel plus calme, moins brillant, mais peut-être tout aussi agréable.

« Vous me demandez des nouvelles de ce qui se passe autour de moi?

« Les excentricités de toilettes sont aussi effrayantes que les étés précédents ; costumes et façons deviennent de plus en plus ridicules. Lorsque les originalités tombent dans le domaine public, elles prennent des formes grossières qui les montrent si laides qu'elles ne durent pas ; mais il en reste toujours quelque chose qui abaisse les habitudes sociales.

« Avez-vous rencontré dans votre monde le comte et la comtesse de X..., un immense ménage d'outre-Rhin, taillé à coups de serpe dans le tuf le plus grossier? Il était établi dans la maison voisine de la mienne depuis le mois de juin ; tout d'un coup, il y a quinze jours, il lui a pris fantaisie de voir comment était fabriquée une vieille femme de l'autre siècle.

« Madame D..., une autre dame étrangère (que, par parenthèse, je n'ai vue que trois fois), est venue me demander de les recevoir ; et, le soir même, par un ouragan qui méritait le nom de tempête, par une nuit noire, une voiture de louage est entrée avec fracas dans ma cour, écrasant toutes mes fleurs, et les a amenés chez moi ! Le comte m'a fait subir l'interrogatoire de madame de Staal chez la princesse de Conti ; — il m'a questionnée sur Voltaire, sur Rousseau, sur Balzac, sur About, sur l'agrément de la société de Michelet et de Renan ; — puis passant à la politique, sur M. Guizot, sur M. Thiers, sur le duc de Richelieu, sur M. de Martignac..., que sais-je ! Tout cela a duré une heure et demie, la femme ne disant pas grand'chose, et moi fatiguée à mort. L'examen apparemment ne les a pas satisfaits, car ils sont repartis hier sans me faire la moindre visite de politesse. Cette fantaisie a véritablement quelque chose de très-primitif. Sauf la disproportion des personnages, elle m'a rappelé la visite de Pierre le Grand à Saint-Cyr.

« 2 septembre.

« — J'apprends, ma chère duchesse, que vous partez pour Londres ; comme je ne puis guère avoir l'espoir de vous voir aujourd'hui, je veux vous demander de parler de moi bien particulièrement à notre bien-aimée reine.

« Elle sait, et elle a la bonté d'apprécier mon ancien et fidèle dévouement; mais la presque impossibilité où je suis d'écrire, et encore plus la discrétion que je mets à obtenir des réponses qu'elle veut bien me faire de sa main, m'empêchent de lui en renouveler directement l'hommage. Lorsque madame Mollien n'est pas auprès d'elle, mes communications avec Claremont sont donc moins personnelles et beaucoup plus rares. Vous voudrez bien, n'est-ce pas, dire à la reine que j'en souffre, surtout dans les moments comme celui-ci, où je sens combien son noble esprit doit être agité de mille sentiments divers qui se combattent entre eux. Je suis bien préoccupée de savoir quels seraient ses projets dans le cas où l'hostilité de l'Angleterre se déclarerait. Peut-être ne voudra-t-elle pas les dire, car elle n'aime pas à annoncer d'avance ses intentions, qui sont toujours subordonnées aux désirs de ses enfants; mais vous, qui êtes en mesure de les faire parler tous, vous découvrirez bien ce qu'ils pensent faire.

« La jeunesse est une belle chose, ma chère duchesse; je me le dis tous les jours, mais encore plus vivement dans ce moment où j'aimerais tant à partager le pèlerinage que vous allez faire et où la vieillesse me cloue au logis ! »

L'exil, l'infortune, n'avaient pas amoindri, — la

lettre précédente le témoigne,— l'amitié vouée depuis tant d'années par madame de Boigne à la reine Marie-Amélie. Leurs communications, soit par lettres, soit par intermédiaires, étaient restées fréquentes. Au mois de septembre 1850, la reine avait écrit elle-même à madame de Boigne pour lui annoncer la grande et triste nouvelle de la mort du roi Louis-Philippe. Cette lettre si noble, si touchante avait été immédiatement suivie d'une seconde missive sur le même sujet adressée à M. le chancelier. On nous saura gré, nous en avons la certitude, de transcrire ici ces deux lettres. En face des grandes infortunes l'âme se montre au grand jour ; les sentiments les plus intimes se révèlent. Ces lettres resteront donc des documents qui pourront servir, un jour à venir, à bien juger ce que furent cette reine, ce roi, auxquels la France fut redevable de dix-huit années de calme et de prospérité.

« Claremont, 5 septembre 1850.

« Ah ! ma chère amie, quel malheur ! quelle douleur ! j'ai perdu celui qui a fait le bonheur de ma vie pendant quarante et un ans, celui qui faisait ma gloire et auquel j'étais fière d'appartenir ! j'aurais dû être préparée à ce malheur par sa longue maladie, par l'affaiblissement progressif de ses forces ; mais on n'est jamais préparée à perdre ce qu'on aime et je ne peux pas encore me persuader de la réalité de mon malheur!

« Il a eu la mort la plus chrétienne, la plus courageuse, la plus calme ; il nous a laissé à tous un grand exemple. Mes enfants, qui sentent toute l'étendue de la perte qu'ils ont faite, m'entourent des plus tendres soins; ils ne me quitteront pas. Hélène même passera l'hiver avec nous. Nous resterons tous unis. C'est remplir le vœu de leur bien-aimé père, et c'est ma seule consolation.

« Votre bien affectionnée,
« Marie-Amélie. »

« Claremont, 5 octobre 1850.

« J'ai été profondément touchée, mon cher chancelier, de ce que, malgré la faiblesse de votre vue, vous ayez voulu m'exprimer vous-même les sentiments de votre cœur et toute la part que vous prenez à ma cruelle douleur. J'y comptais, car vous aviez su apprécier les grandes et belles qualités de celui qui a fait pendant quarante et un ans le bonheur de ma vie et que je ne cesserai de pleurer jusqu'à la fin de mes tristes jours. Il a couronné sa belle vie par une mort chrétienne, courageuse, calme. Il nous a laissé un grand exemple à suivre. Mes enfants sont parfaits pour moi; ils ne me quitteront pas; nous resterons ici, tous, unis, veillant sur le dépôt précieux des restes de celui qui avait été toujours notre guide. Il vous appréciait, il vous estimait, il vous aimait. J'hérite de ces sentiments et je les ajoute à ceux qu'avait déjà pour vous votre bien affectionnée

« Marie-Amélie. »

A ces correspondances nous aurions voulu pouvoir ajouter quelques lettres écrites par M. Pasquier à madame de Boigne, mais, nous l'avons dit, toutes ces lettres ont été détruites et nous n'avons retrouvé, avec les billets des derniers jours, qui auront leur place à la fin de notre récit, qu'une seule épître datée du 25 novembre 1858. Elle a trait à la condamnation prononcée, pour délit de presse, contre M. de Montalembert. La verve éloquente de M. Pasquier témoignera de l'impression que lui avait fait éprouver cette condamnation.

— « En m'apportant de vos nouvelles, chère amie, on m'a dit que vous étiez indignée ; je le comprends, et bon nombre de consciences répondent à la vôtre. Le coup porté est rude ; mais nous autres bons chasseurs, nous savons que, quand le fusil est trop chargé, il maltraite cruellement l'épaule de celui qui s'en est servi. Pour moi, outre l'affliction que me cause le fait en lui-même, en dehors de l'intérêt que je prends à M. de Montalembert, je gémis profondément en pensant qu'il s'est trouvé en France des magistrats capables de rendre un tel arrêt. Un jour viendra où la victime du jugement rendu hier sera suffisamment et noblement vengée. Pour le moment le coup porte sur un homme cruellement affaibli par la maladie. S'il succombait malheureusement, ceux qui le poursuivent en seraient sûrement peu affligés ; mais on leur demanderait compte, ils peuvent en être sûrs, de la vie, ainsi tranchée, de l'un des plus beaux talents que la France ait possédés dans l'art oratoire ; d'un homme qui a constamment fait servir ce talent à la défense des plus justes causes et quelquefois des plus saintes, de la religion entendue dans ses plus respectables, ses plus divins principes. Il a pris aussi, cet homme, en réclamant le maintien de son inamovibilité, la défense de cette magistrature qui le traite aujourd'hui si indignement, de cette magistrature que nous voyons chaque jour prodiguer les circonstances atténuantes en faveur des criminels et qui refuse aujourd'hui de les appliquer à celui dont l'éloquence s'est efforcée de la protéger ! Qu'on lise les discours prononcés en 1848, et on pourra se demander s'il a jamais été fait un plus bel éloge de la papauté, si jamais la garantie de l'inamovibilité pour l'indépendance de la magistrature a été plus énergiquement démontrée !

« Je m'arrête ; si j'opposais les accusateurs à l'accusé, mon langage dans sa sincérité semblerait peut-être un peu rude, à vous dont la justice marche toujours accompagnée de bienveillance. »

La mort de M. Pasquier fut pour madame de Boigne un chagrin immense ; la perte de ce vieil ami amenait une rupture de presque toutes ses habitudes. Elle supporta cependant courageusement cette douleur ; mais, dès ce moment, elle fit son sacrifice de la vie ; elle ne songea plus qu'à mettre ses affaires en ordre et à se préparer au grand voyage.

En 1866, la mort de la reine Marie-Amélie vint encore l'affliger profondément.

« Dans l'isolement et le refroidissement de la vieillesse, a écrit M. Guizot [1], les amitiés de la jeunesse conservent et même acquièrent beaucoup de prix, surtout lorsqu'elles ont persisté à travers les vicissitudes et les épreuves des longues vies ! De seize ans à quatre-vingts, à Naples, à Paris ou à Londres, du haut du trône ou du sein de l'exil, la reine Marie-Amélie et madame de Boigne n'avaient pas cessé de se porter et de se témoigner affection et confiance ; quand elle apprit la mort de la reine : « C'est l'adieu de ma plus noble amie, dit madame de Boigne, et le coup de cloche de mon départ ! »

Elle vécut encore près de deux mois, tantôt tout à fait malade, tantôt à peine et un moment convalescente. Depuis quelque temps déjà, elle ne sortait plus de son lit, recevant ses amis dans sa chambre et prenant encore à leur conversation un languissant plaisir.

[1] Guizot, madame la comtesse de Boigne.

Le 10 mai 1866, madame de Boigne s'éteignait avec pleine connaissance d'elle-même, accomplissant tous les actes de cette crise finale avec le calme, la dignité dont elle ne s'était jamais écartée durant sa vie ; et comme la politique devait malgré elle et jusqu'au bout la préoccuper, deux jours avant sa fin, en nous tendant pour la dernière fois sa main déjà défaillante, elle nous dit cette dernière parole : « Il est bien temps que je m'en aille, mon cher ami, car je commence à ne plus rien comprendre à ce qui se passe ! »

Selon son désir, nous suivîmes son cercueil jusqu'à ce château d'Osmond qu'elle avait été si heureuse de voir redevenir une propriété de sa famille, et jusqu'au cimetière où elle avait fait disposer sa tombe, aux pieds de celle de son père, à côté de la dépouille mortelle de son frère et de sa belle-sœur.

Ce petit cimetière de village, cet enclos de la mort placé dans le voisinage du château, ombragé par de grands arbres sur lesquels viennent chanter les oiseaux, presque enfoui sous les buissons, était bien choisi pour être le champ du repos de cette femme si charmante, si remarquable, qui continua dans notre siècle le rôle de ces gracieuses et spirituelles comtesses de la fin du dix-huitième siècle, protectrices de ce qu'on appelait alors les idées nouvelles.

Nous nous sommes assez longuement étendu sur

l'hommage que nous venons de rendre à madame de Boigne, parce que nous croyons l'avoir bien connue. Elle nous avait toujours témoigné de l'amitié, et après la mort de M. Pasquier, cette amitié était devenue plus confiante encore. Elle nous l'accordait comme une part d'héritage de celui qui n'était plus. Elle nous faisait appeler pour lui venir en aide dans les petites contrariétés de sa vie; elle nous contait ses joies, ses satisfactions, ses espérances, et plus nous la connaissions, plus nous nous attachions à elle, tant nous lui reconnaissions de qualités sérieuses. Esprit libéral, intelligence presque virile, sous l'enveloppe la plus délicate, avec les formes les plus aristocratiques, elle traversa la vie, entraînée en avant par ses opinions, par son bon sens, retenue en arrière par ses souvenirs, par ses regrets, et elle quitta ce monde sans avoir peut-être jamais rencontré le point fixe où elle pût asseoir l'observatoire de ses jugements !

Pour épuiser dans notre chapitre tout ce qui concerne madame de Boigne, il nous faut maintenant remonter l'échelle des années, retourner à Trouville.

Madame de Boigne s'était attachée à ce charmant pays. Elle l'avait vu naître et grandir. Elle avait, ainsi que M. Pasquier, coopéré à sa prospérité en le protégeant par son crédit, en y faisant chaque année une longue résidence. Elle y avait établi sa petite royauté. Comme Louis XIV à Versailles, elle avait créé ses jardins, ses habitations; comme lui elle avait sa petite cour. Des fonctionnaires aux petits pieds la tenaient au courant des départs, des arrivées, des aventures gaies ou fâcheuses; elle avait des courtisans, des solliciteurs. La plus haute société, les hommes les plus distingués, les femmes du meilleur monde, venaient s'incliner devant son fauteuil et baiser le bout de ses doigts; et de plus que Louis XIV elle avait beaucoup d'amis sincères. Elle les recevait avec bonheur à sa table, dans son salon; elle leur accordait parfois l'hospitalité. Madame la comtesse Mortier, M. Dumont, M. le général de la Rue, M. Mérimée, étaient au nombre de ces privilégiés, mais avant tous elle plaçait madame la duchesse de Galiéra et madame la marquise de Salvo.

Nous avons dit comment s'était formée, avait grandi la liaison de madame de Boigne avec madame de Galiéra. Son intimité avec madame de Salvo était plus ancienne encore. Son affection pour cette jeune et si charmante amie avait une allure presque maternelle; et quel dévouement elle rencontra toujours de sa part! — « Ma bonne et aimable compagne, madame de Salvo, écrivait-elle en 1857 à madame de Galiéra, fait auprès de moi son office de sœur de Charité avec toute la douceur et toute la sérénité possible, et il ne tiendrait qu'à moi de croire qu'elle mène une vie fort agréable. C'est véritablement un ange sur la terre!

Elle veut que je vous dise bien des amitiés de sa part. »

Madame de Boigne ne revenait à Paris que chassée par les premiers froids. Elle attendait patiemment le dernier rayon de soleil. Elle se complaisait aux mugissements de la tempête ; elle avait une joie d'enfant à braver ses fureurs.

L'automne venu, quand la mer en furie venait frapper à vingt pas de son logis, quand le vent d'équinoxe faisait crier ses girouettes, ravageait son jardin, sifflait sous ses portes, hurlait dans sa cheminée, elle se faisait toute petite, se pelotonnait dans le fond de son lit, mais elle ne songeait pas à fuir. Le lendemain, si l'orage avait cessé, si le soleil reparaissait dans l'azur d'un ciel tranquille, appuyée sur sa petite canne, elle se risquait jusqu'au seuil de la porte, jetait comme un regard de défi à cette mer qu'elle appelait sa bruyante voisine, et semblait dire à tous : Vous le voyez, toute faible que je suis, elle ne me fait pas peur, je brave sa furie, et je l'aime malgré tout !

M. Pasquier n'était pas d'humeur aussi accommodante : il avait horreur du froid et des caprices de la mer. La poésie rêveuse n'était pas son fait, et lorsqu'il entendait souffler le vent, il barricadait ses portes, jetait du bois dans le feu. Si le beau temps revenait vite, il prenait patience ; mais si la pluie persistait, il faisait ses paquets et se mettait en route pour

Paris. Il saluait en passant Sassy, quelquefois Coulans, et arrivait à tire-d'aile dans ce bon gîte de la rue Royale, qui valait pour son propriétaire tous les Fontainebleau du monde. — C'est là que nous allons le suivre et que nous le retrouverons, dans son salon, au milieu de ses amis.

CHAPITRE X

Retour à Paris. — Les dîners de M. Pasquier. — Son salon. — Ses amis. — Son influence. — Sa reconnaissance pour les services rendus. — Son intégrité. — Ses écrits politiques. — Lettres des dernières années.

En arrivant à Paris, M. Pasquier éprouvait des satisfactions indescriptibles : il se complaisait dans l'admiration de son luxe, pourtant si modeste ; il avait de véritables transports de joie en recevant les premières visites. Ses lettres à madame de Boigne étaient un hosanna en faveur de son cher Paris. Il déclarait bien haut l'air de cette ville le plus sain du monde, et la grande influence du séjour à la campagne sur la santé un pauvre préjugé !

« J'attends comme vous le bienfait du changement de saison, écrivait-il en juin 1858 à madame de Boigne, déjà installée à Trouville, mais je suis ici à merveille pour l'attendre. Ne vous occupez pas de mon gîte de la rue Royale, c'est le point le plus sain de Paris, et Paris est la ville la plus saine du monde ! Ce qui vous paraîtra étrange et ce qu'il faut vous résigner cependant à admettre, c'est que le nombre des malades diminue chaque jour dans nos hôpitaux. Je suis d'ailleurs parfaitement placé pour saisir des nouvelles que vous serez fort heureuse de recevoir. »

A peine installé, son premier soin était de reprendre sa vie occupée et la série de ces dîners qui entretenaient autour de lui un remuement, un va-et-vient dont il ne pouvait se passer.

Il apportait à la composition de ces dîners un soin tout diplomatique. Il s'étudiait toujours à les disposer suivant le gré et le goût de ses convives.

Sa table était servie sans luxe exagéré ; les menus des repas ne brillaient ni par l'étrangeté des mets, ni par le nombre indéfini des services, mais tout était parfait, de premier choix.

Son cuisinier avait une réputation européenne ; il était *de race*. Le père avait été cuisinier de M. le duc de Penthièvre et de Grimod de la Reynière ; lui-même s'intitulait *élève de l'hôtel Talleyrand* et il avait *travaillé* chez les plus hauts personnages.

Si je ne craignais pas d'entraver une étude fort sérieuse par des anecdotes un peu légères, je ne manquerais pas de consacrer un chapitre à ce personnage très-original qui figurait à mes yeux, dans sa sphère, le dernier des cuisiniers de grande maison. Il avait des mots, des sentences qui devraient être inscrits en lettres d'or dans toutes les cuisines, et bon nombre de ses aphorismes auraient fait pâlir ceux de Brillat-Savarin. Nous livrons ceux-ci comme échantillons :

« — Le meilleur cuisinier est celui qui sait satisfaire les goûts de son maître.

« — Il n'y a plus de cuisiniers, il n'y a que des restaurateurs.

« — Le goût de la bonne société a disparu le jour où on a remplacé les petits soupers par les soirées à l'eau chaude[1] !

« — La décadence de la cuisine a entraîné celle de la diplomatie.

« — Un bon cuisinier doit toujours, avant de composer son menu, étudier l'esprit et les aptitudes des convives. »

Ce qu'il disait, le cuisinier de M. Pasquier le mettait en pratique. Deux jours avant de *proposer* son menu, il venait étudier attentivement la liste des invités, tous bien connus de lui et classés à ses yeux en *petites fourchettes*, fourchettes honorables et fourchettes de premier ordre !

On peut deviner, avec un opérateur ayant aussi haute opinion de son art, quels soins devaient être apportés par lui à la préparation des menus. Le service d'ailleurs avait cette allure de bon ton qui ne s'improvise pas et qui révèle la distinction de l'hôte.

[1] Il qualifiait ainsi le *thé*, pour lequel il avait un profond mépris.

Le nombre des convives n'excédait presque jamais douze ; dans les dernières années, lorsque M. Pasquier prit le parti de ne plus sortir de chez lui et d'avoir chaque jour du monde à dîner, ce nombre fut même réduit à huit. M. Pasquier apportait le tact le plus fin à réunir autour de sa table des personnes heureuses de se rencontrer ; il faisait même servir ces réunions à une foule d'arrangements, de convenances. Il provoquait des rencontres qui ne pouvaient avoir lieu que chez lui et exerçait de cette façon une influence qu'il ne faisait pas sentir, mais qui n'en était pas moins réelle.

Le fond de sa société était formé par ses confrères de l'Académie française.

Il avait été appelé dans l'illustre compagnie en 1842, pour y remplacer M. Frayssinous, et cette nomination lui avait causé une double satisfaction : celle de l'honneur qui lui était fait, celle aussi d'entretenir des relations habituelles avec des hommes dont il avait toujours apprécié le mérite et la haute valeur. Il se trouvait d'ailleurs dans ce milieu où ne saurait mieux à sa place. S'il n'était pas homme de lettres, il était lettré par excellence. Il possédait un esprit très-littéraire, très-ouvert aux grandes et belles choses, et personne plus que lui n'encouragea la littérature à tous ses degrés, ne se montra plus courtois pour les jeunes écrivains. Nous l'avons vu plus d'une fois, après la lecture d'un ouvrage auquel il avait trouvé du mérite, faire rechercher, appeler auprès de lui l'auteur presque inconnu de cet ouvrage, lui offrir son patronage, le pousser, l'encourager. La crainte seule de blesser des modesties, de soulever des questions de personnalité, nous empêche de citer des noms.

Il avait compris, au reste, prisant les hommes pour leur valeur et ayant horreur des nullités vaniteuses, que l'Académie serait, plus tard et toujours, la plus grande ressource de sa vie intellectuelle. Aussi avait-il fait de son salon le salon de l'Académie française, et il n'est pas un membre de cette classe de l'Institut, même parmi les plus opposés à ses opinions, auquel il n'ait ouvert dès le début la porte de sa demeure. Il a été remplacé comme académicien, mais nous ne pensons pas que personne lui ait succédé dans ce rôle, qu'il remplissait d'une façon si modeste, de *trait d'union* entre tous les membres de l'Académie. Sous ce point de vue encore, il a été un type et un type ajourd'hui disparu.

Nous voulons ici tracer quelques esquisses de ses principaux convives; ajouter à ses esquisses, quand cela nous sera possible, des fragments de correspondances qui feront connaître les personnages. Nous commencerons notre tableau par ces vieillards à tête blanche qui concouraient à former ce dîner que M. Pasquier appelait *celui de ses vieux amis*.

Il était leur doyen à tous ; mais bon nombre

d'entre eux le suivaient de près. En tête de ces derniers se trouvaient M. Hochet, ancien secrétaire général du conseil d'État, grand vieillard haut de six pieds, d'une physionomie toujours souriante, esprit très-littéraire. Il avait connu fort intimement la société de l'empire et de la restauration, et c'est avec lui surtout que M. Pasquier reprenait le chapitre des vieux souvenirs. — On les entendait, dans leurs tête-à-tête, déclamer Racine ou Voltaire, réciter la Fontaine, rire avec Dorat ou Gentil-Bernard, discuter ensuite sur la révolution ou l'empire.

M. Hochet mourut en 1857, et l'émotion qu'éprouva M. Pasquier en apprenant cette fin se retrouve dans la lettre qu'il écrivit alors à madame de Boigne :

« 5 octobre.

« 5 octobre. — Cette lettre, chère amie, est écrite dans une triste disposition d'âme et de cœur. Je viens de recevoir la nouvelle de la mort de mon vieil ami Hochet! qui aurait pu croire que je dusse lui survivre? — A présent il n'y a plus personne avec qui je puisse parler d'un passé que lui et moi avions vu et connu, personne à qui je puisse dire: Vous souvenez-vous? — Je ne le verrai plus entrer dans mon cabinet trois ou quatre fois par semaine; je ne pourrai plus deviser avec lui de tant de choses sur lesquelles il pouvait m'entendre et me comprendre. — Il avait l'âme honnête et le cœur bien placé. Dans cette longue tourmente que nous avons traversée depuis l'Assemblée constituante, il n'a jamais dévié de la route du bon sens et de l'honnêteté. — En 1797, c'est-à-dire soixante ans avant l'année où je me trouve, il entrait chez moi pour la première fois, me venant lire un récit très-curieux qu'il avait fait sur certains épisodes du temps de la Terreur. Je lui ai rendu un service important qui lui a ouvert la route vers la grande fortune à laquelle il est parvenu, mais il a reconnu ce service par un attachement qui ne s'est jamais démenti, dont il m'a donné les preuves les plus constantes.

« Ah! le trop survivre a quelque chose de bien triste. De jour en jour, mon petit logis va se vidant de plus en plus de tout ce qui ranimait mes vieilles pensées, mes vieilles émotions! »

Et, au bout de cette lettre, M. Pasquier ajoutait ces lignes qui le peignent tout entier :

« Je ne vous demande pas pardon de vous entretenir autant sur ce triste sujet. En déplorant ce que j'ai perdu, je ne sens que mieux la valeur de ceux qui me restent, et j'espère que vous voudrez bien mettre à cette phrase une des adresses qui lui convient. »

M. d'Houdetot, dont nous avons parlé en commençant ce récit, par sa grâce, son entrain, sa figure souriante, par sa tenue toujours coquette, représentait dans cet aréopage la jeunesse dorée du dix-huitième siècle. Le petit billet ci-joint qu'il nous adressait en 1858 donne bien la note de sa causerie :

« J'ai eu un bien grand plaisir, mon cher monsieur, à recevoir votre lettre et celle de mon cher chancelier. Le voilà à Trouville, bien portant, et je vais travailler à me mettre en état, malgré ma pitoyable santé, de faire ma course annuelle de Trouville, qui me rend toujours si heureux. Le chancelier est étonnamment conservé ! s'il a un peu de peine à voir, j'en ai moi une bien plus grande à respirer et à me mouvoir. Je suis de fait bien plus vieux que lui.

« Donnez-moi donc des nouvelles de madame de Boigne.

« Que je vous remercie de me parler de ma chère peinture ! A propos, mon dernier Watteau est gravé!... cela me donne grande joie, et je le tiens bien pour l'original. On ne copie pas avec cet esprit et cette légèreté de touche !

« Voilà le facteur qui arrive, et il faut lui remettre mes lettres, cela m'arrête dans mon beau sujet de peinture, et je n'ai que le temps juste de vous réitérer l'assurance de mes amitiés. »

M. de Tourolles était un personnage de même époque, mais moins sémillant, — ancien conseiller au parlement ; — il avait assisté au jugement et à l'exécution de la reine Marie-Antoinette, et on le trouvait toujours prêt à causer sur les incidents de l'époque révolutionnaire. — Il était bien vieilli quand je l'ai connu, et je le vois encore tournant dans le salon, sifflotant toujours entre ses dents je ne sais quelle mélodie du siècle passé.

M. le marquis de Vérac, ancien ambassadeur, mince, très-élégant, figurait avec M. le marquis de Sainte-Aulaire, un homme de même type et de même race, l'ancienne noblesse et l'ancienne diplomatie.

Tous deux avaient constamment à leur service, dans toutes les occasions de la vie, le charme de cette politesse du vieux temps, trop oubliée par les modernes.

M. le marquis de Saint-Aignan marchait sur la même ligne, possédait les mêmes qualités. Son fils, le comte de Saint-Aignan, ancien préfet sous Louis-Philippe, était un des plus spirituels et des plus aimables habitués de M. le chancelier.

M. Droz, grand, mince, perdu dans un long habit noir, offrait par son apparence glaciale un contraste frappant avec les personnages que j'ai nommés. Ses paroles lentes, mesurées, semblaient des sentences. Il avait pourtant des mots marqués au coin du cœur, des réflexions pleines de charme.

Une des plus curieuses physionomies était celle de M. Brifaut, poëte du premier empire, auteur d'une tragédie de *Ninus*, fort oubliée aujourd'hui [1].

A première vue, quand il arrivait, on n'apercevait qu'une grande douillette bien fourrée, hermétiquement close. Tout à coup s'en échappait un vieillard tout menu, gros comme un fil, coiffé sur l'oreille d'une perruque grise coquettement frisée, une petite tête fine, intelligente, qui, à peine sortie de la douillette, n'arrêtait plus en sourires et en compliments. M. Brifaut était le madrigal fait homme, une survi-

---

[1] Voici, sur cette tragédie de *Ninus*, un renseignement assez curieux et que nous tenons de bonne source. M. Brifaut avait d'abord placé le théâtre de son action en Portugal; tous ses héros portaient ces noms sonores immortalisés par Camoens. La pièce était faite, reçue à la Comédie-Française, quand arrivèrent à Paris les plus tristes nouvelles de la péninsule espagnole; la défense y prenait des proportions terribles, on avait des craintes sérieuses sur le sort de certains corps d'armée.

M. Brifaut comprit de suite que le moment était mal choisi pour accorder sa lyre sur les vertus des Maures et des Castillans. Il tenait cependant à sa tragédie, il lui était pénible de la renfermer dans un carton. Il imagina alors une transposition qui pouvait mettre d'accord le sentiment du public avec ses satisfactions de poëte; il abandonna le Portugal pour l'Assyrie. Lisbonne devint Babylone, Ninus prit la place de l'hidalgo en *us* dont je ne sais plus le nom; tous les personnages furent soumis au même travestissement. De cette façon la rime demeura ce qu'elle était, rien ne fut changé à la pièce, et le public lui accorda des applaudissements de bon aloi.

Je ne sais si quelques-uns de mes lecteurs ont jamais lu cette tragédie de *Ninus*. Malgré ses mérites, que je ne veux pas discuter, elle peut être classée, je le crois, parmi les succès honnêtes. Eh bien, le premier jour de la représentation, le public fit une ovation incroyable à l'auteur. Reconnu à la sortie du théâtre, il fut porté en triomphe; on essaya même de dételer les chevaux de sa voiture pour le traîner comme un héros jusqu'à son logis.

vance de feu *Voiture*. Dès son arrivée à Paris, au commencement du siècle, il s'était, grâce à de bonnes recommandations, lancé dans le meilleur monde, en plein faubourg Saint-Germain; — petit à petit il y avait fait son nid. Son esprit, son talent, le charme et la distinction de sa personne l'avaient rendu si agréable à tous, qu'en 1815, il n'avait eu, suivant sa propre expression, *qu'à se laisser porter par le courant pour arriver aux pieds du roi.*

Admis dans l'intimité des *duchesses*, il s'était habitué à vivre sur les échelons les plus élevés du perchoir de l'étiquette. Il avait fini par y être si bien à son aise, qu'il croyait sincèrement faire acte de condescendance en mitraillant du feu de ses politesses les marquises et les comtesses. On ne l'entendait jamais parler dix minutes sans citer le nom d'une duchesse[1].

---

[1] Vers 1827 ou 1828, alors qu'il remplissait de la façon la plus honorable les fonctions de censeur, M. Brifaut avait été assez lié avec M. Victor Hugo, et cette date nous remet en mémoire une petite anecdote assez curieuse ayant trait à cette relation.

M. Victor Hugo désirait beaucoup alors être présenté au roi. De hauts personnages s'étaient chargés de transmettre l'expression de ce désir à S. M. Charles X. Un beau jour, à l'heure où il s'y attendait le moins, le poëte reçut une invitation pour se présenter aux Tuileries le lendemain soir; mais cette faveur, qui le combla de joie, le jeta aussi dans une grande perplexité. Il n'ignorait pas que, pour se présenter au château, la culotte courte était de rigueur et il ne possédait pas ce meuble indispensable. Il fallait le trouver à tout prix, mais comment faire? Il eut la bonne idée de courir chez son ami Brifaut, homme de cour par excellence et possesseur des plus belles culottes du monde; il

Après 1830, — il faut le dire à son honneur, — M. Brifaut resta fidèle à ses amis, aux opinions qu'il avait adoptées. Il donna sa démission de ses places et pensions et vécut en dehors des faveurs du nouveau gouvernement. Sa petite importance ne fut pas cependant amoindrie; il continua à être choyé dans le noble faubourg ; il jouit jusqu'à la fin d'une considération à laquelle ses bonnes et excellentes qualités lui donnaient les meilleurs droits. Malheureusement pour lui, ou plutôt pour sa mémoire, il eut la fatale idée de demander la publication, après sa mort, du recueil de ses poésies et de ses souvenirs, et l'édifice de sa renommée croula dans le précipice des frivolités.

M. Brifaut avait des reparties, des exclamations dont l'étrangeté renversait. Je me souviens, par exemple, que certain jour où je venais de lui rendre je ne sais quel petit service, il bondit à quatre pas de moi et, prenant un ton tragique à la Talma, il s'écria en me menaçant de ses deux bras : « Ah! comme vous êtes bon !... comme je vous remercie !... Mais dites-moi, cruel, que vous ai-je fait pour me traiter aussi bien ?... »

Une autre fois, en renvoyant à M. Pasquier un manuscrit que celui-ci lui avait donné à lire, il lui

lui exposa sa mésaventure. Celui-ci prêta bien vite à M. Hugo l'objet de ses convoitises et le grand poëte fit ainsi sa première entrée aux Tuileries dans la culotte de M. Brifaut.

adressait le billet suivant, qui pourrait très-bien être daté de l'hôtel Rambouillet, année 1650 :

« Monsieur le chancelier, vous m'avez bien instruit et bien effrayé ! Vous semez des fleurs et des éclairs sur nos abîmes ! Voilà grâce à vous que je ne suis plus tranquille ! Je ne rêve que catastrophe après vous avoir lu, et cependant je ne voudrais pas ignorer ce que vous m'avez appris ! Que d'idées justes, d'observations profondes ! quelle foule de vérités historiques et philosophiques contenues dans quelques pages ! Je ne reviens pas de ma surprise ! Honneur à vous ! je ne connais pas d'esprit organisé comme le vôtre ! Aussi, quand j'ose demander à votre bonté la lecture de vos productions, je sais bien ce que je fais pour ma distraction comme pour mon plaisir. Oh ! comme je vous remercie des lumières que vous me communiquez et de la peur que vous me faites !

« Toujours heureux et reconnaissant de vos bontés, toujours jaloux d'en obtenir d'autres, quoique je ne les mérite guère.

« A vos pieds, avec tous mes respects et toutes mes salutations. »

Il ne faudrait pas prendre ce billet pour une exception ; nous le choisissons parmi vingt autres écrits sur le même ton. Sa tournure un peu régence n'empêche pas, au reste, d'y reconnaître ce que M. Pasquier y appréciait surtout : des sentiments très-délicats, l'expression d'une amitié parfaitement sincère.

M. Dupaty était un personnage de même ordre; il avait bien le ton, l'allure et la tournure de son époque. C'était le vaudevilliste de 1815, à la plume fine, acérée, à l'esprit taillé en pointe, fertile en saillies. Petit vieillard, vif, alerte, rempli d'esprit, il était toujours remuant, jasant, riant; son caractère était charmant, sa causerie très-agréable [1].

M. Viennet, contemporain de M. Dupaty, ne lui ressemblait ni au physique ni au moral; il affichait

[1] M. Dupaty était possesseur d'une tabatière historique dont on me permettra de conter ici les aventures. C'était la tabatière de M. de Malesherbes.

L'illustre défenseur du roi Louis XVI l'avait léguée en mourant à M. de Lacretelle, membre de l'Académie française, et il avait pris le soin de faire sertir sur un des côtés une petite plaque de bois noir sur laquelle était imprimé : *Malesherbes à son ami Lacretelle.* A la mort de celui-ci, le petit meuble passa à M. de Jouy avec l'étiquette : *Lacretelle à son ami Jouy.* Il arriva ensuite par héritage à M. Dupaty, avec cette inscription : *Jouy à son ami Dupaty.* Dupaty enfin la fit parvenir à M. Mignet, entre les mains duquel il nous a été permis de la voir et où elle restera de longues années, nous l'espérons bien.

On se figurera peut-être qu'une tabatière, transmise avec tant de soin, doit être un objet d'art et de prix, niellé d'or et d'argent, serti de diamants. Le portrait serait loin de la vérité. C'est une vraie tabatière de magistrat ou de savant, en racine de buis, doublée d'écaille, de forme plate, offrant assez d'ampleur pour permettre à deux gros doigts d'y puiser une de ces bonnes prises qui peuvent donner plus de vivacité au discours, plus de finesse à l'écrit.

Sa modeste simplicité donnait cependant à réfléchir, et quand je la vis, quand je la touchai, je songeai malgré moi à tous ceux dont elle réveillait la mémoire, au premier possesseur surtout, pour lequel M. Pasquier avait conservé une si respectueuse admiration.

les qualités *robustes* dans ses jugements et dans sa personne. Il aimait à parler de ses tragédies et de son rôle militaire. On le trouvait toujours disposé à battre en brèche les romantiques, qui faisaient fi de ses productions théâtrales, et les historiens qui avaient écrit sur Waterloo.

M. de Lacretelle était plus tremblant, et pourtant il avait été bien ferme, bien courageux pendant l'époque révolutionnaire. Il demeura poëte jusqu'au dernier jour, et chaque année, pour la fête de M. Pasquier, il lui adressait de très-jolis vers.

A ce dîner des vieux amis venaient aussi s'asseoir : le marquis de Talaru, le marquis d'Audiffret, vice-président de la Cour des comptes; le comte d'Audiffret, neveu de M. Pasquier, un financier très-lettré, un poëte, et, par-dessus tout, un cœur d'or; le président Bérenger, jurisconsulte éminent et philanthrope; d'autres personnages dont les noms m'échappent, et enfin M. le comte Portalis, premier président de la Cour de cassation. M. Pasquier était lié avec ce dernier personnage depuis plus de soixante années. Il lui avait rendu durant sa vie politique de très-signalés services ; mais, il est juste de le dire, M. Portalis, au rebours de ceux à qui pèse la reconnaissance, ne manquait pas une occasion de la témoigner à son vieil ami.

En voyant ce petit vieillard à la démarche pesante, coiffé d'une perruque rousse, on n'aurait jamais soupçonné son érudition étonnante et surtout la fraîcheur, la jeunesse de son esprit et de son imagination.

Sa famille était d'origine provençale, et chaque année il allait passer dans le manoir de ses pères, aux environs de Toulon, aux Pradeaux, si je m'en souviens bien, les vacances que lui laissait la Cour de cassation. De là il écrivait à M. Pasquier des lettres qu'on aurait crues signées par un homme de vingt-cinq ans, tant elles étaient marquées au coin de la poésie la plus rêveuse. Le soleil de sa Provence le rajeunissait, lui faisait oublier le chiffre de ses années.

Telle était la composition de ce dîner *des vieux*; chaque année amenait la disparition de quelques-uns de ses membres, et M. Pasquier, vers la fin de sa vie, en resta presque le dernier et l'unique représentant. Heureusement, il avait des amis plus jeunes, dont l'affection, le dévouement aidaient à consoler de la perte des absents, et qui tous s'efforçaient de lui prodiguer les meilleurs soins.

On rencontrait parmi eux des magistrats, des diplomates, des hommes politiques, des membres de l'Institut : la Cour de cassation était représentée, après MM. Portalis et Bérenger, les deux présidents, par MM. le baron Zangiacomi, Renouard, Ferey, Legagneur, Dufresne, conseillers; la Cour impériale par MM. Louis Pasquier, Portalis fils, Alexandre Cauchy, Chaix d'Est-Ange, etc.; la Cour des comptes par

MM. Barthe, de Lizolles, etc. Parmi les hommes politiques on distinguait : M. le duc de Broglie, que M. Pasquier se plaisait à qualifier *le type de l'honnête homme en politique;* M. le duc Decazes, toujours jeune, toujours énergique, malgré son âge et ses souffrances. Épuisé par la douleur, par les opérations chirurgicales, dormant à peine, obligé de s'astreindre au régime le plus sévère, il écrivait, travaillait quand même, sans relâche. Cent fois je l'ai trouvé ainsi occupé, assis sur son lit, ou lorsque le lit même n'était plus possible, installé dans un bain, et dans cette situation, causant, discourant de la politique, recevant des visiteurs! Ses souffrances lui laissaient-elles un peu de répit, vite il se mettait en route pour aller saluer ses amis ou pour accomplir de longs voyages dans son cher pays bordelais.

Des rapports assez suivis s'étaient établis, depuis 1848, entre M. Decazes et le roi Jérôme. Les souvenirs communs du passé avaient nivelé la distance qui séparait le frère du premier empereur de l'ancien secrétaire des commandements de madame Lœtitia. De ces rapports était née une presque intimité, et il peut être curieux de faire connaître comment M. Decazes jugeait, appréciait le roi Jérôme. Nous trouvons l'expression de ce jugement dans une lettre écrite par lui à M. Pasquier :

« Mon cher et excellent ami, vous avez su la mort du roi Jérôme. Je le regrette bien sincèrement ; il était parfait, non-seulement pour moi, mais pour notre passé, qu'il honorait en ma personne comme une époque de régénération sociale et d'essai d'accord entre le pouvoir et les libertés nationales. Il n'avait rien à attendre de moi et il m'a soigné, depuis 1848, comme si j'avais été un des siens et si nous avions servi la même cause, séparés que nous étions cependant depuis quarante ans. Il a été plus souvent assis que personne au pied de mon lit de douleurs; il venait chez moi dix fois pour une que j'allais chez lui.

« Il avait le cœur aussi fidèle que l'esprit droit et élevé. Personne n'a fait entendre à l'Empereur des conseils plus libres, plus sages, plus courageux, blâmant tout ce que nous blâmions, depuis la confiscation des biens d'Orléans jusqu'aux lois de déportation et d'exil.

« Nul n'osera jamais faire arriver à un neveu les vérités qu'il ne lui épargnait pas!

« Je l'honore autant que je l'aimais et je garde précieusement son souvenir.

« Je vous remercie de votre sollicitude pour ma santé. Avec vos quatorze ans de plus que moi, vous êtes moins vieux de corps et bien plus jeune d'esprit! J'ai été confondu en apprenant qu'ayant pris médecine le matin, vous aviez eu un grand dîner le soir, et que la veille vous étiez sorti impunément! Vous en ferez autant, j'en ai l'espoir, en 1870; mais d'ici là vous aurez perdu depuis longtemps votre meilleur ami quand même et regretté bien sûr ! — DECAZES. »

M. Pasquier, je me le rappelle, ne répondit à cette lettre que par des expressions polies. Il n'avait d'autre souvenir du roi Jérôme que ceux du premier empire ; il ne voulait pas contrarier, par des objections, des sentiments dont il respectait la sincérité, mais il ne manqua pas de remercier M. Decazes de ses paroles personnelles d'amitié. Il avait apprécié depuis longues années les élans spontanés du cœur de son vieil ami ; il le jugeait à sa valeur. Voici en effet la lettre qu'il écrivit à M. de Circourt après la mort de M. Decazes :

« 5 octobre 1860.

« Je reçois votre lettre, monsieur, et j'aime à reconnaître, dans vos condoléances au sujet de la mort de M. Decazes, les bons sentiments dont vous me donnez chaque jour de nouveaux témoignages. Sa mémoire recueille aujourd'hui le fruit de la bienveillance dont il était doué et de l'empressement qu'il a toujours mis à rendre service. En cela même, il a poussé la générosité très-loin, et plus d'une fois il n'a pas eu, pour des injures qui ne pouvaient s'oublier, des rancunes qui auraient été fort légitimes. Ajoutez que cette générosité ne lui a pas toujours profité autant qu'on pourrait le croire.

« Peu importe, au reste, aujourd'hui ; le temps où

nous vivons a le tort d'oublier avec la même facilité les services rendus et les fautes commises. »

En voyant, en écoutant, en lisant M. Decazes, je me suis toujours expliqué l'ascendant qu'il avait pu exercer sur l'esprit de Louis XVIII. Il parlait avec beaucoup de facilité; dans sa causerie sérieuse, mais jamais aride, se rencontraient une vivacité, un entrain, qui lui donnaient une tournure bien personnelle.

Il était de ces hommes qui ne peuvent se résigner au repos. Les préoccupations de la politique, le souci des affaires agricoles, industrielles, les remuements d'hommes et de choses, étaient son élément naturel.

Nous avons essayé dans les premières pages de ce livre de faire connaître M. le comte Molé. Nous ne rappelerons ici son nom que pour y ajouter un échantillon de sa correspondance, véritable chef-d'œuvre de délicatesse et d'esprit :

« Très-cher chancelier,

« Vous êtes à Paris, chacun me dit que l'air de la mer vous a ôté des années; mais ces à peu près ne me suffisent pas, il me faut de vos nouvelles et il me les faut de votre main. Croyez-vous donc, d'ailleurs, que j'ai oublié les espérances que vous m'avez données, je dirai presque les promesses que vous m'avez faites ?

« Le temps fait ce qu'il peut pour vous engager à

les tenir. Croyez-moi, c'est trop tôt vous renfermer dans Paris. Une chambre bien chaude vous attend ici ; hier encore j'ai été la voir en pensant à vous. L'air de Champlâtreux est aussi pur, aussi vif, que celui de Trouville ; il offre plus de calme que de mouvement, plus de conversation que d'élégance, de fleurs que de gibier. Il est en pleine harmonie avec mes goûts. Ma fille s'y plaît fort, madame de Castellane lui prête tout son charme, et madame d'Arbouville toutes ses ressources et son mouvement d'esprit. Depuis plus de huit jours, tel est le fond des habitants du château. J'ai eu lord et lady Normanby pour deux jours, puis lord Brougham leur a succédé. Cher chancelier venez donc me voir et non pas seulement en visite ? venez ici comme vous iriez à Coulans s'il était à six lieues de Paris ? toutes vos habitudes ne sont-elles pas les miennes ? Je n'aurai pas même le mérite d'un bon maître de maison en vous faisant vivre comme chez vous !

« Je ne vous dis rien sur la politique ; je n'y pense pas, je n'en parle guère et je n'en écris jamais.

« Mille amitiés anciennes et inaltérables. »

Après ces trois illustres personnages, venaient les anciens pairs de France : M. le comte Daru, M. le comte de Montalivet, tous deux fils d'anciens amis de M. Pasquier et auxquels il avait transporté l'amitié qu'il avait vouée à leurs pères. M. de Lagrenée ancien ambassadeur, M. le duc de Fezensac, un des officiers survivants de la terrible campagne de 1812 [1].

M. le comte de Flavigny, M. le comte de Rambuteau, ancien préfet de la Seine ; M. le duc de Noailles, M. le général de Ségur, l'historien des grandes guerres de l'Empire ; et enfin M. le comte Beugnot. L'esprit de celui-ci, très-fin, satirique parfois, était fort goûté par M. Pasquier ; peu de personnes connaissaient mieux l'histoire de l'Empire et les commencements de la Restauration. M. Beugnot avait eu pour se renseigner sur ces deux époques ses causeries avec son père et les nombreux documents que celui-ci lui avait légués. M. Pasquier aimait donc beaucoup à lui confier ses dictées, à faire appel à son jugement. Le billet ci-joint témoigne tout à la fois du respect affectueux de M. Beugnot pour M. Pasquier et de l'intimité de ses rapports avec lui :

« Monsieur le chancelier.

« Je vous envoie un volume des papiers de mon père dans lequel j'ai marqué d'un signet la lettre du duc de Raguse dont je vous ai parlé hier ; j'ai marqué en outre une lettre du baron Sacken où il est parlé fort honorablement de M. Pasquier, ce qui ne

---

[1] Il en a retracé en 200 pages le tableau le plus émouvant, le plus héroïque.

peut surprendre personne, mais ce qui fait toujours plaisir à ceux qui ont l'honneur de le connaître.

« Recevez, monsieur le chancelier, l'hommage de mes sentiments respectueux et dévoués. »

L'esprit de tolérance de M. Pasquier, le respect dont il était entouré, permettaient, du reste, aux hommes de toutes les nuances d'opinion de se rencontrer autour de lui. On voyait dans son salon les anciens ministres du roi Louis-Philippe : M. le comte Duchâtel, M. Guizot, M. de Rémusat, parfois M. Thiers ; et certains jours, des ministres ou fonctionnaires du nouvel empire : M. Drouyn de Lhuys, M. Fould, M. Vuitry, M. Dumas, M. le général de la Rue, un des amis les plus chers de madame de Boigne, un des plus fidèles à M. Pasquier.

Le catholicisme libéral était représenté par M. le comte de Mérode, de Corcelle ; par M. le prince de Broglie, dont M. Pasquier prisait beaucoup le talent d'écrivain et l'esprit de causeur ; par M. de Montalembert, pour lequel, nous l'avons dit, il avait une estime toute particulière.

Beaucoup de noms devraient être ajoutés à cette brillante série ; mais, pour la rendre complète, il nous faudrait citer la majeure partie des personnes qui composent la haute société de Paris, et nous tomberions inévitablement dans l'aride nomenclature. Nous rappellerons pourtant M. le marquis de Laguiche, M. de Loménie, M. Casimir Périer, M. Fontenillat, M. Coste, M. Prévost-Paradol, M. Germau que nous avons déjà cité, M. Cauchy, le savant archiviste de la Chambre des pairs, M. de Peyramon, M. le général Changarnier, le général Rulhière, et nous arriverons à l'Académie française.

Là, presque tous les noms seraient à inscrire sur le livre d'or des amitiés de M. Pasquier. Nous ne donnerons que ceux des visiteurs les plus intimes : M. Patin, un habitué de chaque semaine; M. Berryer, plus rare, mais non moins bien accueilli; M. Vitet, dont M. Pasquier prisait très-haut l'esprit si fin, si délicat.

Madame de Boigne partageait les mêmes sentiments :

« Vous avez eu hier à dîner M. Vitet, écrivait-elle certain jour à M. Pasquier, vous avez causé avec lui ; obligé par mon vilain rhume de ne pas quitter mon lit, moi, je me suis donné le plaisir de lire son charmant article [1]. Nous n'avons donc rien à nous envier, nous avons tous deux passé la meilleure soirée du monde. »

C'étaient encore M. Saint-Marc Girardin, M. Mérimée, M. Legouvé, un ami des dernières années, devenu bien vite un des plus fidèles; M. Alexis de Tocqueville, l'auteur de *la Démocratie en Amérique*.

En 1856, après avoir livré à la publicité son

---

[1] Inséré dans la *Revue des Deux Mondes*, 1858.

dernier ouvrage sur l'*Ancien Régime et la Révolution*, M. de Tocqueville, retourné chez lui, dans le département de la Manche, apprit, par une visite de M. Ampère, que M. Pasquier s'était fort occupé de son livre, et avait même dicté quelques pages à ce sujet. Désireux de profiter de ces observations pour une prochaine édition, il lui écrivit la lettre qu'on va lire :

« Il y a longtemps, monsieur le chancelier, que j'ai le désir de vous écrire, et que j'y résiste par la crainte de vous importuner. Je finis par y céder aujourd'hui, en vous priant seulement de me pardonner et de me traiter *en ami*, c'est-à-dire de ne point me répondre si cela vous fatigue.

« Je vous dois, on me l'assure, beaucoup de reconnaissance pour toutes les choses bienveillantes que vous avez dites sur mon livre et sur son auteur. C'est une obligation à laquelle je ne suis pas disposé à manquer, et dont l'accomplissement m'est facile. Il y a longtemps que vous avez de grandes bontés pour moi et que j'y réponds par ma tendre et respectueuse affection. Il m'est donc très-doux de vous adresser ici des remercîments. Je vous ai écrit déjà, avant de le publier, que de tous les suffrages le vôtre était, sans comparaison, celui auquel je tenais le plus ! C'était la vérité même. Vous pouvez donc comprendre le plaisir que me fait l'approbation que vous donnez, me dit-on, à mon travail. Ampère, qui m'a annoncé cette bonne nouvelle, ajoute que, sur certains points, vous m'adressez des critiques. Elles doivent avoir d'autant plus d'importance à mes yeux, qu'elles se mêlent à une véritable bienveillance. Elles m'importent tellement, que je n'ai pas la patience d'attendre le moment où je vous reverrai pour vous prier de me les faire connaître. En toute matière, surtout en celle-ci, votre avis est d'un poids immense, et bientôt peut-être, dans une prochaine édition, j'aurai à le mettre à profit. Vous comprenez dès-lors combien il m'importe de corriger les erreurs qui peuvent m'être échappées, et de profiter des conseils d'amis aussi éclairés, aussi éminents que vous. Je sais, monsieur le chancelier, que l'activité incomparable de votre esprit et sa perpétuelle jeunesse vous portent souvent à dicter ce qui se présente à lui, j'espère donc que ce n'est pas être trop indiscret que de vous adresser la prière de me faire écrire. Vous me rendriez très-heureux, à peu de frais, avec peu d'efforts, et vous augmenteriez encore la dette de reconnaissance que vous m'avez fait contracter envers vous. — Croyez à tous mes sentiments de respect et d'affection. »

M. Flourens, le savant secrétaire perpétuel de l'Académie des sciences, comptait aussi parmi les amis fort empressés de M. Pasquier, et malgré sa répugnance à quitter ses études et sa solitude du Jardin des Plantes, il venait plusieurs fois chaque hiver dîner chez son vénérable doyen. Vers 1857, M. Pasquier lui adresse un exemplaire de son médaillon, par David (d'Angers). Voici comment il répond à cet aimable envoi :

« Monsieur le chancelier, c'est une idée charmante que de m'avoir envoyé votre médaillon, je le placerai dans mon cabinet à côté de celui de Cuvier. J'aurai ainsi devant moi les deux hommes que j'ai le plus estimés et aimés, les deux meilleurs esprits que j'ai connus : M. Cuvier, qui a été mon maître dans la science, et vous, monsieur le chancelier, qui l'eussiez été dans la politique, si les circonstances l'avaient permis.

« Agréez l'expression de ma reconnaissance et de mon affection. »

M. Lebrun, l'auteur de *Marie Stuart*, était plus qu'un habitué, plus qu'un visiteur, il était un ami particulièrement estimé. M. Pasquier ne citait jamais son nom sans y ajouter l'épithète d'*excellent*. Comme il était aussi fort apprécié par madame de Boigne, des deux parts on se disputait souvent sa présence et sa société.

« Vous voulez donc me prendre *mon* Lebrun pour votre dîner de jeudi; » écrivait un jour madame de Boigne, — et M. Pasquier, fort entier dans ses amitiées, répliquait vivement : « Je le prends et je le garde! — Tenez pour certain que Lebrun n'est pas plus à vous qu'à moi! »

M. Ampère, poëte, voyageur, historien, véritable encyclopédie, était encore plus remarquable peut-être comme causeur que comme écrivain. Debout, adossé à la cheminée, quand son imagination féconde l'emportait vers un sujet de prédilection, historique ou littéraire, il s'oubliait pour ainsi dire lui-même et tenait son auditoire sous le charme.

Il serait superflu d'esquisser la physionomie de M. de Salvandy. Son long ministère de l'instruction publique l'a suffisamment fait connaître, et depuis sa disparition de ce monde, la presse a rendu unanimement justice à la bienveillance, à la noblesse de ses qualités privées. — Je transcrirai ici cependant une lettre qui ne peut que le grandir encore, en révélant son courage et son abnégation dans les dernières heures de sa vie. — Cette lettre fut écrite par lui, huit jours au plus avant sa fin; l'écriture en est tremblante, saccadée, écrasée, presque illisible; on sent l'agitation fébrile de la main qui tenait la plume :

« Monsieur le chancelier, je suis profondément touché de votre bon intérêt, et j'ai hâte de vous en remercier. Je doute que vos utiles indications soient applicables à ma situation présente. C'est un état aigu, très-pénible, qui m'avait été annoncé comme devant se produire de ma soixantième à ma soixante-deuxième année, que les médecins n'auraient ni le moyen ni la volonté de prévenir et qu'ils ne croient pas non plus devoir précipiter. Cet état est pénible par des souffrances multiples dont j'avais parlé légèrement jusqu'à présent, quoiqu'au fond elles fussent très-sévères, parce que j'étais parvenu à conserver toute ma force de travail. Les choses en sont venues à me rendre le sommeil et le travail impossibles. — Je prévois le moment où dans cette lutte je serai vaincu, et j'appelle de mes vœux la crise attendue, mais indéterminée, qui sera ma délivrance. Je doute que d'ici là rien soit à tenter. Le travail de la résolution commencé *il y a quatre mois* n'a pas cessé de marcher! Ce n'est pas lui qui est douloureux, c'est une foule d'accessoires qui me laissent les vingt-quatre heures sans repos. Je suis donc condamné à *temps*, sans prévoir le terme. Le travail forcé était ma consolation, il me manque!

« J'en trouverai une autre dans les marques d'intérêt qui me sont données et en tête desquelles, à tous les titres, je placerai les vôtres. J'en ai une, incomparable, dans les soins qui m'entourent. Quand je pense à tous ceux qui souffrent, sans consolation, sans secours, au milieu de toutes les misères, je n'ai pas l'idée de me plaindre de mon lot, et je sens combien, dans la plus rude épreuve, il y a encore de place pour la reconnaissance.

« Je ne puis assez vous remercier de me le faire si bien sentir. Mes reconnaissants et dévoués hommages. — SALVANDY. »

Quelle émotion éprouva M. Pasquier le **jour où** je lui fis lecture de cette lettre : il la prit dans ses mains, la considéra fixement, puis il s'écria : « Cet homme n'a jamais été assez connu ! »

Mais quittons ce chapitre de tristesse, et, maintenant que nous avons donné une idée de la liste des visiteurs presque officiels, parlons de ces amis qui pouvaient choisir leur jour, leur heure de visite, avec la certitude d'être toujours les bienvenus :

M. Giraud, inspecteur général de l'Université, membre de l'Institut, professeur à l'École de droit, esprit méridional, vif, plein d'entrain, homme de formes charmantes. Il avait pour M. Pasquier des soins, des prévenances presque journalières ; il ne laissait passer aucune occasion de lui être agréable. Un jour il apportait de rares et charmants petits livres, une autre fois il amenait de belles visites : celles par exemple de M. de Savigny, fils du célèbre jurisconsulte prussien, ou de M. le comte Sclopis, ministre du gouvernement piémontais. Il était toujours prié pour les dîners où devaient se trouver des dames. M. Pasquier connaissait sa courtoisie, et dans ces jours de solennité il aimait à compter sur lui pour faire les honneurs de son salon. Pendant sa dernière maladie il exigea que sa porte fût toujours ouverte à M. Giraud; trois heures avant sa fin il voulut encore lui serrer la main.

M. Mignet, membre de l'Académie française, secrétaire perpétuel de l'Académie des sciences morales et politiques, était le convive habituel de tous les dîners du jeudi, mais ses visites se répétaient plusieurs fois chaque semaine. M. Pasquier avait pris un goût si vif à cette douce société d'un homme aussi distingué, de tant d'esprit, de tant de savoir, qu'il aurait voulu l'avoir chaque jour à sa table, rendre plus fréquentes encore les heures des visites. Voici le portrait que traçait de M. Mignet madame la comtesse de Boigne : « M. Mignet, écrivait-elle, n'a qu'un défaut, celui de ne pas venir me voir assez souvent, et pourtant je suis *très-fort de ses amis!* Je ne connais personne de plus distingué dans ses manières et dans son style. Il est un des rares écrivains de notre époque que je me plais à qualifier de *parfait gentleman*, et dont les œuvres me rappellent le grand siècle [1] !

[1] A ce portrait, tracé en quatre lignes et pourtant si complet, je me permets d'ajouter un mérite que possède M. Mignet, celui de la bienveillance la plus cordiale, la plus aimable. Bien souvent, depuis le premier jour où j'ai commencé ce livre, je suis allé frapper à sa porte, interrompre ses études. Je le trouvais toujours, à une heure fort matinale, la plume à la main, les volumes sous les yeux, la tête penchée sur le papier, et pourtant il m'accueillait avec un sourire, avec une parole amie. Il m'écoutait avec patience, appelant mon attention sur certains mots, discutant certains de mes jugements, et chaque fois que je le quittais, je m'en allais pénétré de reconnaissance pour sa bonté, d'admiration pour la virilité de son esprit; puis, songeant à lui, à d'autres amis de M. Pasquier, que j'ai pu voir, entendre, connaître, je me disais : Non, les hommes de cette trempe ne vieillissent jamais, ils sont toujours jeunes, toujours forts, toujours vivants. Que leur importe la loi du temps, à eux qui seront les gloires du siè-

M. Sainte-Beuve était plus rare que M. Mignet dans le salon de la rue Royale. Il était difficile de l'arracher à son ermitage de la rue Montparnasse où le retenaient ses travaux incessants. Les jours où il acceptait une invitation étaient pourtant des jours de fête. Personne n'était mieux accueilli, mais personne aussi, suivant le dire de M. Pasquier, « ne savait *mieux causer, mieux écouter.* » Avec quel art, quel esprit, quel tact, il contait, mettait en scène les innombrables anecdotes dont sa mémoire incroyable possédait des trésors ! quelles satisfactions il procura à M. Pasquier en lui fournissant, chaque lundi, pendant des années, la lecture d'un de ses articles, véritables chefs-d'œuvre de la littérature critique contemporaine !

Lui aussi m'accueillit avec une bienveillance empressée le jour où je lui demandai de l'entretenir de mon travail, et je veux transcrire ici le charmant petit

cle qu'ils ont traversé, qui s'imposeront à l'admiration de la postérité ! » Et je me rappelais ces nobles paroles qu'ils ont tous, comme M. Pasquier, mises en pratique, et qui terminent le discours prononcé par M. Mignet dans la séance de réception de M. Pasquier[*] : « Sachons continuer, messieurs, l'œuvre de nos devanciers ; ne laissons pas dépérir dans nos mains cet admirable dépôt des lettres fidèlement transmis de génération en génération et toujours accru depuis trois siècles. N'oublions pas que le jour où les peuples s'enferment avec imprévoyance dans le cercle étroit de leurs intérêts, et où ils aiment mieux soigner leur prospérité matérielle que leur intelligence, ils commencent à déchoir ! »

[*] Mignet, *Notices et Portraits*, 1861, t. Ier, p. 67.

billet qu'il m'écrivit en m'assignant un rendez-vous :

« Je serai charmé de causer du chancelier et de ce bon temps et avec vous. Je voudrais être aussi bien que le pense notre ami Marmier, mais je me console en songeant que je pourrais être plus mal encore.

« Le dernier des plaisirs, et non pas le moins doux, est de s'entretenir avec ceux qui se souviennent. Recevez, etc. — Sainte-Beuve. »

Je trouvai en effet M. Sainte-Beuve très-souffrant, très-éprouvé; mais comme la vigueur de son intelligence savait dominer la maladie! quelle mémoire inépuisable! quel jugement! Les mots, les phrases, tout portait coup; tout avait un sens, une signification précise. C'était tantôt la pointe fine et acérée du critique, tantôt la phrase éloquente et pleine de cœur du poëte! Je l'avais perdu de vue pendant quelques années, je le retrouvais plus complet, plus fécond que je ne l'avais connu.

Je le vis souvent alors et mes visites n'ont été interrompues que par sa mort. Hélas! je ne prévoyais pas le rapide et funeste dénoûment de sa maladie. Sa causerie pleine de charmes, de mouvement, d'intérêt, me captivait à un point que je ne puis exprimer. Nous parcourions ensemble le chapitre du passé, tout ce qui avait trait à cette partie de l'histoire contemporaine dont ce livre devait être l'objet. Il s'intéressait beaucoup, je puis le dire aujourd'hui, à mon travail. Je lui en avais soumis le plan, certaines parties, et il se proposait d'écrire à son sujet un ou plusieurs articles dans lesquels il aurait retracé avec son immense talent ses souvenirs à lui, ses jugements sur la vie de M. Pasquier. « Je n'ai jamais eu l'occasion, me disait-il, de pouvoir dire nettement ce que je pensais de la carrière politique et du caractère de M. le chancelier, mais votre livre me sera un motif précieux pour mettre au jour ce que j'ai depuis longtemps inscrit dans ma tête. » Puis se levant, et avec ce sourire qui lui était particulier, il se dirigea vers une bibliothèque placée en face de son bureau, et me montrant une liasse de papiers : « J'ai là son dossier, me dit-il, et en tête de ce dossier une lettre que M. Pasquier m'a écrite et qui est pour moi un souvenir sacré. » Il se rassit alors et continua : « Vous avez entendu parler de ma mère; elle vivait ici, dans cette maison; elle est morte dans cette chambre. Pendant toute ma jeunesse, dépensée aux quatre vents de l'horizon, je n'habitais pas avec ma mère. J'étais dans la lutte, dans la fièvre; je voulais lui conserver toutes ses illusions sur son fils. Mais je venais la voir souvent et je l'aimais de toute mon âme. Elle ne connaissait donc personne de mes amis, de mes connaissances. Après sa mort je crus devoir pourtant envoyer des lettres de faire part de ce triste événement de ma vie. Peu de personnes me répondirent. Je reçus des cartes, des banalités, mais seulement deux lettres dictées avec le cœur, s'associant pleinement à mon chagrin : l'une de M. Molé, elle est là (et il me montrait un carton), l'autre de M. Pasquier, et la voici. » Puis s'animant : « Voilà, s'écria-t-il, comment doivent agir ceux qui ont des prétentions aux situations supérieures. Mais pour cela il faut avoir un cœur qui batte et ne pas être bridé par l'orgueil ou l'esprit de coterie! »

Il avait horreur de la coterie et du système, il n'admettait pas le parti pris exclusif, préconçu ; son esprit avait des ailes, et ne pouvait s'accommoder de la prison. Je l'ai entendu parfois parler très-vertement de certains personnages sur lesquels j'avais une opinion différente ; je me permettais alors vis-à-vis de lui des contradictions. Son œil brillait en m'écoutant, son oreille était tendue, il mesurait mes arguments à leur valeur, les rectifiait parfois, mais s'il les trouvait bons, il ajoutait : « J'ignorais cela ; il ne faut pas de parti pris, ce que vous me dites modifie mes idées. »

Il était demeuré sincèrement et respectueusement attaché à la mémoire de madame de Boigne, à celle de M. Pasquier, si attaché que, quatre jours avant sa mort, se souvenant d'une lettre que lui avait écrite M. Pasquier et qui pouvait être utile à mon livre, il me fit adresser copie de cette lettre par son secrétaire très-dévoué, M. Troubat[1]. « Voici, cher monsieur, m'é-

---

[1] « Paris, 10 juillet 1844. — Cher confrère, madame de Boigne se lamente de ne pas vous faire ses compliments, et je me suis chargé de vous offrir une occasion de les venir chercher à Chastenay. Demain

crivait M. Troubat, à la hâte, mais exactement copiée, la lettre de M. le chancelier à M. Sainte-Beuve. *Les derniers mots ajoutés me sont dictés par lui de son lit.* Il est d'une faiblesse désespérante, je n'ose vous donner d'autres nouvelles. »

Au bas de cette lettre était écrit, — il s'agit de l'article de la *Revue des Deux Mondes*, du 1ᵉʳ juillet 1844, intitulé *Pensées, fragments et lettres* de B. Pascal, publiés pour la première fois, conformément aux manuscrits, par M. P. Faugère : — « *Voilà comment M. Pasquier aimait les lettres, comment il s'intéressait aux questions littéraires.* »

N'est-il pas touchant de retrouver une semblable préoccupation pour la mémoire d'un mort chez un homme qui touchait lui-même aux portes du tombeau !

Tel m'est apparu cet écrivain d'un mérite si éminent et qui laisse un si grand vide dans le monde des lettres ; tel je l'avais connu de 1852 à 1862, alors qu'il venait souvent dîner chez M. Pasquier, tel je le retrouvais en 1869 : conservant précieusement ce trésor que M. Pasquier appelait *l'intégrité*

---

jeudi, j'y vais dîner, je partirai après la séance de la Chambre des pairs, que je préside. S'il vous convient de vous trouver au Luxembourg sur les cinq heures, je vous offre place dans ma calèche. Nous pourrons causer de votre excellent article sur Pascal. Je l'ai lu avec un plaisir complet. Les coups d'encensoir obligés, à M. Cousin, ne vous ont pas empêché de le redresser sur les points qui sont précisément les essentiels. Tout à vous. — Pasquier. »

littéraire, demeurant jusqu'à sa dernière heure l'homme de lettres des premières heures, fidèle à leur culte, attaché à ses amitiés, généreux, charitable à l'excès[1] pour tous les déshérités de la fortune qui venaient s'adresser à lui.

Les rapports entre M. Villemain et M. Pasquier étaient constants et toujours affectueux; lorsque les circonstances interrompaient les visites, celles-ci étaient remplacées par la correspondance, et la lecture des épîtres de l'illustre secrétaire perpétuel de l'Académie française avait, il nous en souvient, le don bien précieux de faire oublier à M. Pasquier les infirmités de son vieil âge et les petites misères de sa vie.

M. Dumon, ancien ministre des travaux publics, esprit lettré par excellence, était le confident des dictées de M. Pasquier; il avait la primeur de tous les écrits, de toutes les réflexions transcrites sur le papier. De ses mains, elles passaient dans celles de M. de Circourt, dont nous avons eu déjà l'honneur de parler.

M. Xavier Marmier, le savant voyageur, le conteur charmant, tenait on ne saurait mieux sa place dans cette belle compagnie. M. Pasquier ne le prisait pas seulement pour le charme de son esprit, il aimait sa douce urbanité. Il savait à quel point il pouvait compter sur son dévouement, et, nous devons le dire, jusqu'à la fin, ce dévouement sut prendre les

---

[1] J'insiste sur ce point parce que j'ai su et vu de nombreux témoignages de la bonté de son cœur.

formes les plus ingénieuses, les plus délicates, les plus discrètes.

Je me souviens encore du plaisir que M. Marmier causa à M. Pasquier en lui présentant M. l'amiral de Montravel, M. le général Trochu, et M. Cochin. M. Pasquier se plaisait à saluer dans ce dernier personnage le représentant d'une des plus anciennes et plus honorables famille de la bourgeoisie de son cher Paris.

M. le baron de Barante était un ami de quarante années pour le moins, un ancien collègue de la restauration, de la Chambre des pairs. Ses séjours à Paris étaient courts; il passait sa vie dans son manoir de l'Auvergne, enfermé dans une vaste bibliothèque, travaillant sans relâche aux nombreux volumes qu'il a publiés. Mais sa correspondance avec M. Pasquier était régulière, très-active. Nous y prenons au hasard la lettre qui va suivre :

« Je vous ai laissé, mon cher président, tout à fait quitte des fâcheuses influences de l'hiver; mais bien qu'il n'y ait pas lieu à s'inquiéter de votre santé, c'est une satisfaction pour moi d'avoir de vos nouvelles et d'être un peu dédommagé par la correspondance de la perte de votre bonne et amicale conversation.

« J'ai trouvé, en arrivant ici, un printemps qui ressemblait à l'été; mais, après deux jours, un orage a troublé la saison, et depuis lors nous avons beaucoup de vent et un peu de pluie; du reste nous avons les plaisirs de la campagne, des fleurs dans le jardin et un paysage de verdure. Je me suis remis à un travail régulier qui me préserve de tout ennui. Je revois et corrige les Molé qui vont être envoyés à l'impression, puis j'entreprendrai une tâche qui m'embarrasse et m'inquiète, la publication des Discours de M. Royer-Collard, encadrés dans le récit de sa vie politique. J'ai peur de réveiller les souvenirs des vieilles querelles. M. Guizot donne pourtant un bon exemple de conciliation. Mais en reproduisant les discours, il faudra parler des discussions! Si je faisais ce travail à Paris, vous me diriez bien des choses que je n'ai pas sues, vous rectifieriez mes idées sur les faits et les personnes. Assurément, je ne regarderai pas ma besogne comme finie tant que je ne l'aurai pas soumise à votre censure.

« Adieu, mon cher président; vous connaissez ma vieille et inaltérable amitié. »

Après M. de Barante, enfin, M. Cousin, nature extraordinaire, et, comme l'a très-bien dit M. Mignet, dans la belle notice qu'il lui a consacrée, homme éminemment supérieur.

J'ai beaucoup vu M. Cousin durant les dernières années de la vie de M. Pasquier. Alors que tous deux parfois ne pouvaient sortir, j'étais chargé de l'office d'intermédiaire. Il m'arrivait donc presque chaque semaine d'aller passer une heure ou deux à la Sorbonne, pour y causer de tout ce qui pouvait intéresser M. Pasquier, afin de le lui transmettre ensuite, et je ne saurais dire les excellents souvenirs que j'ai conservés de ces visites.

Je vois, j'entends encore M. Cousin avec ses grands gestes, sa parole animée, vibrante, portant la lumière et la vie sur les sujets les plus insignifiants en apparence. Je n'oublierai jamais la visite qu'il eut la bonté de me faire faire à sa magnifique bibliothèque; le feu qu'il mettait à étaler devant moi toutes ses richesses, le respect religieux avec lequel il prenait, sur le rayon où il était casé, un livre rare, une reliure authentique aux armes d'un personnage marquant des siècles antérieurs; j'oublierai encore moins avec quelle verve, avec quel talent, à propos de ce livre, de cette reliure, il retraçait l'histoire d'une époque, d'une industrie.

Il possédait l'érudition la plus vaste et un sens critique que j'ai rarement vu plus développé. En quelques minutes il résumait un volume, en faisant ressortir le côté faible, le côté fort; et pour montrer le parti qu'on aurait pu tirer du sujet, refaisait lui-même verbalement le livre. Il donnait du charme au récit le plus simple, un intérêt dramatique à tout ce qu'il abordait. Il était acteur, mais c'était un acteur d'un ordre auquel bien peu peuvent prétendre; car il ne répétait pas un rôle appris d'avance; chez lui l'improvisation était spontanée, pleine de flamme, et il était impossible de le quitter sans éprouver le sentiment d'admiration le plus sincère.

Il ne m'appartient pas de discuter ici sa philosophie et ses opinions; mais il me semble que venue à son temps, à son heure, cette philosophie a eu sur les jeunes intelligences la plus haute et la meilleure influence. Quel rôle ont joué à cette époque, ces trois illustres professeurs : M. Cousin, M. Guizot, M. Villemain! quel entraînement ils ont exercé! quelles nobles passions ils ont su remuer ou éveiller! quel sillon lumineux ils ont laissé sur leur passage!

Dans la lettre qu'on va lire se retrouve M. Cousin, tout entier, avec ses élans, ses enthousiasmes. — Un petit débat s'était engagé entre lui et M. Pasquier, au sujet de son livre sur Mazarin. — M. Pasquier trouvait le rôle des parlements trop amoindri; M. Cousin soutenait sa thèse :

« Cher seigneur, mille fois merci! remarquez s'il vous plaît que mon travail roule seulement sur l'aristocratie, le parlement, la bourgeoisie et Mazarin, dans la Fronde. Les états généraux ne viennent là qu'épisodiquement ou du moins très-accessoirement. Ils constituaient la représentation du pays depuis des siècles. Ceux de 1614 avaient fait beaucoup de bien et aucun mal, même sous une régence. Les notables de 1626 n'avaient fait que seconder le gouvernement; ils laissaient les meilleurs souvenirs, et je déplore l'obstination de Molé à ne les point appeler; car, comme lui-même fut d'avis d'interdire la politique au parlement et de ne lui laisser guère que la justice, il s'ensuivait que politiquement il n'y avait plus de contrôle nulle part, et de là la route ouverte au pouvoir absolu de Louis XIV. — J'avoue qu'en 1788, j'aurais été pour les états généraux. Je ne vois pas une si grande difficulté à faire deux Chambres avec trois, celle du clergé se répartissant d'elle-même dans les deux autres, les cardinaux et les archevêchés et évêchés emportant duché ou comté allant d'eux-mêmes à la Chambre des pairs, et les simples chanoines et abbés pouvant être nommés à la Chambre des communes. Cela s'est passé ainsi en Angleterre, et je considère comme une faute de la Charte de 1830 d'avoir exclu de la Chambre des pairs, les cardinaux, les archevêques et toute représentation de l'Église. Selon moi, tout cardinal est pair de droit.

« Vous semblez croire que le parlement n'a pas, comme les états généraux de la Ligue, appelé l'Espagne? Pardon, il a reçu sur les fleurs de lis l'envoyé de Philippe IV; il a sollicité des subsides et des troupes. Le président de Mesme eut beau s'indigner et prononcer de nobles paroles, que j'ai recueillies, le parlement passa outre, et le traité fut conclu.

« Je ne veux pas vous laisser croire que Condé et même le duc d'Orléans aient tramé les massacres de l'Hôtel de Ville, en juillet 1612. — Le bonhomme Conrart a vu les faits extérieurs, mais il ne sait pas, il ne pouvait rien savoir de secret, et les chefs des frondeurs *seuls* pouvaient connaître ce qu'ils avaient voulu, — tout avait été conçu et préparé dans le conseil du Luxembourg. — La Rochefoucauld dit la vérité. — Bien entendu, Mazarin tourne cet événement contre celui qu'il craignait, c'est-à-dire Condé, qui y est aussi étranger que moi. On voulait l'entraîner à l'Hôtel de Ville en lui faisant peur, et comme il arrive toujours, l'exécution alla plus loin que l'intention.

« Les états généraux ont fait beaucoup de mal, cela est vrai, ainsi que toute assemblée élective et délibérante ; mais de telles assemblées sont la condition de toute vie politique, et cela seul est un très-grand bien. Les états généraux faisaient partie de notre droit public ; ils étaient chers à la nation ; ils en connaissaient les besoins et les exprimaient avec une liberté respectueuse. Les notables étaient des états généraux au petit pied, et ils ont rendu de grands services. Ou il faut renoncer à toute liberté politique, ou il faut accepter de pareilles assemblées avec le bien et le mal qu'elles entraînent. Ces assemblées s'appelaient jadis les états généraux ; de nos jours ce sont les Chambres !

« Que de choses n'aurais-je pas encore à vous dire ! Ce sujet est infini, inépuisable, comme l'histoire de notre cher pays. J'aime à m'en entretenir avec vous comme je le faisais avec Royer-Collard. Tous deux vous m'êtes toujours présents pour m'encourager, m'éclairer, et surtout me contenir. Vous m'excusez un peu, parce que vous savez que j'aime la France et n'épargne aucun soin pour la bien connaître.

« Encore une fois merci et à ce soir. Recevez l'expression de ma profonde reconnaissance et de ma respectueuse amitié. — V. Cousin. »

Nous n'avons pas parlé dans les pages qui précèdent des membres de la famille de M. Pasquier ; il ne négligeait pas cependant de les recevoir. M. et madame d'Audiffret-Pasquier étaient toujours à ses côtés pour lui aider à faire les honneurs de ses grands dîners, et il accueillait avec sympathie toutes les personnes de sa parenté.

Son âge, sa situation supérieure, l'avaient fait de bonne heure le protecteur de ses frères, de ses alliés En avançant dans la vie, il avait continué aux enfants l'intérêt qu'il avait témoigné aux pères. Mais cet intérêt s'exerçait d'une façon modeste. J'en puis citer comme exemple M. Louis Pasquier, à la carrière duquel M. le chancelier s'était toujours vivement intéressé et qui pourtant est encore aujourd'hui, presque au moment de sa retraite, simple conseiller à la cour impériale.

M. Pasquier n'admettait pas au reste le favoritisme. Il trouvait naturel qu'on se plût à aider les siens, mais jamais au détriment du mérite, des droits acquis ; quand il protégeait, il exigeait de son solliciteur la garantie d'une valeur réelle. Il n'était pas sensible aux vaines paroles, aux formules banales de compliments louangeurs. Avec lui il fallait aller droit au fait, aborder nettement la question.

Il fuyait de toutes ses forces les nullités et les importuns. Quelle fête au contraire il faisait aux nouveaux venus ayant à ses yeux un mérite quelconque ! quelle coquetterie il déployait pour rendre sa maison agréable, pour faire oublier ses infirmités ! quelle urbanité avec ses amis !

Il exerçait autour de lui, dans le monde au milieu duquel s'écoulait sa vie, une influence qui tout en ne se faisant pas sentir, n'en était pas moins fort importante ; et, chose remarquable, il employait le crédit que lui donnait cette influence, au profit de ceux mêmes sur lesquels elle s'exerçait. Personne n'ignorait sa perspicacité, sa sûreté de jugement ; personne ne mettait en doute son incontestable expérience. Il était donc consulté, très-consulté, mais toujours, je puis l'affirmer, ses réponses furent dictées par l'intérêt personnel, bien compris, de celui qui venait faire appel à ses bons conseils. Il allait si loin sur ce terrain, il poussait l'abnégation à un tel point, qu'il faisait violence parfois ses idées, à ses vues, à ses attachements même.

Cette influence, l'importance du rôle de *trait*

d'union que s'était donné M. Pasquier, pourraient expliquer jusqu'à un certain point les nombreuses amitiés qui l'ont entouré jusqu'à sa dernière heure. La cause principale, véritable, de ces amitiés émanait cependant, avant tout, de lui-même, d'une de ses qualités prédominantes. Il avait l'art de savoir inspirer des attachements, non pas des attachements de circonstances, de *saison politique*, mais des affections inaltérables qui, une fois entamées, ne s'éteignaient qu'avec la vie.

Il ne possédait pas cette chaleur, cette expansion de cœur qu'il serait permis de lui supposer. Mais il était ami sûr, essentiellement discret; quand il se donnait, il se donnait tout entier, et se donnait si bien, qu'il reportait aux enfants l'affection vouée aux pères.

Nul ne poussa plus loin l'art si délicat des prévenances; nul ne fut plus attentif aux joies, aux chagrins, aux inquiétudes, aux souffrances.

En apprenant qu'une grande douleur, une calamité soudaine, imprévue, venaient de frapper un de ses amis, une personne même avec laquelle il avait eu de simples relations, son cœur était ému, son cerveau était agité; il prenait irrésistiblement sa plume; il était contraint, obligé, par une volonté inconnue, supérieure, à écrire des condoléances, des consolations à l'affligé, et ses lettres avaient un accent dont la sincérité ne pouvait être mise en doute. Son style, parfois un peu diffus, alourdi par les incidences parasites, devenait alors net, concis, et scintillait de ces expressions parties du cœur qui forment le lien des meilleures amitiés[1].

Il se complaisait dans la reconnaissance pour les services qui lui avaient été rendus. Après soixante années, il aimait encore à parler des dévouements, des bienveillances qu'il avait rencontrés aux époques orageuses de sa jeunesse, et il saisissait avec empressement les occasions d'acquitter une part de sa dette de gratitude.

Aussi, chose rare et digne d'être mise en lumière, malgré les dissentiments politiques, malgré les divergences de vues et d'opinions, malgré le temps enfin, qui affaiblit trop souvent les affections quand il ne les éteint pas entièrement, M. Pasquier, on peut le dire, non-seulement ne suscita jamais d'inimitiés, mais il conserva jusqu'à sa fin les amitiés des pre-

---

[1] Aucun lien particulier ne l'avait jamais attaché à M. Victor Hugo. Il n'avait eu avec lui d'autre relation que celle de la Chambre des pairs et de l'Académie française. En apprenant la mort si terrible de la jeune madame Vacquerie, la fille du grand poëte, il comprit de suite l'immense douleur de ce père, il écrivit et voici la belle lettre que lui répondit M. Victor Hugo

« Monsieur le chancelier, je puis à peine écrire et toute pensée s'est évanouie en moi. Je veux pourtant vous remercier. Votre lettre m'a été au fond de l'âme. Vous, si noble et si vénérable vieillard, vous pleurez sur cette pauvre enfant! il y a quelque chose d'auguste et de profondément touchant dans la bénédiction que vous donnez à ce tombeau.

« Je vous remercie, monsieur le chancelier et illustre confrère, avec toute l'effusion d'un cœur navré. — Victor Hugo. »

miers jours. Tous ceux qui, à un titre quelconque, l'avaient approché, lui avaient été attachés, continuaient, même dans les situations les plus élevées, à lui témoigner le dévouement le plus sincère.

J'ai vu venir ainsi chez lui M. le baron de Viel-Castel, l'auteur de l'*Histoire de la restauration* et son ancien chef de cabinet aux affaires étrangères; M. le comte de Lurdes, M. le baron d'André, M. de Rayneval, anciens ambassadeurs de France à l'étranger; M. le baron Zangiacomi, M. de Mézy, dont il avait particulièrement connu les pères; M. Dubloc, attaché à son cabinet pendant son premier ministère de la justice; M. Morice, son secrétaire à la Chambre des pairs, aujourd'hui secrétaire général des cérémonies, et qui a conservé un véritable culte filial pour sa mémoire.

Les médecins eux-mêmes devenaient des amis dévoués. J'ai cité déjà le docteur Cruveilhier; je puis nommer encore M. le docteur Chassaignac, l'habile et savant chirurgien. Il venait presque chaque jour rue Royale. Il s'était imposé *le devoir* de tenir M. Pasquier au courant des nouvelles médicales, dont il était très-friand. Il lui contait les opérations curieuses tentées dans les hôpitaux, les découvertes récentes de la science; il lui montrait les instruments récemment inventés pour le soulagement de la pauvre espèce humaine.

Le docteur Ménière, médecin des Sourds-Muets,

avait un rôle moins pratique, mais ses visites étaient pourtant fort agréables. Son élocution facile, très-brillante, faisait prendre à gré les questions sur lesquelles il dissertait, et, suivant l'expression de M. Pasquier, savait rendre la maladie presque aimable!

Les amitiés de femmes du plus haut mérite lui restèrent aussi fidèles, et aux noms que j'ai cités déjà je puis ajouter madame la comtesse de Girardin, madame la comtesse Mollien, madame la marquise de Salvo, madame la comtesse de Chatenay, madame la duchesse d'Albufera, madame la baronne Denoi, madame de Rémusat, madame la duchesse de Vicence. Avec madame de Vicence surtout, il déployait toutes les ressources de sa galanterie et de sa vieille élégance. Il rajeunissait de cinquante années. Oubliant ses yeux qui voyaient à peine, ses jambes un peu chancelantes, il la reconduisait lui-même jusqu'à sa porte avec la politesse la plus empressée, la plus aimable. Puis il venait s'asseoir auprès de moi, m'entretenait longuement des mérites de sa visiteuse et s'écriait en levant ses bras : « Quelle distinction, quelle élégance ! jamais femme ne sera plus belle ! » Et alors c'étaient des récits, des souvenirs du premier empire, de la Restauration !

Je signalais, il y a un instant, la gratitude de M. Pasquier pour les services rendus ; je veux citer un exemple de cette gratitude et de la façon dont il la témoignait.

Vers 1856 ou 1857, une dame d'un certain âge se présenta un matin, demandant à lui parler. Introduite auprès de moi, elle me dit être petite-fille de personnes qui, pendant la Terreur, avaient rendu un service à M. Pasquier en contribuant à le cacher et à le dérober aux poursuites. « Je me trouve aujourd'hui, ajouta cette dame, dans une situation fort difficile. Je suis parvenue au prix des plus grands sacrifices à donner à mon fils une solide éducation ; il est reçu bachelier, il va sortir du collége avec les meilleures notes ; mais je ne sais de quel côté diriger ses pas, n'ayant aucun protecteur pour lui faciliter l'entrée d'une carrière. Je me suis souvenue heureusement du service rendu par mes parents à M. le chancelier, et je viens, en souvenir du passé, solliciter très-humblement son appui. »

Il y avait dans ce récit un tel accent de sincérité que, sans hésiter, j'entrai chez M. Pasquier pour lui faire part de la visite et de la demande. Il était constamment harcelé par des solliciteurs qui ne se gênaient pas pour prendre les qualifications les plus mensongères, se dire même parfois ses parents. Après m'avoir écouté, il me répondit donc d'un ton d'impatience : « Je ne connais pas cette dame, je ne sais ce qu'elle veut dire. Cependant faites-la entrer. »

La pauvre dame fut introduite, mais elle était si émue qu'on l'entendait à peine parler. L'impatience de M. Pasquier commençait à se montrer. « Enfin, madame, lui dit-il, expliquez-vous. Que puis-je pour vous? quel service m'avez-vous rendu? comment vous appelez-vous? » Elle se nomma, rappela le nom de son grand'père, le village où il habitait pendant la Révolution, répéta ce qu'elle avait entendu conter à sa famille sur les incidents du passage de M. et madame Pasquier dans leur demeure.

Pendant ce récit, il avait redressé la tête, son visage avait changé d'expression, et quand cette dame eut fini, il lui tendit sa main avec bonté : « C'est vrai, c'est bien vrai, dit-il ; votre famille alors m'a secouru avec un grand courage et je vous remercie d'être venue auprès de moi. Je pourrai au moins acquitter une faible part de ma dette avant de quitter ce monde. Voulez-vous bien dicter à mon secrétaire une petite note contenant, l'adresse de votre domicile, le nom de votre fils, la carrière que vous seriez heureuse de lui voir poursuivre. » La note écrite il ajouta : « Maintenant, soyez sans crainte ; votre fils aura le poste que vous ambitionnez pour lui et mon appui ne lui fera jamais défaut. » Après ces paroles il reconduisit lui-même sa visiteuse jusqu'à sa porte et la congédia avec la plus extrême politesse.

Le même jour M. Pasquier écrivait au premier président d'un des grands corps de l'État et le priait de vouloir bien venir le voir le plus tôt possible. Un domestique porta la lettre et le président accourut. M. Pasquier lui exposa sa demande en faveur de son protégé, le motif qui lui en faisait désirer le succès immédiat. Quelques jours après le jeune homme était nommé et M. Pasquier recevait la plus touchante lettre de remercîments.

Ce jeune homme était capable, intelligent, travailleur; la protection de M. Pasquier ne l'abandonna pas. En 1862 il occupait déjà un poste assez important dans le corps où M. Pasquier avait favorisé son entrée.

A cet exemple, je puis ajouter celui des sœurs de Champigny, auxquelles chaque année il remettait une allocation assez forte pour leurs pauvres en souvenir de l'accueil qu'il avait trouvé dans ce village quand il s'y était réfugié pendant la Terreur. Et combien d'autres je pourrais citer encore.

« Il arrive un âge, disait-il, où on n'est plus bon qu'à faire une chose : le bien des autres. Mais pour cela il faut être aidé ! » Et il ajoutait une autre fois : « Quand on devient vieux, lorsqu'on est assailli par les infirmités du grand âge, toutes les préoccupations doivent tendre à faire excuser par autrui ces infirmités et leurs inconvénients, et le meilleur moyen est de s'efforcer d'être utile[1] ! »

---

[1] Madame de Boigne, dans un autre ordre d'idées, me citait un jour une maxime dont je veux consigner aussi le souvenir. Elle venait de lire dans un journal le compte-rendu des brillantes toilettes remarquées à je ne sais plus quelle réunion !

« Quand on est jeune et jolie, disait-elle, il faut être bien maladroite pour ne pas réussir à plaire, et pas n'est besoin, pour cette œuvre,

Le plus souvent, en avançant dans la vie, on se forge des préjugés, on reste attaché à des habitudes, on adopte des manies. On médit du présent au profit du passé ; on évite la fréquentation des hommes de la nouvelle génération.

M. Pasquier ne tombait pas dans cette faiblesse. Pour jouir du charme de cette société au milieu de laquelle il se plaisait, il s'était étudié, depuis 1848, à donner à son salon, encore plus peut-être que dans le passé, la couleur d'un terrain neutre. Toutes les opinions honnêtement, sincèrement représentées, pouvaient chez lui se donner rendez-vous ; elles étaient certaines d'y rencontrer la tolérance la plus sociable.

Il possédait cette suprême habileté d'homme du monde, qui consiste à dominer un salon, à lui imprimer un ton, une allure. Il avait l'art de placer chacun à son aise, sur son terrain ; de mettre en lumière les modestes, d'ouvrir le champ aux brillants causeurs, de guider, de diriger la conversation, d'adresser à tous un mot aimable, de ne laisser personne s'oublier dans un mutisme souvent gênant.

Personnellement, il possédait tous les avantages qui pouvaient l'aider dans sa tâche. Il était grand,

---

d'un si grand étalage de falbalas. C'est brûler sa poudre beaucoup trop tôt !

« Il faut conserver les artifices de toilette pour le vieil âge. C'est le moment alors d'user de toutes les ressources qui peuvent aider à masquer les infirmités et empêcher une pauvre femme de devenir un objet de compassion pour ses amis ! »

élancé, très-droit malgré son âge ; élégant, soigné dans sa mise. Sa voix était forte, bien timbrée, son visage était agréable ; ses pieds, ses mains avaient une finesse aristocratique ; des rhumatismes à la tête l'avaient de bonne heure obligé à recourir dans la vie publique à l'usage de la perruque, qui le défigurait fort mal à propos, car il avait une tête admirablement conformée et les plus beaux cheveux blancs.

Bref, il avait grand air, et je dirai de lui ce que M. Mignet a dit de M. Cousin : il était supérieur, il dominait littéralement son salon, et il tenait ses auditeurs enchaînés aux paroles qui sortaient de ses lèvres.

Grâce à lui, à sa personnalité, son appartement, les jours de réception, avait une allure princière ; — on oubliait tout, on ne voyait que lui, il était l'objectif des regards, des attentions.

Je me souviens encore de la surprise éprouvée par certains des amis de M. Pasquier, quand ils vinrent visiter, après sa mort, ce salon dont ils avaient été les habitués. Ils n'en revenaient pas; ils ne pouvaient en croire leurs yeux ! ils me demandaient sincèrement si on n'avait pas déjà changé, enlevé le mobilier ! tout leur paraissait étriqué, mesquin. Le maître parti, l'édifice avait croulé, il ne restait plus rien debout : maison sans chef, corps sans âme !

Tel était ce salon, qui fut, on peut le dire, un

des derniers salons politiques : rendez-vous de toutes les distinctions, de toutes les supériorités; asile du bien dire, du bien faire, du bien penser, où rien n'était oublié de ce qu'il y a de vrai, de beau et de grand dans le monde; où chacun pouvait apporter son tribut; où tout le monde était sûr d'apprendre; d'où on sortait enfin satisfait de soi-même et de son prochain. Quelle belle chronique on tracerait si on pouvait rappeler les causeries si intéressantes qui y furent entendues, les dissertations si savantes amenées par la vue de cette grande et belle bibliothèque! et quels renseignements trouveraient dans cette chronique les âges futurs! Ils apprendraient par elle comment parlaient, s'occupaient tous ces hommes issus de cette belle et forte génération qui commença à se faire connaître sous le premier empire, et poursuivit son rôle pendant la Restauration et durant les dix-huit années du règne du roi Louis-Philippe.

Il est permis heureusement de s'en faire une idée en étudiant les œuvres des survivants.

Est-ce à dire que les talents fassent défaut dans notre monde actuel? nous ne le pensons pas. Il pèche plutôt par l'absence de *caractères*. Il lui manque l'esprit de tolérance, la force d'une conviction bien arrêtée, le respect de la dignité personnelle.

Les réunions les mieux organisées ont de la peine à se maintenir en face du dissentiment des opinions. On se laisse entraîner trop facilement aux vivacités de discussion. Pour un rien, pour un mot, la causerie dégénère en personnalités blessantes. On ne songe pas asssz dans le monde politique, dans les lettres, que respecter ses adversaires, les combattre avec courtoisie, c'est imposer à autrui ce même respect, cette même courtoisie.

M. Pasquier possédait à un haut degré ces deux qualités. Il savait aussi bien écouter que disserter ; il aimait à apprendre, à se faire expliquer. Il interrogeait les hommes spéciaux sur les matières qu'il ignorait, s'entretenait d'architecture avec les architectes, de science avec les savants, de poésie avec les poëtes. Sur ce dernier point pourtant, la nature ne l'avait pas très-bien doué, car il ne pouvait réciter une strophe sans y glisser deux ou trois vers faux. Il n'avait ni la mesure, ni le rhythme ; son oreille était anti-musicale. Aussi n'aimait-il pas la musique. Pour le chant, il en était resté à Garat, comme en fait de théâtre à mademoiselle Contat.

On a eu cependant la plaisante idée, dans certaines biographies, de lui attribuer la paternité de je ne sais quels vaudevilles ornés de couplets, et je me souviens d'avoir été vers 1855, dans un des bureaux où s'élaborent ces sortes d'ouvrages, pour réclamer contre cette assertion. J'apportais au directeur de ce travail la dénégation formelle de M. Pasquier ; pour mieux le convaincre, je lui expliquai que M. Pasquier, à l'époque où il aurait pu produire ces vaudevilles, venait de quitter la prison de Saint-Lazare, et ne devait pas, par conséquent, avoir l'esprit tourné aux rimes joyeuses. — Je ne sais pas, ajoutais-je, si M. Pasquier a jamais vu jouer un vaudeville, mais je puis vous assurer qu'il n'a jamais su tourner un couplet ; il est antirimeur.

Mon argumentation, malgré sa netteté, fut parfaitement inutile. Un inconnu se leva de son bureau, la plume sur l'oreille, et maintint le fait ; il le tenait, disait-il, d'un de ses amis, etc., etc. — Il eut été ridicule de continuer à discuter. Sans insister davantage, je me retirai. Mais quels rires poussa M. Pasquier en apprenant qu'il restait vaudevilliste quand même ! Il garda cependant sur le cœur l'épithète d'antirimeur dont je l'avais habillé, et le lendemain matin, pour me prouver son savoir-faire poétique, il me récita triomphalement une strophe qu'il avait composée pendant la nuit, et dont pas un vers ne tenait sur ses jambes. Je le lui dis ; — il se récria. — Je lui proposai alors pour le convaincre d'en appeler au jugement de madame de Boigne. Il accepta. Nous envoyâmes la pièce sans nommer l'auteur, et la réponse fut écrasante. A partir de ce moment, jamais M. Pasquier ne reparla de son talent poétique.

Malgré le sérieux de ses causeries, de ses écrits, il était très-volontiers gai et enjoué. Il aimait le rire. Mais il ne fallait pas aller avec lui jusqu'aux jeux de mots. Il les analysait avec une table de logarithmes. Je ne sais pas s'il admettait même les allusions un peu trop indirectes.

Il était aussi curieux de nouvelles, de lectures, qu'il l'était peu de spectacles populaires. Les faits l'intéressaient moins que les idées. — Il n'attachait aucune importance aux démonstrations publiques, et pourtant il aimait une certaine popularité. Mais il était plus désireux de mériter la considération que les faveurs.

Il ne parlait jamais des honneurs qui lui avaient été attribués, ne faisait aucune parade des grands cordons dont il avait été honoré. Deux décorations seulement furent mises d'après sa volonté sur son cercueil, la Légion d'honneur et le manteau du Saint-Esprit ; elles témoignaient à ses yeux des services qu'il avait pu rendre, dans les dernières années. Il avait même supprimé la livrée de ses domestiques.

Nous ne disons rien de son intégrité. Cette haute qualité lui était universellement acquise, et il est superflu de la discuter.

Il n'était pas de ceux qui considèrent les fonctions publiques comme le marchepied de la fortune. Il aimait les affaires pour les affaires, la politique pour elle-même. Le premier mobile de ses ambitions fut toujours une pensée de patriotisme. Jamais une idée de spéculation n'entra dans son esprit. L'héritage de fortune laissé après lui était le fruit d'économies réalisées sur ses revenus personnels, le résultat d'une existence largement comprise, mais toujours conduite avec un ordre parfait ; — il tint toujours en profond mépris l'agiotage à tous ses degrés.

En somme, M. Pasquier possédait toutes les qualités qui peuvent marcher de pair avec la raison, et sous ce point de vue, il était impossible d'être mieux doué que lui.

Tel était l'homme, tel était le monde dans lequel il vivait.

Les années cependant s'accumulent sur les années, le siècle poursuit sa marche, chaque jour les infirmités marquent plus ouvertement leurs traces ; la vue de M. Pasquier s'éteint, son ouïe faiblit, sa vigueur disparaît ; mais par la force de sa volonté, il reste debout, ferme quand même, bravant les maladies, les souffrances.

Il ne se fait pourtant aucune illusion. Depuis longtemps il a réfléchi, depuis longtemps il est prêt à tout événement. — Il attend avec calme l'heure suprême, il y songe sans amertume, sans découragement. Sa haute philosophie repousse le glacial égoïsme, le désintéressement des œuvres de ce monde.

Il ne désire rien pour lui, mais il aime à espérer pour les siens, pour ses amis, pour ses concitoyens, pour son pays, et il poursuit son chemin, lisant, conversant, jugeant, analysant, écrivant, scrutant les hommes et les événements, les livres et les journaux, tirant des conséquences du passé, étudiant le présent, formulant des prédictions pour l'avenir.

Étrange et admirable problème que cette activité incessante, pleine d'ardeur, chez un vieillard qui approche de la centaine! Que doit dire, que doit penser la science médicale en face de ces rouages usés par l'âge et de cette intelligence toujours jeune, toujours valide! Quelle loi de pondération établir désormais? Que résoudre? Ce n'est plus ici le corps qui soutient l'intelligence, c'est l'intelligence qui fait vivre la machine humaine! — tout tombe, tout s'affaisse, tout croule : gouvernements, lois, usages, habitudes, attachements, liaisons, et lui survit.

Il ne se laisse pas entraîner par le courant, il le domine, et, avec sa haute expérience, il signale de loin les écueils.

« J'ai vu, me disait-il un jour, j'ai vu l'aurore de cette grande révolution française de 1789 qui devait tout entraîner à sa suite, dont la marche progressive devait envahir le vieux et le nouveau monde. J'ai assisté à la chute de l'ancien ordre de choses, j'assiste aujourd'hui à la chute de celui qui s'était fondé sur ses ruines.

« Les monarchies ont perdu tout prestige; les rois en jettent au vent les derniers lambeaux; les aristocraties ont mis le pied sur leurs derniers priviléges. Aujourd'hui plus de rangs, plus de classes, plus de distinctions entre les humains, de celles du moins qu'avaient créées la naissance, les grands services rendus, les mérites personnels. Je n'entrevois plus dans le monde que deux classes : riches et pauvres, et un régime politique pour lequel la France, je le crois, n'est pas organisée : celui de la république. Vous le verrez peut-être, ajoutait-il ; mais je ne vous le souhaite pas, car vos illusions ne seraient pas de longue durée, et, bientôt après, vous passeriez sous le régime d'une dictature militaire cent fois plus despotique que les vieilles monarchies déchues ! »

Dans ses dictées, il continuait à passer en revue tous les sujets qui s'offraient à sa pensée. Il dissertait sur *l'esprit de parti*, sur *les révolutions*, sur *le journalisme*, sur *le principe des divers gouvernements*, sur *l'ambition*, sur *les nationalités*. Le plus souvent il revenait à des faits déjà consignés dans ses mémoires et sur lesquels il croyait posséder des renseignements plus précis, plus circonstanciés. A propos de l'*Histoire du Consulat et de l'Empire* de M. Thiers, il écrivait un volume sur cette époque. L'*Histoire de la Restauration* de M. de Vieil-Castel lui fournissait l'occasion de compléter ses récits sur cette phase si intéressante de notre histoire. D'autres fois il recueillait ses souvenirs sur l'existence de certains hommes qu'il avait rencontrés durant sa longue carrière. Il analysait la vie et racontait les derniers moments de M. de Talleyrand. Il jugeait M. Fouché avec une sévérité bien motivée. Il commentait la conduite, les opinions de M. Royer-Collard, et sans partager ses opinions lui accordait toute son estime. Il écrivait sur le maréchal Marmont, sur le maréchal Gouvion Saint-Cyr, pour les mérites duquel il professait la plus haute estime.

En 1852 il dictait un volume entier « sur *le mouvement des intrigues,* sur *le jeu des ambitions parlementaires et ministérielles de 1815 à 1852.* »

C'était un véritable résumé de l'histoire de quarante années; mais vue de la scène au lieu d'être vue du parterre. Il n'arrivait pas, hélas! sans un peu de désenchantement à la fin de son récit; en le terminant pourtant et après avoir cité sur le régime représentatif ce mot bien connu d'un de ses adeptes convertis : *Je l'aime toujours, mais je n'y crois plus,* il le faisait suivre de cette réflexion finale : « Je ne suis pas de ceux qui adoptent bénévolement une conclusion aussi tranchante; je dirais plutôt, après tout ce que j'ai vu, après tout ce que la France a supporté pendant plus d'un demi-siècle, après les témoignages de vie et de force qu'elle a donnés en tant de circonstances si diverses, qu'il n'y faut jamais désespérer de rien. Si les fautes les plus graves s'y commettent avec une déplorable facilité, de puissantes ressources abondent aussi pour lui permettre de se relever, et les événements les plus miraculeux peuvent survenir dans le bien, comme ils ne sont que trop souvent produits dans l'erreur et dans les misères qu'elle enfante. »

C'était bien là en effet le résumé, l'affirmation de sa foi politique, prise de haut, débarrassée de ces incertitudes que peuvent entraîner chez un vieillard les secousses du temps présent ou la crainte de l'avenir !

Quelquefois, pour se reposer de ses études politiques, il se mettait à repasser, à énumérer toutes les inventions qu'il avait vu naître, depuis l'inoculation du vaccin jusqu'à la photographie et au télégraphe électrique, et il s'écriait en terminant : « Quand je me livre à cet examen rétrospectif, mon imagination reste confondue ! La puissance de l'esprit humain s'est-elle jamais plus hautement manifestée ! »

Mais de semblables questions ne pouvaient le retenir longtemps ; il revenait bien vite à l'histoire : « Plus on avance dans la vie, écrivait-il, plus on comprend l'importance de l'histoire. C'est la seule étude dont on ne se lasse jamais, où on trouve chaque jour un nouveau sujet d'instruction. Fort malheureusement, on n'arrive qu'un peu tard à être suffisamment pénétré de cette importante vérité, et, quand on pourrait en tirer profit, les forces manquent et on se perd trop souvent en regrets superflus ! »

Il parlait en cette circonstance au nom de son prochain, car il n'avait pour son propre compte rien à regretter, rien à envier. La politique, l'histoire, avaient été les occupations de sa vie. Sa correspondance même de cette époque, ainsi que le témoignent les deux lettres suivantes adressées à M. Portalis, était un résumé de l'histoire :

« Mon très-cher,

« Il n'y a rien à dire sur les grandes affaires politiques, et il faut savoir attendre. Les destinées de l'Europe se jouent en ce moment devant Sébastopol ; mais quel que soit le côté pour lequel la victoire se déclare, ces destinées subiront toujours de grandes modifications.

« Quant à M. *** je trouve que la satisfaction que vous avez eue d'un passage assez heureux de son livre vous rend trop indulgent pour un indigeste fatras où les exagérations, les contradictions se rencontrent à chaque pas. En lisant cette production, il m'a été impossible de ne pas penser que son auteur aurait été dans le dernier siècle un des encyclopédistes les plus ardents, les plus aventureux, les plus destructeurs. On ferait mieux, voyez-vous, de ne pas tant parler du dix-huitième siècle. On conduit bien des gens de bon sens à des examens qu'ils aimeraient mieux ne pas être obligés de faire. Je ne dis rien sur les éminents talents dans les lettres et les productions de toutes natures qui ont signalé la durée de ce siècle et rendu certains noms à jamais célèbres; je vais plus au fond des choses, je vais droit à cet esprit irreligieux et politique auquel tous nos malheurs sont attribués.

« Eh bien, cet esprit, pour en trouver l'origine, il faut remonter à la révocation de l'édit de Nantes, aux odieux procédés qui en ont été la conséquence, aux dernières années du règne de Louis XIV.

« Là est la source de tout le mal ; là s'est enfantée la honteuse, la misérable régence, dont les débordements de toute nature, en morale, en religion, ont inondé la France entière. Voltaire n'a pas été le précepteur de cette régence, il en a été l'élève! Quand est venu le règne de Louis XV, on a vu les prisons d'État s'ouvrir pour recevoir les hommes les plus honorés, les plus estimables. Ces indignes procédés, couronnés par la destruction de Port-Royal, ont porté, soyez-en sûr, un coup beaucoup plus rude que celui qui a pu résulter des plaisanteries de Voltaire et même de son *Dictionnaire philosophique!*

« Pour se défendre des inconvénients de Voltaire, il faut d'ailleurs savoir rendre justice à ses qualités ; autrement on irrite sans convaincre. Et ce qui vaudrait le mieux peut-être serait de n'en pas parler du tout. A la fin de l'empire, qui donc pensait aux œuvres philosophiques de Voltaire? qui en parlait? Les plus belles éditions de ses œuvres se vendaient au rabais. Vient la Restauration ; on se met à ressasser les erreurs, les fautes des œuvres dites philosophiques, et de nouvelles, de magnifiques éditions s'impriment, se vendent très-bien. Ah ! comme le silence valait mieux !

« Je demande maintenant s'il sied bien, au temps présent, de se montrer si sévère, si amer, pour la fin du dernier siècle ? Chose étrange, dans ce siècle qualifié de si impie, les vertus religieuses éclatent à un degré qui ne sera jamais surpassé.

« Dans l'ordre civil, les courages ne faiblissent pas davantage : les femmes, les vieillards, les hommes de tous âges, tombent sous la hache du bourreau sans jamais renier leur foi, leurs croyances religieuses ou politiques.

« En vérité, je ne suis pas dénigrant de ma nature, et je n'aime pas à fouler aux pieds mes contemporains, ce serait m'immoler moi-même, mais je me permets de demander où sont nos titres pour nous tant prévaloir ? sommes-nous donc à l'abri des erreurs qui furent celles de nos aïeux, pour les juger si sévèrement ?

« Je me suis laissé entraîner, mon très-cher, plus loin que je ne supposais en commençant ma lettre; mais avec qui causerais-je à cœur ouvert si ce n'était avec vous ?

« Tout à vous donc et de tout mon cœur ! »

« — Je reçois, mon cher ami, votre lettre du 6 décembre et vous remercie d'avoir ainsi dérobé, à mon profit, quelques moments aux douces jouissances de votre vie éclairée par le beau soleil de Provence. En vous répondant, je n'ai pas tant de mérite. Il est midi, et c'est à peine si on voit clair dans mon cabinet. La migration des oiseaux allant chercher, à chaque époque de l'année, le climat qui leur convient le mieux, m'a souvent fait envie. Ces oiseaux partent avec toute leur famille, les amis même les accompagnent! Bien différente est notre condition : nous ne pouvons nous éloigner des lieux où notre destinée nous a fixés sans emporter de pénibles regrets, de douloureuses inquiétudes, sur les personnes, sur le monde dont nous nous éloignons. Enfin, à chacun son sort ; il faut savoir se contenter de celui qui nous advient !

« Je ne puis vraiment songer sans inquiétude à notre admirable armée. Elle subit en ce moment, sur les côtes de Crimée, toutes les rigueurs si terribles de l'hiver, et on ne saurait trop louer le prodigieux élan de cette jeunesse. A peine sortie de ses foyers domestiques, elle donne au monde le spectacle d'une patience, d'un courage, qui auraient honoré les plus illustres vétérans des armées du temps passé. Aussi mon admiration me fait bien vivement désirer de voir se terminer une lutte qui ne saurait se poursuivre sans les plus douloureux sacrifices.

« Nous sommes entrés depuis votre départ dans une crise académique au sujet du successeur à donner à M. de Sainte-Aulaire. L'idée est venue de remplacer le défunt par un de ses amis les plus intimes, par l'un des plus dignes de lui succéder, par M. le duc de Broglie. La grande difficulté était d'obtenir le consentement du duc; mais après beaucoup de paroles et de démarches dont je vous épargne le récit, on y est parvenu, et je crois maintenant qu'il sera nommé à la presque unanimité. Ce sera bien justice, car il a été certainement, pendant trente annés, un des orateurs les plus écoutés, les plus honorés, dans l'une et l'autre Chambre.

« En voilà bien long, mon cher ami, mais que voulez-vous? la Fontaine a dit à l'occasion du lièvre : « Que faire en un gîte, à moins que l'on ne songe? » — Que faire dans une correspondance aussi intime que la nôtre, s'il n'était permis de bavarder un peu?

« Tout à vous et de tout cœur, comme bien vous savez. »

Tel était le cours habituel des pensées de M. Pasquier. — S'oubliant lui-même, c'est toujours au nom de la France, de ses destinées à venir, qu'il parle, raisonne, écrit ou discute.

Certes, ce vieillard peut s'abuser, s'exagérer les faits et leurs conséquences, et nous ne venons pas défendre ici toutes ses opinions, tous ses dires. Mais n'est-ce pas un noble et touchant spectacle que de le voir, ainsi, sacrifier son repos, utiliser ses dernières heures d'existence?

Nous n'avons pas voulu, on doit le comprendre, suivre la vie de M. Pasquier, année par année, depuis 1848. — Nous l'avons envisagée dans son unité, dans son ensemble. Nous nous sommes efforcé d'en tracer une peinture qui permettra peut-être de l'apprécier. Il faut maintenant nous rapprocher de la fin de cette illustre carrière et de cette année 1862 qui en marquera le terme.

CHAPITRE XI

M. Pasquier renonce aux voyages. — Dépérissement de ses forces. — Sa fermeté. — Sa haute philosophie. — Prévenances pour ses amis. — Il reçoit jusqu'au dernier jour. — Son jugement sur sa fin. — Lettres de 1862 à madame de Boigne. — Adieux de M. Pasquier à l'Académie et à ses amis. — Souvenirs pour ses enfants. — Sa mort. — Ses obsèques.

Dès le printemps de 1859, M. Pasquier se sentit moins d'entrain pour accomplir ses pérégrinations à la campagne. Il eut besoin de faire appel à toute sa volonté pour vaincre sa répugnance à changer de lieu. Il partit cependant, mais le voyage cette fois fut pénible. L'affaiblissement de sa vue allait croissant, il ne voyait plus qu'à travers un voile noir cette verdure qui reposait autrefois si doucement ses yeux; la promenade devint pour lui sans intérêt. Le séjour à Trouville parut long, le vent, dont il avait toujours eu horreur, le fit plus que jamais frissonner. Peu à peu il renonça aux sorties en voiture et se confina dans son existence de cabinet.

L'année suivante, il consentit encore à se rendre à Trouville; il revit un instant Sassy, mais ce fut pour faire ses adieux à ces deux résidences, dans lesquelles il avait passé de si bons jours, et, une fois rentré à Paris, rien ne put le décider à quitter le coin de son feu, même pour aller respirer l'air dans le jardin des Tuileries. Les conseils de ses médecins, les exhortations de ses amis, les insistances de ses enfants, les supplications de madame de Boigne, n'obtinrent de lui aucune concession.

Peu à peu aussi, il fut obligé de restreindre le nombre de ses convives. Les grands dîners le fatiguaient. Il ne renonça pas cependant à recevoir; tout au contraire, ne quittant plus son chez-lui, il eut chaque jour sept ou huit amis à sa table et comme il ne se servait plus de sa voiture, il l'employa à envoyer chercher, à faire reconduire ceux de ses visiteurs qui étaient les plus éloignés de sa demeure. Il redoutait de voir ses infirmités croissantes devenir une charge pour autrui; il multipliait les soins, les prévenances, les égards pour se les faire pardonner.

L'activité de sa vie journalière ne s'était au reste en rien ressentie de son changement de régime. Les dictées, la correspondance, les lectures, redoublaient de vivacité et d'énergie, et son intelligence demeurait si lucide, son esprit conservait tant de fermeté, que nul ne pouvait croire à une catastrophe prochaine, pronostiquée pourtant par le dépérissement de ses forces.

Quant à lui, habitué à juger sans rémission de la situation des autres, il apportait pour se rendre compte de ce qu'il éprouvait la même rigidité d'enquête. Aussi il pressentit, il annonça longtemps à l'avance l'heure de sa fin ; mais il l'annonça sans abattement, et, quand on cherchait à le détromper, il hochait doucement la tête, répondait en souriant : « Non, *je ne me trompe* pas ; les médecins me prennent pour un de leurs malades d'hôpital, ils cherchent à me leurrer d'une idée absurde de conservation, mais je sais, je vois, je juge mieux qu'eux dans ma propre cause. Ne dois-je pas d'ailleurs subir la loi de nature ? tout finit, tout passe ici-bas, hommes et choses. Ceux avec qui j'ai commencé la vie m'ont précédé depuis longtemps dans la tombe ; j'ai été un peu oublié, mais je dois finalement payer ma dette, et le moment approche, soyez-en sûr. Pas n'est besoin au reste, poursuivait-il, de discuter là-dessus ; parlons d'autre chose. » Et alors il causait, sans plus se soucier, de tout ce qui se passait dans le monde politique ou littéraire.

J'ai vu, et souvent vu, ses interlocuteurs ébahis, de ce stoïcisme ; j'en ai été plus d'une fois étonné moi-même.

Un jour, il m'en souvient, — c'était deux mois avant la fin de M. Pasquier, — nous étions seuls dans ce cabinet où j'ai si longtemps vécu à ses côtés, causant, jasant, selon l'usage de ce qui pouvait l'intéresser. Tout à coup, il s'interrompit, resta quelques minutes silencieux, puis me tendant affectueusement la main : « Mon cher ami, me dit-il, parlons de nous maintenant. Il faut, voyez-vous, nous habituer à l'idée d'une séparation prochaine. Bientôt j'aurai quitté ce monde. Peut-être la mort me surprendra-t-elle subitement. Que je ne vous quitte pas au moins sans vous avoir remercié de tous les bons soins que vous m'avez rendus. » Et comme je demeurais interdit, atterré par cette déclaration si douloureuse : « Pourquoi cette surprise? ajouta-t-il ; faites comme moi, soyez calme et résigné ; habituez-vous de bonne heure à envisager de sang-froid les événements les plus graves. Ceux qui ne frappent qu'un homme ne sont rien. Mais si vous vivez, vous en verrez bien d'autres dans le monde. » Et emporté alors par son sujet, il se rejeta dans la voie des prédictions et des prévisions politiques. Puis revenant à son idée première, il me donna des instructions sur ses volontés dernières ; il classa avec moi ses lettres, ses papiers, ses notes, ses écrits, brûlant les uns, mettant les autres sous enveloppe *cachetée de noir ;* faisant enfin ses préparatifs, comme s'il avait dû partir pour un simple voyage !

A l'exemple d'Estienne Pasquier « de tout temps il avait formé deux souhaits, celui de conserver une parfaite netteté d'intelligence jusqu'à son dernier soupir, celui de finir ses jours par une courte maladie [1]. »

Peu à peu, il était arrivé, sur ce point, du désir à la certitude, et il ordonnait ses affaires en prévision de cette crise qui lui paraissait la meilleure manière de sortir de ce monde.

Il redoutait par-dessus tout de perdre l'intelligence ; « l'état de sénilité imbécile, » c'était la qualification dont il se servait, le révoltait. Il lui arrivait parfois, lorsque la mémoire lui faisait défaut, pour un nom, pour une date, quand son esprit se fatiguait d'une lecture, de bondir dans son fauteuil et de s'écrier avec épouvante et d'une voix de stentor : « Ah ! grand Dieu, est-ce que je vais devenir imbécile ! » La Providence l'a protégé jusqu'à la dernière heure. Sa raison, son ferme bon sens, lui sont demeurés fidèles jusqu'à l'instant suprême.

Vers le mois de mai ou d'avril, on remarqua chez lui une grande irritabilité nerveuse. Elle était si vive par moment, qu'elle l'entraînait à des impatiences impossibles à maîtriser. Il ne s'en rendait pas compte sur le moment, mais quand il y songeait ensuite, il les ressentait avec chagrin. Il se lamentait surtout d'en faire pâtir les amis qui lui rendaient des soins si empressés. A cette occasion, il donna une des

---

[1] *Lettres de Nicolas Pasquier.*

plus belles preuves de sa haute raison : lorsqu'il pouvait penser que cette irritabilité l'avait entraîné à traiter trop vivement un de ses contradicteurs, il ne manquait jamais, le lendemain, de lui écrire une petite lettre ; il le priait de garder souvenir de sa bonne amitié, de ne pas tenir compte d'une disposition toute maladive[1].

Cent fois il m'engagea, si une de ces vivacités lui échappait, à la lui signaler. Et quand je m'acquittais de cette tâche, avec une discrétion facile à comprendre, il s'étonnait d'abord : « Mais non, me disait-il, vous vous trompez ; je ne crois pas avoir vraiment été

---

[1] Voici, comme exemple, une lettre qu'il adressa à M. de Circourt en octobre 1860. Il savait les liens d'amitié qui existaient entre cet ami et M. de Cavour. Il craignit d'avoir été trop vif dans ses jugements sur l'homme d'État piémontais :

« Vous allez sans doute être étonné, monsieur, de recevoir ce petit mot faisant suite à notre conversation d'hier ; mais j'ai besoin de vous dire que personne plus que moi ne respecte les vieilles amitiés. Je me suis donc reproché, après votre départ, de vous avoir parlé un peu rudement de la conduite des affaires par le Piémont. Personne plus que moi ne répugne aux personnalités ; personne n'aime mieux à reconnaître les grandes qualités là même où j'en éprouve le plus de déplaisance. Or, c'est précisément ce qui m'arrive au sujet de l'homme qui dirige de si haut les affaires piémontaises. Je reconnais la portée de son esprit, et, si je n'approuve pas l'emploi qu'il fait de ses talents, cela ne m'empêche pas de reconnaître leur valeur. Je leur voudrais une autre direction, et, dans l'intérêt même du grand personnage dont il s'agit, je voudrais qu'il ne suivît pas avec tant d'obstination une route qui peut conduire à une catastrophe.

« Cela dit, me voilà plus à l'aise avec vous et il me semble, ce à quoi je mets beaucoup de prix, que nous n'en causerons ensemble que mieux et plus commodément. Tout à vous. — Pasquier »

trop impitoyable ; si vous le pensez pourtant, il faut bien vite réparer ma faute. » Et il me dictait un de ces charmants petits billets que je viens de dire.

On ne citerait pas beaucoup d'exemples, nous le pensons, d'hommes possédant une aussi grande force de caractère, une telle puissance sur eux-mêmes. On excuse volontiers les travers, les offenses d'autrui ; mais s'accuser soi-même, se juger, se condamner, faire ensuite une sorte d'amende honorable, c'est le triomphe de la plus haute sagesse et du suprême bon sens. Et M. Pasquier, qu'on le remarque bien, au moment où il écrivait ces petits billets était plus que nonagénaire !

Durant cette période d'irritation maladive, de sensibilité fiévreuse, il consigna ses réflexions sur un volume récemment publié et qui traitait de la fuite du roi Louis XVI à Varennes. Aussitôt, après il lisait l'ouvrage de madame de Tourzel.

Cette lecture qui, à une autre époque, aurait simplement excité sa curiosité historique, dans la situation d'esprit où il se trouvait, réveilla très-vivement ses souvenirs, ses impressions de 1793, et lui inspira quelques pages tracées avec une véritable éloquence. Voici comment M. Patin les a appréciées dans son discours, en réponse à M. Dufaure, prononcé devant l'Académie française :

« Qui n'admirerait chez un vieillard arrivé aux dernières limites de la vie humaine, et dont tant de révolutions, d'épreuves, de travaux devraient avoir usé la sensibilité, cette faculté si persévérante de sentiment et d'émotion, cet appel aussitôt entendu, dans un passé lointain, à de chers et cruels souvenirs, cette expression pathétique, ce cri du cœur? »

La première alarme sérieuse fut donnée à l'entourage de M. Pasquier par un amaigrissement progressif. Peu après survinrent le défaut d'appétit et, dans les derniers jours, la difficulté presque absolue d'alimentation. Contre tous ces maux M. Pasquier lutta avec énergie, mais sans succès. Obligé par la déperdition de ses forces de ne plus quitter son fauteuil, il s'imposa pourtant de se lever à son heure habituelle; il ne discontinua pas ses lectures ; ne voulut pas interrompre ses dîners et ses causeries du soir. Durant les deux derniers mois, il n'assistait plus au repas, mais, le dîner fini, ses convives venaient s'installer auprès de lui dans son cabinet et ne le quittaient qu'assez tard dans la soirée.

Le jour de sa mort, le 5 juillet, cinq ou six personnes dînaient encore avec moi à sa table et j'avais l'honneur de les lui présenter.

Sa correspondance avec madame de Boigne se poursuivait régulière, jour par jour ; mais les lettres devenaient courtes. La volonté ne suffisait plus à réparer le dommage causé par la maladie.

« 15 juin.

« Je ne partage pas les illusions de mes docteurs, chère amie. Une si longue maladie n'est pas de celles dont on se tire à quatre-vingt-seize ans. La réalité est que je suis plus accablé que jamais. Me sera-t-il possible de déjeuner tout à l'heure, je n'en sais rien ; la persistance que l'on met à me faire prendre de la quinine prouve que le fond du mal subsiste et qu'on voudrait capituler avec lui : voilà tout ! »

« 16 juin.

« Merci de votre petite lettre, chère amie. Ces lettres seront bientôt ma meilleure consolation car demain sera le dernier jour où je serrerai votre main avant votre départ[1]. Ne me laissez pas chômer de vos petites lettres ; envoyez m'en le plus possible. Je m'en remets sur ce point à votre générosité !

« Quant à moi, la dictée que je pourrai faire sera le meilleur quart d'heure de mes journées.

« Je crois que l'empereur[2] fait bien de prendre à Rome la division qu'il veut envoyer à Mexico, car ce départ de troupes, qui n'est commandé par aucun intérêt de la France, n'aurait pas produit ici un très-bon effet.

« Ma pituite est en recrudescence, mes nuits sont

---

[1] Madame de Boigne partait pour Trouville.
[2] Toujours la politique, même dans ses dernières heures !

plus que fatigantes et le docteur Cruveilhier est dans l'enchantement! tirez-vous de ce bulletin. »

« 17 juin.

« Je n'ai rien appris de nouveau sur la situation de notre pauvre petite armée perdue sur cet immense continent du Mexique. A force de vouloir chercher de la gloire, nous risquons d'arriver à de grands mécomptes !

« J'en reste là, n'ayant rien de bon à vous dire sur mon compte. »

« 18 juin.

« Le jour où j'ai décidé de ne plus aller vous rejoindre à Trouville, ce jour-là, ma réclusion dans la rue Royale a été une décision irrévocable dont les gens raisonnables approuveront les motifs. Je ne vois plus, j'entends à peine, je ne tiens plus debout et ma résidence à Paris me confirme l'agrément de visites qui ne cessent de m'arriver très-obligeamment pour me tenir au courant de tout.

« Ce à quoi je tiens par-dessus tout, c'est à n'avoir pas de solitude, à ne pas vivre isolé. »

« 23 juin.

« On me dit que les élections auront lieu au commencement de l'automne. Grand bien fasse à tout le monde et au ministre qui domine tout ce monde !

« Je termine un morceau qui sera le dernier mot,

l'*enfin* de ma vieillesse. Si vous vous souvenez de la belle pièce intitulée *l'École des vieillards*, vous aurez de suite présente à la pensée la valeur d'un tel aperçu.

« J'ai eu la visite de M. Cochin, mais elle ne m'a rien appris au delà de ce que je savais. Si je n'avais pas été aussi accablé, j'aurais profité de l'occasion pour rompre avec lui une lance, relativement à son dernier livre sur *l'esclavage*. Je lui aurais établi qu'aucune contestation n'existe *sur les principes*. La question ne doit rouler que sur l'à propos des applications, et il faut convenir que l'Amérique fournit en ce moment une preuve bien triste du danger qui se rencontre dans la prétention de faire triompher ce qu'on peut appeler la raison, alors qu'on résiste avec toutes les armes que peut fournir l'intérêt personnel le plus clair, le plus avéré !

« 29 juin.

« Nos inclinations pour le lit sont entièrement contraires, chère amie. Je ne me trouve un peu passablement que sur mon fauteuil et je n'ai jamais compris votre goût pour le lit. Je l'ai toujours trouvé et le trouve encore contre le bon sens et la raison.

« Rassurez-vous ! les soins les plus assidus, les plus dévoués ne me manquent d'aucune part, dans mon intérieur comme dans le monde de mes amis. Si je ne vais pas mieux, il n'y a faute à personne, si ce n'est à mes quatre-vingt-seize années, qui ne me laissent plus ni force, ni ressort ; *il n'y a plus, voyez-vous, que ma pauvre tête qui vit encore : tout le reste est en désarroi !*

« Oui, sans doute, je m'étais fait lire l'article de Sainte-Beuve sur madame de Staël. Il est dans le vrai ; mais il s'exagère l'importance littéraire de madame de Staël. Sa littérature allemande et son langage, dont les beautés avaient souvent quelque chose d'affecté, l'avaient exposée à des manières de voir bien oubliées depuis cette époque. »

« 30 juin.

« La faiblesse est aujourd'hui le caractère distinctif de ma pauvre santé. Si une amélioration notable ne survient pas, je ne saurais poursuivre une longue course. Cependant je n'ai aucune souffrance, tout au plus des incommodités. Et la tête vit toujours !

« Je n'ai pas de nouvelles à vous donner. S'il me vient quelque chose durant la matinée, je vous le ferai passer. »

« 1er juillet.

« Les satisfactions de mes docteurs ne laissent pas que de m'impatienter, et cependant il faut bien qu'ils jugent sur les symptômes qui leur apparaissent ; mais la vraie science est loin d'aller aussi loin qu'on le suppose, en médecine comme en toute autre chose !

« Ma crise d'hier a été des plus fatigantes, et elle

m'a laissé dans un état de débilité dont je ne dois pas sortir.

« Ne regrettez rien, je ne serais plus en état de vous recevoir !

« Quant à l'Italie, lorsqu'on essaye d'y entrer, c'est comme si on mettait la tête dans un sac, et j'ai bien assez de mes maux sans aller m'enquérir de cette pauvre péninsule. Pour le Mexique, c'est autre chose, il y a là une énorme faute complétement inutile et à laquelle on n'était pas obligé. Et comment ne gémirais-je pas sur le sort de cette pauvre petite armée Française, peut-être fatalement vouée à sa perte ! Ils sont bien coupables les hommes qui poussent les puissances de la terre à se jeter dans des extrémités aussi déplorables !

« Je vais essayer de lire la Vie de M. Pitt, en tête de laquelle se trouve une préface de M. Guizot. Cela pourra m'intéresser, car j'ai moins connu Pitt que lord Castlereagh. »

Durant ces derniers jours, la porte de M. Pasquier était littéralement assiégée par ses nombreux amis. Tous venaient prendre de ses nouvelles ; quelques-uns d'entre eux lui serrer la main. Je recevais chaque matin une foule de lettres de la province, adressées par ceux qui étaient éloignés ; je répondais par des bulletins plus ou moins détaillés, destinés sinon à calmer les inquiétudes, au moins à tenir au courant de la marche de la maladie.

La reine Marie-Amélie envoyait tous les jours prendre des nouvelles et tous les jours me faisait demander une lettre particulière et explicite. Madame la duchesse de Galiéra venait elle-même, envoyait plusieurs fois dans la journée. Ce concours unanime de témoignages de respect, d'affection, d'intérêt, remuait ce cœur de vieillard jusque dans ses replis les plus secrets, et il s'écriait avec émotion : « Je ne savais pas vraiment être si aimé! mais j'en suis heureux! c'est la récompense et l'honneur de ma vie! »

Le 1er juillet, il me dicta son dernier écrit; il l'appela son testament politique. Il y consigna ses adieux à la vie, à la société dans laquelle il avait vécu, au monde qu'il allait quitter.

« Bien près de l'heure de ma fin, écrivait-il, pourquoi ne jetterais-je pas un dernier regard sur le monde que je vais quitter? » — Il passait alors en revue toutes les choses de ce monde; les idées, les principes, les gouvernements, les tendances, les aspirations. Il fulminait encore contre cette Angleterre à laquelle il avait attribué une si terrible influence dans les affaires de la France.

Le lendemain 2 juillet, il continuait : « Eh bien, voilà le monde auquel je dis adieu! On comprendra trop facilement ce qu'il y a de tristesse dans cet adieu, et un peu d'amertume née de mes longs souvenirs s'y mêle trop naturellement; mais ici du moins tout finit pour moi et je rentre dans le monde de tous les jours, dans celui où je puise la félicité la meilleure, la plus assurée, et pour celui-là, je n'ai que des grâces à rendre. Hélas! mes premières amitiés, mes premières liaisons, m'ont toutes devancé sur la route au bout de laquelle me voilà parvenu! Mais la Providence a bien voulu permettre que de nouveaux secours me soient venus de toutes parts pour m'aider à parcourir assez dignement, assez honorablement, le cours si prolongé de mes dernières années. Durant la longue maladie qui les va terminer, combien n'ont pas été assidus, affectueux et touchants les soins dont j'ai été entouré! Famille, amis, anciens collègues, et surtout ces excellents confrères que j'ai trouvés dans le sein de l'Académie française. Je leur dois à tous des remerciements et les prie de permettre qu'ils soient consignés dans ces pages qui n'en contiendront que la faible expression! Mon cœur vit encore; mais l'esprit qui pourrait lui servir d'interprète s'affaisse et s'éteint en quelque sorte à chaque minute. C'est la commune loi, je la subis avec une humble résignation! »

Le 4, il se fit lire et écouta avec beaucoup d'attention les discours prononcés à l'Académie française par M. Villemain et par M. le comte de Montalembert. Ce même jour, à cinq heures, il en causa longuement avec M. Mignet et avec M. Giraud.

Le lendemain 5 juillet, j'entrai de bonne heure chez lui. Je le trouvai déjà levé et installé dans son fauteuil à sa place habituelle. « Ah! mon cher ami, me dit-il à mon entrée, arrivez vite ; le temps presse, les heures sont comptées. » Et il me donna ses instructions dernières. Il essaya ensuite une lecture, mais son esprit ne pouvait se fixer sur aucun sujet. Il en changeait toutes les cinq minutes. L'intelligence luttait avec une énergie sans nom contre la déperdition physique. Toutes les forces étaient employées à concentrer la vie dans le cerveau. Vers une heure, perdu de faiblesse, M. Pasquier se décida, pour obéir à ses médecins, à regagner son lit. Il jeta un dernier regard sur son cabinet, sur sa bibliothèque, qu'il ne devait plus revoir, et il s'achemina vers sa chambre à coucher.

Il n'y fut pas longtemps tranquille; il voulut recevoir; il s'entretint avec ses enfants et, le croirait-on, il se fit encore lire !

Mais la crise d'agitation devenait plus pénible d'heure en heure ; il m'appela auprès de lui, et d'un ton très-calme il me dit : « L'heure s'avance, mon cher ami, et je crois qu'elle ne tardera pas à sonner. Dites que la voiture reste attelée dans ma cour et à votre disposition; vous en aurez peut-être besoin; vous savez ce qui vous reste à faire. » Puis il donna l'ordre de tirer son lit au milieu de la chambre, afin de rendre plus commode *tout ce qui allait se passer*. Lorsque ces préparatifs furent terminés, il jeta autour de lui un regard de satisfaction, et, assis dans son lit, suivant son habitude, les bras croisés sur sa poitrine, *il attendit*.

A six heures, je lui présentai encore deux ou trois personnes, M. Marmier, entre autres, qui devait dîner chez lui. Il lui serra affectueusement la main, et faisant allusion au désir qu'il avait de voir cet ami fidèle à l'Académie, il lui dit ces simples mots si touchants : « Je m'en vais trop tôt pour vous, mon cher Marmier, et cela me fait de la peine, car vous allez perdre un bon ami. J'espère pourtant que mon souvenir ne vous sera pas inutile ! »

Vers huit heures, un écclesiastique dont M. Pasquier avait toujours estimé le caractère, recherché la société, M. Martin de Noirlieu, curé de Saint-Louis d'Antin, lui apporta l'extrême-onction. Il accomplit avec calme ce dernier devoir, en présence de sa famille, de quelques amis, de ses domestiques. Il remercia ensuite M. de Noirlieu de la peine qu'il avait prise, s'excusa de l'avoir dérangé aussi tard, et il ajouta en souriant tristement : « Mais vous voyez que c'était pressé ! » Il pria ensuite M. Marmier de reconduire M. de Noirlieu et de lui faire les honneurs de sa voiture.

Après cette scène si navrante pour ceux qui en avaient été témoins, il m'adressa quelques paroles, s'entretint plus longuement avec son fils, parla du jeune Denis Pasquier, puis il se tut. Vers dix heures, une espèce de torpeur somnolente succéda à l'agitation fébrile et, de minuit à une heure, il exhala son dernier soupir !

Par un codicille annexé à son testament, il avait demandé des funérailles sans faste, mais convenables. Il avait voulu que son corps fût transporté au château de Sassy, réuni, dans le tombeau de famille, aux dépouilles mortelles de madame Pasquier sa femme, et de sa sœur mademoiselle Pasquier.

Sa volonté fut religieusement exécutée; les obsèques eurent lieu à l'église de la Madeleine, au milieu d'un concours immense d'amis. Mgr Morlot, cardinal-archevêque de Paris, se fit un devoir de venir lui-même dire les dernières prières.

Sur tous les visages on pouvait constater le témoignage des regrets les plus sincères; toutes les bouches faisaient l'éloge du trépassé; et, chose remarquable, ce qu'on louait, à cette heure suprême, dans ce solennel adieu, ce n'était pas le rang de M. Pasquier, les dignités qu'avait su mériter sa vie publique, mais ses hautes qualités, sa cordialité, sa raison, son esprit de tolérance et de modération.

La cérémonie achevée, le cercueil fut descendu provisoirement dans les caveaux de l'église et acheminé ensuite vers Sassy, où il repose aujourd'hui pour l'éternité.

Puis tout fut dit; la maison fut close.

Le mobilier, la bibliothèque furent transportés dans le château de Sassy.

Là, une belle et immense pièce avait été disposée pour recevoir ces reliques. On y installa les volumes qu'avait tant aimés M. Pasquier, les fauteuils dont il usait journellement, sa table, ses objets familiers. On y plaça son beau portrait peint par Vernet, le portrait aussi de sa vieille et fidèle amie, madame de Boigne ; on en fit enfin comme un sanctuaire du souvenir.

C'est dans cette bibliothèque que M. d'Audiffret-Pasquier passe aujourd'hui la meilleure partie de ses heures. C'est là, en face de l'image de son vieux père, qu'il travaille, songe, réfléchit, médite les leçons du passé, apprend au jeune Denis, son fils, comment doit vivre et se conduire un héritier futur du nom de Pasquier.

Chargé désormais d'être le gardien de la tradition, de représenter dans l'âge présent, cette vieille famille des Pasquier, M. d'Audiffret-Pasquier, depuis la mort de son père, s'est efforcé de rendre sa vie encore plus utile. L'intérêt du pays est devenu sa grande préoccupation, et nous sommes persuadé, sans avoir reçu ses confidences, que le jour où il s'est résolu à prendre un rôle actif dans les affaires publiques, à s'exposer aux ennuis, aux mécomptes, aux entraves semés sur la route des candidats à la députation, il n'a pas seulement consulté son goût personnel : il a sûrement pensé, dans le fond de son cœur, que le meilleur moyen d'honorer la mémoire de M. le chancelier était de se vouer à la défense des idées, des principes, des libertés, toujours soutenus, défendus par cet illustre homme d'État.

M. d'Audiffret-Pasquier a eu le bonheur au reste de trouver, dans la compagne de sa vie, une de ces femmes fortes, énergiques, dignes sur tous les points de s'associer à une si noble tâche.

Madame de Boigne disait en parlant de madame d'Audiffret-Pasquier : « C'est une mère, une vraie mère selon l'Écriture. Elle a toutes les vertus, toutes les qualités que réclame cette grande mission. »

M. le chancelier professait pour elle l'estime la plus affectueuse, la plus haute considération.

« Ma belle-fille, me disait-il encore peu de jours avant sa fin, entra dans le monde par cette porte dorée qui ouvre à toute jeune femme les perspectives de la vie la plus séduisante. Douée d'une beauté charmante, d'une grâce accomplie, de prime abord elle avait pris sa place au Luxembourg de la façon la plus brillante. Mais bientôt les calamités de famille vinrent l'éprouver; elle fut frappée au cœur par la perte de ses premiers-nés, et alors, au lieu de chercher la distraction, l'oubli, dans les joies du monde, dans les succès de salons, elle se consacra tout entière à ses devoirs de famille. Dieu lui envoya d'autres enfants, elle voulut leur consacrer toutes ses heures; elle alla s'établir dans son château de

Sassy, presque dans la solitude, et là, prenant sa petite couvée sous ses ailes, elle ne la quitta plus du regard. Elle ne confia à personne ces soins, ces attentions maternelles qui préviennent les orages, éloignent les calamités. Je souffris parfois de ces éloignements, mais ils avaient une si noble cause que je les approuvai toujours. Elle sut d'ailleurs partager sa vie de façon à ne laisser en souffrance aucun de ses devoirs, aucune de ses affections.

« Cette vie de dévouement, ajoutait-il, a été noblement récompensée : mes trois petits-enfants grandissent chaque jour en force et en santé, et s'il est vrai, ce que je crois, que les mères ont le grand pouvoir, la grande influence, sur la conduite des fils, je pourrai quitter ce monde avec toute sécurité en prédisant à mon petit-fils Denis le meilleur et le plus brillant avenir. »

Il se complut souvent dans cette consolante pensée; il y revenait sans cesse dans les dernières heures de sa vie ; il trouvait une douce quiétude dans ces espérances qui satisfaisaient, tout à la fois, son cœur et son esprit de famille, et rien ne lui fut plus agréable que de voir une affectueuse intimité s'établir entre son fils et son neveu M. Louis Pasquier.

CHAPITRE XII

M. Giraud et M. L. Feugère. — Parallèle entre M. le chancelier et son aïeul Estienne Pasquier. — La politique de M. Pasquier. — Résumé de mes impressions sur sa carrière publique.

Nous nous sommes longuement étendu sur les quinze dernières années de la vie de M. le chancelier Pasquier ; mais il nous a semblé qu'on y pouvait trouver une étude assez curieuse et, disons-le aussi, un grand enseignement. L'homme s'y retrouve en effet tout entier — et, chose étrange, plus il montre au grand jour les replis les plus secrets de sa nature si riche, si bien douée, plus aussi se dessine cette ressemblance avec son aïeul Estienne Pasquier, que nous avons déjà souvent signalée.

En lisant les deux biographies écrites par M. Charles Giraud et par M. Léon Feugère sur l'illustre écrivain du seizième siècle, nous trouvons à toutes les pages, à toutes les lignes, des réflexions, des jugements, des détails intimes, pouvant être appliqués à celui qui devait si noblement porter le nom de Pasquier dans le dix-neuvième.

« Intrépide dans son patriotisme[1], Estienne Pasquier est un des types les plus remarquables de la vieille race parlementaire...

— « Né dans Paris, il en aimait l'activité. Il se plaisait aux champs, mais pour un jour ou deux. Il cultiva beaucoup ses amis, et fut salué par eux des noms de *grand* et de *Socrate* de son âge. Ce furent les Ronsard, les Loisel, les Pithou, les Sainte-Marthe, les Molé, les Harlay, les Ramus, etc...

« — Lorsque le curé fut mandé, les paroles du vieillard, dans cet instant suprême, prouvèrent à tous combien était grande la paix de sa conscience. Pasquier se confessa, reçut le viatique, baisa la croix que le curé lui présentait; puis il bénit ses enfants, leur adressa un discours patriarcal en les engageant à vivre en gens de bien...

« — Ainsi vivaient, ainsi mouraient ces fortes et magnanimes générations du seizième siècle auxquelles échut la destinée d'ouvrir la porte des temps modernes par des combats et des idées qui ont changé l'ordre du monde à travers les plus rudes comme les plus longues épreuves qui peut-être aient affligé l'humanité... »

— Qu'on change les dates, qu'on substitue aux

---

[1] Charles Giraud, *Introduction aux Instituts de Justinien*.

noms de Ronsard, Loisel, Pithou, etc..., ceux de MM. Molé, Portalis, Cousin, Villemain, Guizot, Mignet, Giraud, de Circourt, et on trouvera même identité dans les goûts, dans les habitudes de la vie, comme dans la grandeur tranquille et calme de la fin.

Écoutons maintenant M. Feugère résumant son jugement sur Estienne Pasquier :

« Dans Pasquier se personnifie cet esprit parlementaire[1], lettré et patriotique, éminemment loyal, l'un de nos produits natifs, l'une de nos illustrations indigènes ; — homme pratique et capable cependant d'aborder les plus hautes régions de la théorie, religieux, mais indépendant ; ami du roi, mais ami du peuple ; alliant la passion au bon sens, il nous offre un compromis de qualités dont le mélange après lui deviendra de plus en plus rare.

« Enfin il a été l'un des premiers chefs de cette aristocratie bourgeoise dont l'arme est la pensée, qui travaillait dès lors au nivellement social et devait par l'égalité civile, de plusieurs races qui se repoussaient, créer une seule nation. »

Nous ne retrancherions pas une ligne de ce remarquable jugement, pour en faire l'application à M. le chancelier Pasquier. Lui aussi personnifiait dans notre siècle cette aristocratie bourgeoise et surtout cet esprit

---

[1] Léon Feugère, Œuvres d'Estienne Pasquier.

parlementaire dont il devait être le dernier représentant.

Fils, petit-fils, descendant de membres des parlements, ayant fait partie durant plusieurs années de ces grands corps, il était resté fidèle à cette foi, à cette religion de ses pères, et on la retrouvait, inébranlable dans les actes de sa carrière publique, comme dans ceux de sa vie privée.

Essentiellement monarchiste, n'entrevoyant de salut pour la France que dans une monarchie tempérée, raisonnée, représentative; plein de respect pour le pouvoir royal, il n'admettait pas cependant une monarchie sans contrôle. Il la voulait avec des garanties d'ordre, de sécurité, d'indépendance, dépouillée de priviléges trop absolus.

Après les excès de la révolution et les débordements du directoire, l'empire de Napoléon Ier lui avait offert un retour à cet ordre, à cette sécurité, et il s'y était franchement rallié; mais, à partir de 1812, en présence des fautes commises et de l'impossibilité d'arrêter les élans de l'absolutisme le plus effréné, le prestige de l'empire n'avait plus existé pour lui. Ennemi des révolutions, le fonctionnaire était demeuré fidèle à son mandat; mais l'homme politique avait entrevu, prédit, la chute inévitable d'un tel système de gouvernement.

En 1814, des événements auxquels il était resté étranger, ayant ramené dans le palais des Tuileries la maison de Bourbon, il vit surtout dans cette restauration un retour aux traditions monarchiques séculaires, la fin des guerres perpétuelles, l'avénement d'un pouvoir héréditaire régulier. Il n'avait jamais désiré exclusivement l'établissement sur le sol de la France du régime représentatif ; mais, avec sa perspicacité habituelle, il en entrevit de suite les avantages ; il l'adopta franchement, par raison, par intérêt de pays. Il accommoda ses traditions de parlementaire aux formes nouvelles de ce gouvernement, et il le fit avec d'autant plus de facilité, que le régime des Chambres et de la libre discussion lui apparaissait comme une sorte de régénération des coutumes du parlement.

Qu'on le remarque bien, le magistrat chez lui dominait l'homme d'État. Dans toutes les situations élevées que M. Pasquier a occupées, derrière le ministre, derrière le président de la pairie, on entrevoyait le conseiller au parlement.

C'est ainsi qu'une de ses grandes douleurs publiques avait été provoquée par le décret sur la mise à la retraite des magistrats, décret portant atteinte selon lui à l'inamovibilité, à l'indépendance de la magistrature. C'est ainsi encore qu'il reprochait au gouvernement du roi Louis-Philippe, comme une de ses plus grandes fautes, d'avoir supprimé l'hérédité de la pairie ; parce que l'hérédité seule pouvait, suivant son jugement, assurer encore l'indépendance de la discussion et du vote.

On le voit, sa croyance n'était pas seulement héréditaire, elle était raisonnée. Aussi elle était inattaquable. Sur ce seul point il n'admettait aucune contradiction.

Il ne faudrait pas se figurer cependant M. Pasquier comme un de ces parlementaires du vieux temps, tout d'une pièce, à la façon du chancelier Dambray ou de M. Ferrand. Son parlementarisme était, comme sa politique, dégagé de prévention. Il possédait au plus haut degré le sentiment des époques, des situations. Homme de société, de relation, de convenance, il avait l'esprit assez souple pour ne rien juger au point de vue des passions, pour tout analyser, non pas seulement avec ce qu'on appelle le bon sens, mais avec le sens le plus droit, le plus élevé.

Moins brillant comme orateur que plusieurs de ses contemporains, il était peut-être plus homme d'État, plus homme pratique; et la nature de son talent, l'allure de son esprit, sa modération en toutes choses l'avaient prédestiné, plus spécialement peut-être qu'aucun de ses collègues dans les ministères, à rendre de grands et sérieux services aux gouvernements qu'il a traversés[1]. « Si M. Pasquier avait été mêlé plus

---

[1] Malgré son titre, malgré ses hautes situations, M. Pasquier était resté bourgeois de Paris, et le parti qui lui était opposé le savait bien. Un jour, vers 1825, plusieurs personnages de très-haute notoriété, dont je pourrais citer les noms, étaient réunis dans le salon de l'un d'eux. On devisait de la politique, des hommes du gouvernement, et comme une pointe de dénigrement est toujours de mise, même dans

longtemps aux affaires de ce monde, me disait, il y a peu de temps encore, un homme fort éminent et qui l'a bien connu [1], bien des choses que nous avons vues ne seraient pas arrivées! »

M. Pasquier cependant appartenait à une école politique qui ne ressemble plus au présent. Dans les derniers mois de sa vie, il commençait à être un peu dépaysé au travers des surprises de la politique européenne universelle. La diplomatie réduite à jouer un rôle muet, passif, sans cesse contredit; les ministres assimilés à des employés secondaires; les prévisions renversées par des faits imprévus; les discussions des Chambres marchant en dehors des précédents qu'il avait connus, tout cela le jetait dans des éton-

---

les causeries en apparence les plus sérieuses, M. Pasquier absent avait été mis sur la sellette. On passait au crible ses aptitudes et ses mérites : « Au fond, soupira un des interlocuteurs, M. Pasquier n'est pas administrateur. — Encore moins financier, ajouta un autre. — Ni jurisconsulte, ni magistrat! » reprit un troisième. Le plus important dit alors d'un ton sentencieux et ironique : « *Il n'était bon qu'à être ministre!* » Et tous de rire à cette saillie et de s'écrier : « C'est vrai, c'est très-vrai ! »

Ils ne songeaient pas que le secret de leur causerie serait trahi, transmis à l'intéressé, qui devait en rire à son tour. Ils ne pensaient pas surtout que, même sous leur ironie, se cachait le plus franc, le plus sincère hommage pour les mérites de M. Pasquier. Sa place, en effet, était marquée au premier rang ; il n'était pas, me disait un écrivain qui l'a bien connu, un de *ces hommes de plomb*, ressassant, dans un fauteuil vert, l'article 50 ou l'article 396, la loi de l'an II ou celle de 1819. Il possédait un esprit à haute portée, il voyait toujours en avant, il avait l'intuition de ce qu'il ignorait et l'art de se l'approprier après l'étude la plus rapide.

[1] Sainte-Beuve. — Je puis aujourd'hui dire son nom.

nements qui provoquaient chez lui cette exclamation souvent répétée : « A quoi bon aujourd'hui invoquer les leçons de l'expérience? tout est bouleversé ! »

A l'époque où il était mêlé au mouvement des affaires, certaines expressions aujourd'hui démodées, presque ridicules, n'étaient que justes et vraies. — On pouvait parler du *théâtre des affaires*, de la *scène politique*; du *rôle joué par les acteurs de cette grande scène*. — Le monde politique était un salon où chacun, à quelque parti qu'il appartînt, se conduisait toujours vis-à-vis de ses adversaires en homme de bonne compagnie. On usait de courtoisie dans l'attaque comme dans la défense, et dans les *duels oratoires* les personnalités blessantes étaient très-rarement mises en jeu.

Le journalisme était frondeur, âpre, terrible; parfois il usait de la satire et de la moquerie; il se servait de la plume de Beaumarchais ou de celle de Courier. — Il ne se privait pas de déchirer à belles dents les ministres et les ministères, mais dans ses diatribes les plus violentes, il restait essentiellement français; se maintenait toujours à une certaine hauteur; ne franchissait que rarement le fameux mur de la vie privée, et rendait, à l'occasion, justice au talent de ceux qu'il s'efforçait de renverser. — Jamais aussi la scène politique n'avait été plus brillante; jamais tant d'*étoiles* ne s'étaient montrées au premier rang : le duc de Richelieu, M. de Talleyrand, le baron Louis,

M. Royer-Collard, Gouvion Saint-Cyr, de Serre, de Martignac, Chateaubriand, Benjamin Constant, le général Foy ; et au second rang, parmi les coryphées et les comparses, que d'hommes de mérite, d'orateurs, d'écrivains, d'administrateurs, de publicistes ! — Le journalisme était représenté par des talents de premier ordre : Thiers, Mignet, Rémusat, Salvandy, etc. ; — l'Université par M. Cousin, Villemain, Guizot ; les sciences par François Arago, Biot, Cuvier et tant d'autres.

Aujourd'hui les étoiles sont rares. Elles ne font que paraître et disparaître. Le suffrage universel a envahi la scène. Il a relégué au parterre ceux qui ont mission de le gouverner ou de défendre ses intérêts ; il acclame pendant quelques mois ceux dont il a fait ses idoles, et, à la première occasion, pour un mot, pour une phrase, les siffle sans pitié et les repousse sans songer aux services rendus.

« La politique, disait M. Pasquier, n'a plus qu'un rôle secondaire pour le gouvernement des masses. Le mouvement de l'avenir est social, le monde marche à une transformation qui échappe à toutes nos prévisions ! »

Il n'admettait pas plus cependant une société sans hiérarchie qu'un gouvernement sans contrôle.

Sous l'ancien régime, le parlement avait représenté pour lui l'esprit de contrôle qu'il avait désiré pour la France de 1815.

Tenant à l'aristocratie par l'importance de son rôle dans le gouvernement de l'État, par les noms et les fortunes qui se rencontraient dans son sein, au cœur même du pays par ses origines, se recrutant sans cesse dans la bourgeoisie, sortie elle-même de l'élément populaire, le parlement lui semblait le représentant fidèle des intérêts, des volontés, des aspirations de la nation tout entière.

Qu'on parte du point de vue que nous venons d'établir, de cette donnée, et la carrière politique de M. Pasquier est clairement expliquée. Son rôle est tracé, défini, et, loin de le trouver trop circonspect, on le trouvera peut-être trop entier. Mais on ne pourrait lui en faire un reproche en songeant à sa première éducation.

Pour le parlement, qu'on s'en souvienne, les questions de personnes ou d'individus n'existaient pas. Au-dessus du roi, avant lui, se trouvait le pays. Si le roi marchait avec le pays, le parlement soutenait, acclamait le roi. Si, au contraire, il excédait les pouvoirs qui lui étaient confiés, le parlement passait dans le camp de l'opposition. Peu lui importait de marcher sous la bannière de la Ligue ou sous celle de la Réforme. Sa bannière à lui n'avait qu'une devise : *Patrie !*

Nous ne venons pas discuter ici si le parlement a toujours bien et fidèlement poursuivi ce rôle, nous constatons seulement un fait, et un fait, nous le pensons, tout à fait irrécusable.

Tel était M. Pasquier. Tel était le corps dans lequel il s'était enrôlé à vingt ans et dont il a toujours conservé la tradition et l'esprit. Les révolutions ont eu beau saper monarchie et parlement, renverser rois et parlementaires, il est resté parlementaire et monarchiste!

— Sept années bientôt se sont écoulées depuis le jour où M. Pasquier a disparu de ce monde, et cette grande mémoire est ensevelie dans le domaine du passé.

De l'homme du monde, de son salon, il reste à peine un souvenir ; mais l'homme politique survivra par les Mémoires qu'il a écrits sur l'histoire de son temps. A l'avenir de leur donner la place qu'ils méritent, à laquelle ils ont droit.

Nul ne peut présager le jugement de la postérité. Le monde actuel n'est pas en situation de discuter avec impartialité dans sa propre cause. Mais quel que soit ce jugement, les écrivains de toutes nuances et de tous partis ne pourront jamais, nous le croyons, se refuser à déclarer que M. Pasquier a servi son pays avec toute sa loyauté et tout son patriotisme ; que la prospérité, la gloire de ce pays, ont été la sollicitude constante de sa vie ; que nul enfin n'a poussé plus loin l'amour de cette France, à laquelle il était si fier d'appartenir, et dont il aurait voulu voir encore grandir dans le monde l'importance, la haute et noble mission.

FIN.

TABLE DES MATIÈRES

Avant-propos..   I

CHAPITRE PREMIER

Naissance de Pasquier. — Son éducation. — Sa jeunesse. — Il est nommé conseiller au parlement. — Les états généraux. — Les clubs. — Prise de la Bastille. — 1790, 1791, 1792. — Madame Tallien. — Le 10 août. — Procès de Louis XVI. — Mariage de M. Pasquier. — Exécution de son père. — Sa fuite. — Son emprisonnement à Saint-Lazare.   1

CHAPITRE II

Le 9 thermidor. — M. Pasquier est rendu à la liberté — Il va habiter Croissy. — Les fermiers de Coulans. — M. Julien. — Joséphine de Beauharnais. — M. Pasquier rentre en possession du château de Coulans. — Les salons du Directoire. — Le Consulat. — L'Empire. — M. Pasquier entre au conseil d'État. — Il est nommé préfet de police. — M. Germau. — M. Foudras. — Fin de l'Empire. .   43

CHAPITRE III

1815. — M. Pasquier directeur général des ponts et chaussées. — Son premier ministère de la justice. — M. le duc de Richelieu. — M. Pasquier député de la ville de Paris. — Sa présidence de la Chambre des députés. — Son second ministère de la justice. — Il est appelé au ministère des affaires étrangères. — Opinions de MM. Mignet et Sainte-Beuve sur M. Pasquier. — M. Pasquier est nommé à la pairie.................. 81

CHAPITRE IV

M. Pasquier est nommé président de la Chambre des pairs. — Son esprit de justice. — Le roi Louis-Philippe lui confère la dignité de chancelier de France. — Lettres du roi. — M. Auguste Pasquier. — Adoption de M. Gaston d'Audiffret. — Madame la baronne Pasquier. — Lettres de la reine Marie-Amélie. — Chute de la monarchie du roi Louis-Philippe.................. 95

CHAPITRE V

1848. — Courage civique de M. Pasquier. — Son établissement à Tours. — M. le comte et madame la comtesse de Flavigny. — Monseigneur le cardinal Morlot. — Retour à Paris. — M. Pasquier s'installe rue Royale-Saint-Honoré. — Son intérieur. — Sa bibliothèque. — Ses tableaux. — Organisation de sa vie. — Devoirs qu'il s'impose.................. 110

CHAPITTRE VI

Correspondance de M. Pasquier. — Ses jugements sur les hommes et les événements du temps qu'il a traversé......... 144

CHAPITRE VII

Comment écrivait M. Pasquier. — Ses promenades nocturnes. — Ses dictées. — Opinion de M. Cousin sur la dictée. — Sincérité et impartialité de M. Pasquier. — Ses lectures. — Ses jugements sur

TABLE DES MATIÈRES.

la poésie et les romans. — Son admiration pour Voltaire. — Activité laborieuse de M. Pasquier. 237

CHAPITRE VIII

Prédilection de M. Pasquier pour le séjour de Paris. — Ses voyages d'été. — Incidents de route. — Opinion de M. Pasquier sur les chemins de fer. — Le château de Coulans. — M. Jules Pasquier. — Émotion de M. Pasquier en revoyant le château de ses pères. — Son opinion sur la grande propriété. — Le château de Sassy.   269

CHAPITRE IX

Trouville. — Madame la comtesse de Boigne. — Son salon. — Son esprit. — Sa correspondance. 313

CHAPITRE X

Retour à Paris. — Les dîners de M. Pasquier. — Son salon. — Ses amis. — Son influence. — Sa reconnaissance pour les services rendus. — Son intégrité. - Ses écrits politiques. — Lettres des dernières années. 369

CHAPITRE XI

M. Pasquier renonce aux voyages. — Dépérissement de ses forces. — Sa fermeté. — Sa haute philosophie. — Prévenances pour ses amis. — Il reçoit jusqu'au dernier jour. — Son jugement sur sa fin. — Lettres de 1862 à madame de Boigne. — Adieux de M. Pasquier à l'Académie et à ses amis. — Souvenirs pour ses enfants. Sa mort. — Ses obsèques. 438

CHAPITRE XII

M. Giraud et M. L. Feugère. — Parallèle entre M. le chancelier et son aïeul Estienne Pasquier. — La politique de M. Pasquier. — Résumé de mes impressions sur sa carrière politique. 459

PARIS — IMP. SIMON RAÇON ET COMP., RUE D'ERFURTH 1.

LIBRAIRIE ACADÉMIQUE DE DIDIER ET Cⁱᵉ

MIGNET

Éloges historiques: *Jouffroy, de Gérando, Laromiguière, Lakanal, Schelling, Portalis, Hallam, Macaulay.* 1 vol. in-8.

Portraits et notices HISTORIQUES ET LITTÉRAIRES. Nouvelle édition. 2 vol. in-8.

Charles-Quint, SON ABDICATION, SON SÉJOUR ET SA MORT AU MONASTÈRE DE YUSTE. 5ᵉ édition revue et corrigée. 1 beau vol. in-8.

Histoire de la Révolution française, de 1789 à 1814. 9ᵉ édit. 2 vol. in-8.

BROGLIE (DUC DE)

Écrits et Discours. Philosophie, littérature, politique. 3 vol. in-8 . . . . 18 fr.

BROGLIE (A. DE)

L'Église et l'Empire romain au IVᵉ siècle — 3 parties en 6 vol. in-8. 42 fr.

Nouvelles études de littérature et de morale. 1 vol. in-8 . . . . . 7 fr. 50

BARANTE

Vie politique de M. Royer-Collard. — *Ses discours et ses écrits.* 2 v. in-8 14 fr.

Vie de Matthieu Molé. — *Le Parlement et la Fronde.* 1 vol. in-8 . . . 7 fr.

Histoire du Directoire de la République française, *complément de l'Histoire de la Convention.* 3 forts volumes grand in-8 cavalier . . . . 21 fr.

Études historiques et biographiques. 2 vol in-8 . . . . 14 fr.

Études littéraires et historiques. 2 vol in-8 . . . . 14 fr.

Pensées et réflexions morales et politiques du comte DE FICQUELMONT, précédées d'une notice par M. DE BARANTE. 1 vol in-8 . . . . 6 fr.

VILLEMAIN

Souvenirs contemporains d'histoire et de littérature. Première partie : Mᵐᵉ DE NARBONNE, etc. 7ᵉ édition. 1 vol. in-8 . . . . 7 fr.

Souvenirs contemporains d'histoire et de littérature. Deuxième partie : LES CENT JOURS. 1 vol. in-8. Nouvelle édition . . . . 7 fr.

CARNÉ (L. DE)

Les Fondateurs de l'Unité française Suger, saint Louis, Du Guesclin, Jeanne d'Arc, Louis XI, Henri IV, Richelieu, Mazarin. 2 vol. in-8 . . . . . . 14 fr.

La Monarchie française au XVIIIᵉ siècle Études historiques sur les règnes de Louis XIV et de Louis XV. Nouvelle édition. 1 vol. in-8 . . . . 7 fr.

L'Histoire du gouvernement représentatif en France (ÉTUDES SUR), de 1789 à 1848. (*Ouvrage couronné par l'Académie française.*) 2 vol. in-8 . . . . . 14 fr.

GUIZOT

Sir Robert Peel. étude d'histoire contemporaine, accompagnée de fragments inédits des mémoires de Robert Peel. Nouvelle édition. 1 vol in-8 . . . . 7 fr.

MEAUX (Vᵗᵉ DE)

La Révolution et l'Empire. Étude d'histoire politique. 1 vol. in-8. 7 fr. 50

NOUVION (V. DE)

Histoire du règne de Louis-Philippe Iᵉʳ, roi des Français (1830-1840). 4 volumes in-8 . . . . 28 fr.

MARIUS TOPIN

L'Europe et les Bourbons sous Louis XIV. (*Ouvrage couronné par l'Académie française : Prix Thiers.*) 1 vol. in-8 . . . . 7 fr.

L'Homme au masque de fer. 2ᵉ édition. 1 vol. in-8 . . . . . . 7 fr.

www.ingramcontent.com/pod-product-compliance
Lightning Source LLC
Chambersburg PA
CBHW071622230426
43669CB00012B/2044